メタフォリカル・マインド

楠見 孝

The Metaphorical Mind: Understanding the Psychology of Metaphors

比喩的思考の心理学

有斐閣

まえがき

　本書『メタフォリカル・マインド：比喩的思考の心理学』は，私たちがもつ比喩的な心を，認知心理学によって捉えようとした本である。すなわち，私たちは，日常生活において，意外なものが似ていることに気づいて，それを言葉にしたり，過去を思い出したりする。一方で，三島由紀夫などの作家が作り出した比喩によってイメージを膨らませ，物語の世界に没入することもある。こうした比喩的な心は，人生を彩り生活を楽しむだけでなく，新しいことを学習するときに，過去の似た経験を思い出すなど，学習や知識の獲得，記憶の想起も支えている。このように，人の心の働きは，人工知能とは異なるもので，人らしい思考の特徴である身体の感覚や感情の影響を受けている。そして，新たなものごとを結びつける柔軟性や創造性を発揮することもある。一方で，時として，間違いや偏った物の見方（バイアス）を引き起こしてしまうこともある。

　そこで，本書の第Ⅰ部「比喩を理解する」では，「心は沼だ」といった似ていること（類似性）と「杯を傾ける」といった近くにあること（近接性）に基づく主な比喩の分類と，それを支える心のプロセス（認知過程），さらに，具体例として三島由紀夫の文学作品における比喩を取り上げる。

　第Ⅱ部「比喩を感じる」では，「甘い声」などの身体経験に基づく共感覚表現と，味覚，聴覚，痛み，さらに，感情，愛，恐怖の比喩を取り上げる。

　第Ⅲ部「比喩で学習・思考する」では，類似性と近接性による知識の獲得，記憶の比喩と，類似した過去経験が引き起こすデジャビュ，そして，比喩的な思考とその偏り（バイアス）を取り上げ，最後に比喩的思考と相補的な役割をもつ批判的思考について述べる。

　こうした比喩的な心への着目は，比喩がレトリック（修辞学）や文学だけでなく，認知心理学，認知言語学，認知科学においても重要なトピックとなった1980年代からの研究の進展が背景にある。具体的には，Lakoff & Johnson (1980) の *Metaphor we live by*（邦訳『レトリックと人生』），Gibbs (1994) の *The poetics of mind*（邦訳『比喩と認知』），Holyoak & Thagard (1995) の *Mental leaps*（邦訳『アナロジーの力』），Gentner, Holyoak, & Kokinov (Ed.) (2001) の *The analogical mind*，Holyoak (2024) の *The human edge* などの優れた著作がある。

　本書は，比喩に関わるこうした海外の研究そして日本の研究の影響を受けつ

i

つ，心理学的な実験や調査を進めてきた私の研究の道のりを示すものである。本書における論考は，内外の研究を網羅したというよりも，自らの手で集めたデータによる実証研究によるものである。今後は，読者の皆さんからご意見やご批判をいただき，さらなる研究の発展につなげていきたいと考えている。

楠見　孝

著者紹介

楠見　孝（くすみ　たかし）

1959 年　東京都に生まれる

1987 年　学習院大学大学院人文科学研究科心理学専攻博士後期課程退学

1993 年　博士（心理学）（学習院大学）

学習院大学文学部助手，筑波大学社会工学系講師，東京工業大学大学院社会理工学研究
　科助教授，カリフォルニア大学（サンタクルーズ校，ロサンゼルス校）客員研究員，
　京都大学大学院教育学研究科助教授，教授，教育学研究科長・教育学部長などを歴任

現在　京都大学大学院教育学研究科教授，国際高等教育院副教育院長

専攻　認知心理学，教育心理学，認知科学

主著

　『メタファーの心理学』（分担執筆，誠信書房，1990 年）

　『比喩の処理過程と意味構造』（風間書房，1995 年）

　『自己への問い直し：青年期』講座生涯発達心理学 4（共編，金子書房，1995 年）

　『コネクショニストモデルと心理学：脳のシミュレーションによる心の理解』（共編著，
　　　北大路書房，2001 年）

　『メタファー研究の最前線』（編，ひつじ書房，2007 年）

　『思考と言語』現代の認知心理学 3（編，北大路書房，2010 年）

　『批判的思考力を育む：学士力と社会人基礎力の基盤形成』（共編，有斐閣，2011 年）

　『実践知：エキスパートの知性』（共編，有斐閣，2012 年）

　『なつかしさの心理学：思い出と感情』（編，誠信書房，2014 年）

　『科学リテラシーを育むサイエンス・コミュニケーション：学校と社会をつなぐ教育
　　　のデザイン』（共編著，北大路書房，2014 年）

　『ワードマップ 批判的思考：21 世紀を生きぬくリテラシーの基盤』（共編，新曜社，
　　　2015 年）

　『批判的思考と市民リテラシー：教育，メディア，社会を変える 21 世紀型スキル』
　　　（編，誠信書房，2016 年）

　『看護におけるクリティカルシンキング教育：良質の看護実践を生み出す力』（共著，
　　　医学書院，2017 年）

　『教育心理学』教職教養講座　第 8 巻（編著，協同出版，2018 年）

　『認知言語学大事典』（共編，朝倉書店，2019 年）

　『学習・言語心理学』公認心理師の基礎と実践 第 8 巻（編，遠見書房，2019 年）

　*Deeper learning, dialogic learning, and critical thinking: Research-based strategies
　　　for the classroom*（分担執筆，Routledge，2019 年）

　『実験認知言語学の深化』（分担執筆，ひつじ書房，2021 年）

　『ことばと心身』ことばの認知科学 2（分担執筆，朝倉書店，2024 年）

目　次

まえがき　i

著者紹介　iii

1章　はじめに　　　　　　　　　　　　　　　1

1　なぜ比喩を研究するのか　　　　　1

2　比喩の認知研究の系譜とその考え方　　　　3

　2.1　比喩の認知研究の土台：1970 年代前半まで　　3
　2.2　比喩の認知研究の展開：認知心理学と認知言語学　　4

3　ま　と　め　　　　7

第 I 部　比喩を理解する──その認知過程

2章　比喩のさまざま　　　　　　　　　　11

主要な 4 つの比喩の心理学的分類

1　は じ め に　　　　11

2　類似性に基づく比喩──直喩と隠喩　　　　12

　2.1　特 徴 比 喩　13
　2.2　共感覚的比喩　14
　2.3　関係・構造比喩　14
　2.4　概 念 比 喩　15

3　近接性に基づく比喩──換喩　　　　16

4　上位‐下位関係に基づく比喩──提喩　　　17

5　ま　と　め　　　　18

3章　比喩の認知研究とモデル　　　　　　19

1　直喩・隠喩における構成語間の類似性　　　19

2　直喩・隠喩の類似性認知に関する 2 つのモデル　　　21

　2.1　特徴集合に基づくコントラストモデル　21
　2.2　空間モデルに基づく領域間相互作用モデル　23

iv

3　直喩・隠喩の理解過程　25

3.1　比喩の理解容易性や良さの判断を規定するプロセス　25
3.2　比喩の検出　27
3.3　直喩・隠喩の理解過程に及ぼす文脈効果　28
3.4　直喩・隠喩の理解過程に関わる類包含モデル　29
3.5　直喩・隠喩の理解過程に関わる類推と比喩履歴仮説　30

4　換喩における近接性　33

5　提喩における上位‐下位関係　35

6　比喩研究の今後の課題　37

4 章　比喩を支えるカテゴリ　39

1　はじめに　39

2　知識における通常のカテゴリ構造　40

3　日常場面におけるカテゴリの運用　42

4　比喩　43

5　まとめ　46

5 章　文体と比喩　49

比喩の修辞的効果の認知

1　文体の心理学的研究の動向　49

2　文体の修辞的効果の検討　51

2.1　文体論における修辞的効果の検討　51
2.2　心理学における修辞的効果の検討　52

3　比喩の修辞的効果の認知心理学的検討　53

3.1　直喩か隠喩かの成立規定要因　53
3.2　比喩の修辞的効果　54

4　まとめ　57

6 章　文学作品の比喩　59

三島由紀夫の世界

1　はじめに　59

1.1　文学と比喩　59
1.2　文学への心理学的アプローチ　60

2　文学作品における比喩の種類と理解過程　　62

　2.1　特　徴　比　喩　63

　2.2　関係・構造比喩　64

　2.3　換　　喩　65

3　類推による物語の理解・創作過程　　65

　3.1　検　　索　66

　3.2　写　　像　67

　3.3　評　　価　68

　3.4　学　　習　69

4　作家の創作を支える認知過程　　71

　4.1　早　　熟　71

　4.2　熟　　達　72

　4.3　困　　難　73

　4.4　創　作　過　程　74

5　その後の展開と課題　　75

第 II 部　比喩を感じる──その身体的基盤

7 章　共感覚に基づく比喩　　79

1　共感覚と比喩　　79

2　共感覚的比喩の語彙論的分析　　82

3　共感覚的比喩の心理学的分析　　84

　3.1　材料の選択と条件の統制　85

　3.2　調査と測定　86

　3.3　データ解析　86

4　ま　と　め　　89

　4.1　感覚形容語の修飾の方向性　89

　4.2　感覚形容語の意味構造　90

　4.3　今後の展開　91

8 章　味覚の比喩　　93

1　は　じ　め　に　　93

2　味覚の共感覚的比喩の言語学的分析　　96

3　味覚に関する共感覚的比喩の認知心理学的な分析　　98

      3.1 感覚形容語の修飾の方向性　98
      3.2 インターネットの検索エンジンによる用例調査　101

　　4　感覚形容語の意味構造　　　　　　　　　　　　　104
      4.1 理解可能性評定に基づく感覚形容語全体の構造　104
      4.2 類似性判断に基づく感覚形容語の意味構造の共通性　106

　　5　まとめ――味覚表現を支える認知の仕組み　　　　110

9 章　聴覚の比喩　　　　　　　　　　　　　　　　115

　　1　聴覚の記憶情報処理　　　　　　　　　　　　　　115

　　2　聴覚形容語の意味構造――共感覚的比喩　　　　　117

　　3　感覚間協応を支える4つのメカニズム　　　　　　119

　　4　聴覚世界の比喩　　　　　　　　　　　　　　　　121

　　5　ま　と　め　　　　　　　　　　　　　　　　　　122

10 章　痛みの比喩　　　　　　　　　　　　　　　　125

　　1　痛みの主観性と客観性　　　　　　　　　　　　　125

　　2　痛みを他者に伝えるための言語表現の種類　　　　126

　　3　認知心理学的な痛みの研究方法　　　　　　　　　128

　　4　主な分析と結果　　　　　　　　　　　　　　　　130
      4.1 痛み表現に対する経験頻度　130
      4.2 各評定における痛み表現の構造　130

　　5　痛みの比喩・擬態語表現の構造　　　　　　　　　137

　　6　まとめと今後の課題　　　　　　　　　　　　　　139

11 章　感情の比喩　　　　　　　　　　　　　　　　141

　　1　は　じ　め　に　　　　　　　　　　　　　　　　141

　　2　感情語の構造――認知心理学的アプローチ　　　　142
      2.1 感情概念の構造　142
      2.2 感情・感覚的意味の構造　144

　　3　感情の言語表現の構造――認知言語学的アプローチ　146
      3.1 感情の比喩表現を支える身体語彙　146

目　次　vii

        3.2 感情の比喩表現を支えるイメージスキーマ・モデル　149

　4　感情の文化的モデル──認識人類学的アプローチ　　　　　152
　　　4.1 感情の規範構造：思春期少女の「恋愛」　153
　　　4.2 感情概念の社会・文化的学習　154

　5　まとめ──感情の認知モデル　　　　　　　　　　　　　　155

12 章　愛の比喩　　　　　　　　　　　　　　　　　　　　157

　1　はじめに　　　　　　　　　　　　　　　　　　　　　　157

　2　実験認知言語学的アプローチの提唱　　　　　　　　　　158

　3　概念比喩の認知言語学と認知心理学の研究　　　　　　　159
　　　3.1 概念比喩の認知言語学の研究　159
　　　3.2 認知心理学の概念比喩と概念研究　159
　　　3.3 愛の概念比喩の研究法　161

　4　［愛］概念の放射状カテゴリ（研究 1）　　　　　　　　　161
　　　4.1 概念地図法による検討　162
　　　4.2 放射状カテゴリの分析結果　162
　　　4.3 まとめ：［愛］の概念構造　166

　5　［愛］の比喩生成を支える経験と信念（研究 2）　　　　　167
　　　5.1 比喩生成法による検討　167
　　　5.2 恋愛規範評定と恋愛比喩生成の結果　168
　　　5.3 まとめ：［愛］の概念比喩　174

　6　ま　と　め　　　　　　　　　　　　　　　　　　　　　174

13 章　恐怖の比喩　　　　　　　　　　　　　　　　　　　177

　1　はじめに──恐怖の心理　　　　　　　　　　　　　　　177
　　　1.1 恐怖の心理的メカニズム　177
　　　1.2 恐怖物語の理解　179

　2　恐怖物語の理解過程　　　　　　　　　　　　　　　　　181
　　　2.1 読 解 実 験　181
　　　2.2 読解における感情の役割　182

　3　恐怖の言語表現　　　　　　　　　　　　　　　　　　　184
　　　3.1 恐怖の身体語彙　184
　　　3.2 恐怖の擬音語・擬態語　185
　　　3.3 恐怖の比喩　187
　　　3.4 感情の知識と素人理論　189

4 ま　と　め　190

第 III 部　比喩で学習・思考する——その機能

14 章　知識獲得と比喩　193

類似性と近接性の認知の働き

1　は　じ　め　に　193

2　類似性と人間の認知　194

2.1　知覚的類似性　194
2.2　刺激や手がかりの類似性　194
2.3　概念的類似性　195

3　心理学における類似性認知と知識のモデル　196

3.1　幾何学的空間モデル　196
3.2　特徴集合モデル　198
3.3　構造写像モデルと類推　199

4　近接性と人間の認知　199

4.1　知覚的近接性　200
4.2　刺激や手がかりの近接性　200
4.3　概念的近接性　200

5　知識形成を支える類似性と近接性認知　201

5.1　類似性と近接性に基づく知識形成と利用　201
5.2　知識の抽象化水準と推論　202
5.3　人の知識の形成と推論の特徴　204

6　実践知の獲得と継承——類似性と近接性の認知が果たす役割　204

6.1　実践知の獲得を支える類似性と近接性の認知　204
6.2　実践知の獲得と継承における類推　206

7　ま　と　め　207

15 章　記憶の比喩と心のモデル　209

1　日常言語における記憶の比喩と素朴心理学　209

2　記憶に関する比喩の分類　211

2.1　記憶に関する比喩の分類　211
2.2　記憶の比喩からみた「個人的記憶モデル」の分類　213
2.3　「個人的記憶モデル」に含まれない記憶　214

目　次　ix

2.4　個人の記憶に関する知識のモデル　　214

　3　心理学における記憶の比喩と理論　　215

　4　心理学における心のモデルと比喩の種類　　216

　　4.1　「心」の空間比喩　217
　　4.2　「心」のコンピュータシステム比喩　218
　　4.3　「心」の神経比喩　219

　5　まとめ──記憶と心の比喩の効用と限界　　219

16 章　比喩とデジャビュ　　221

　1　は じ め に　　221

　2　比喩を支える類似性認知　　222

　3　デジャビュ経験を支える類似性認知　　222

　　3.1　デジャビュの経験と類似した過去経験の同定　223
　　3.2　場所デジャビュと起こりやすい場所の典型性　224
　　3.3　デジャビュの源となる過去経験　224

　4　デジャビュを支える典型性 - 類似性想起モデル　　225

　5　まとめ──比喩とデジャビュを支える類似性認知　　226

17 章　比喩と思考　　229

　1　はじめに──ヒューリスティックとしての比喩的思考　　229

　2　直喩・隠喩の理解を支える知識構造と推論　　230

　　2.1　直喩・隠喩に基づく推論：類推　230
　　2.2　類推の認知プロセス　230
　　2.3　類推の基底領域の特徴　231
　　2.4　意思決定課題における類推　232

　3　換喩の理解を支える部分 - 全体関係　　232

　4　提喩理解を支える上位 - 下位カテゴリ関係　　233

　5　換喩・提喩に基づく社会的推論　　235

　　5.1　カテゴリと成員間の推論　235
　　5.2　因 果 推 論　236

　6　直観的推論のヒューリスティックス　　237

　　6.1　代表性ヒューリスティック　238
　　6.2　利用可能性ヒューリスティック　239

　7　ま　と　め　　239

18 章　比喩的思考と批判的思考　　　241

レトリックとロゴス

1　はじめに　　　241

　1.1　レトリックの認知的研究　　241

　1.2　レトリックの教育　　242

2　比喩的思考　　　243

　2.1　比喩的思考の種類　　243

　2.2　比喩的思考の働きと評価　　245

3　批判的思考　　　246

　3.1　批判的思考の働き　　246

　3.2　批判的思考の認知プロセス　　247

　3.3　批判的思考の教育：比喩的思考との対比　　250

4　ま　と　め　　　251

あ　と　が　き　　253

初　出　一　覧　　256

引　用　文　献　　258

事　項　索　引　　275

人　名　索　引　　281

1章 はじめに

1 なぜ比喩を研究するのか

比喩（metaphor）は日常生活のさまざまな場面で使われている。「心が弾むようだ」という慣用的な表現もあれば，「心は沼だ」というような文学的な表現もある。ここで，比喩は，言葉（字義）通り（literal）の表現でない。「心」はボールのようには弾まないし，「沼」ではないにもかかわらず，書き手の気持ちや考えを，生き生きと的確に受け手に伝えることができるのはなぜだろうか。こうした問いに答えるために，人が比喩を理解したり生成したりする過程や，人が比喩によって世界をどのように認知しているかにアプローチする研究を「比喩の認知研究」と呼ぶ。これを本書の研究の対象とする。その認知研究に関わる主な学問分野に，**認知心理学**がある。

本書が関わる認知心理学の理論やモデル自体も，次に述べる比喩に基づいている。認知心理学では，人の認知（認識）を説明するために，図1-1のように，コンピュータの情報処理のシステムに見立てる。このコンピュータシステム比喩は，1970年代に，コンピュータが進歩して，人のように，計算や問題解決ができるようになりはじめたことが背景にある（e.g., Gentner & Grudin, 1985）。ここには，「心はコンピュータだ」というたとえ（比喩）に基づく考え方がある。そして，**入力システム**（読む，聞く），**中央処理システム**（理解する，考える，知識を蓄える），**出力システム**（書く，話す）によって，言葉の理解や作り出すこと（産出）を説明する。コンピュータは人工知能研究によって大きく進歩はしてきたが，人がコンピュータとどのように異なるのかを，比喩の認知研究を手がかりに本書では検討していく。

1

図1-1　認知心理学のプロセスモデルにおける言語

入力システム	➡	中央処理システム	➡	出力システム
言語（読む，聞く） 物理的刺激 社会的刺激		言語（理解する，考える） 心的表象 知識（概念，スキーマ）		言語（話す，書く） 運動

　認知心理学における比喩研究の意義は，人間理解にいかに役立つかという視点から，次の4つの点に整理できる。

(a)　比喩という字義（言葉）通りでない言語表現をどのように理解し，産出するかという処理過程を解明することは，人らしい**言語理解**の解明につながる。たとえば，「心は沼だ」という比喩は，「心」と「沼」というまったく異なることがらの結びつきであり，言葉通りの意味では正しくない。これを人は，どのようにして理解しているのかを明らかにする。これは中央処理システムの働きであり，第Ⅰ部「比喩を理解する——その認知過程」の2〜4章で論じる。

(b)　文学作品などに現れる比喩による**創造的言語の表現**を解明する。本書では，文学作品の比喩を対象として研究を進めてきた文体論の研究，さらに，文体を重視した作家である三島由紀夫などの比喩を事例として検討する。ここでは，コンピュータで生成するのとは異なる，作家による創造的な言語生成のメカニズムを検討する。これについては第Ⅰ部の5章「文体と比喩」，6章「文学作品の比喩」で論じる。

(c)　比喩の理解や生成を行う中央処理系を支える言葉の意味や概念，知識がどのような構造をもち，感覚や身体経験（身体化認知）に支えられているのか，さらに，**認知**や**行動**にどのように影響を及ぼしているのかを解明する。本書では，比喩の主題となる「愛」「記憶」などが，辞書に書かれている定義的な意味とは違う，どのような柔軟な意味構造をもち，行動に影響しているのかについて述べる。これについては第Ⅱ部「比喩を感じる——その身体的基盤」で論じる。

(d)　比喩処理を支える**類似性と近接性の認知**が果たす，中央処理系における**知識獲得**や**記憶形成**における役割，言語化しにくい暗黙知の獲得と伝達における役割について検討する。さらに，私たちが，記憶をどのように比喩的に捉えているか，**デジャビュ**（既視感）現象が比喩処理と同様の類似性認知メカニズムに支えられているのかを検討する。また，思考における比

喩の役割について，類推やデザインにおける**創造**，**直観的推論**のヒューリスティックス，意思決定とリスク認知について検討する。これについては第Ⅲ部「比喩で学習・思考する——その機能」で論じる。

このように，比喩は，人の言語理解の創造的で身体を基盤とした特徴をもち，さらに，人の柔軟な学習や思考を支える類似性認知を基盤とする概念やスキーマとして研究が進められてきた。**メタフォリカル・マインド**（比喩的な心）とは，コンピュータによるたとえ（メタファ）を超えた，人らしい心を表現したいという意味が込められている。

2　比喩の認知研究の系譜とその考え方

次に，**比喩の認知研究**がどのように進んできたかを概観する（図 1-2）。まず，比喩の認知研究の土台として，1980 年代に認知心理学が盛んになる以前の比喩研究において，比喩理解や生成の過程や，人が比喩によって世界をどのように認知しているかにアプローチする認知研究が，言語学や文学などの分野でどのように進められてきたかを検討する。

続いて，比喩の認知研究として，1970 年代後半から 2020 年代までの間に，認知心理学，認知言語学，人工知能の自然言語処理の 3 つの領域，これらの領域を包含する**認知科学**において進められてきた経緯を，主要な比喩研究を取り上げながら紹介する。

2.1　比喩の認知研究の土台：1970 年代前半まで

比喩の認知研究が，国内外で活発になったのは，1970 年代後半からである。比喩研究は，それ以前にも行われていたが，言語学（国語学，英語学を含む），文学，哲学などの個別の領域で主に**レトリック**の研究として行われていた（たとえば，佐々木，2006）。一方，心理学においては，比喩研究は，言語，発達，思考，知能テスト，共感覚，創造性などの領域において，関心をもつ研究者が単発的に進めていた（e.g., Honeck, 1980）。その中でも Osgood（1962）の一連の**意味の測定研究**は，共感覚と比喩を土台とした SD 法に発展し，その後の比喩の計量的研究に影響を与えた（3 章参照）。

なお，比喩についての文学や言語学，国語学，表現論，文体論，レトリック研究における研究動向の詳細については，5 章「文体と比喩」において論じ，さらに 6 章において，文学作品における比喩として，三島由紀夫の比喩を取り

上げて検討する。

2.2　比喩の認知研究の展開：認知心理学と認知言語学

　認知心理学の分野では，図 1-2 の左列に示すように，比喩研究は，1970 年代後半にレトリックの復権と認知心理学の台頭が結びついてはじまった。海外では Ortony 編（1979b）の *Metaphor and thought*（比喩と思考）（第 2 版は 1993年）や Honeck & Hoffman 編（1980）*Cognition and figurative language*（認知と比喩的言語）が出版された。特に前者の本には，Tversky（1977）の類似性理論とそれを改訂した Ortony（1979a）の非字義（比喩）的類似性の理論に関する論文が所収されている（これらについては 3 章でさらに検討する）。これらの論文は，認知心理学における比喩研究の出発点となるものであった。さらに，その四半世紀後に比喩の認知研究の集大成である Gibbs（2008）の編集によるハンドブック *The Cambridge handbook of metaphor and thought* が出版された。日本においても，日本のオリジナルな研究を中心とした芳賀・子安編（1990）の『メタファーの心理学』，さらに，楠見編（2007b）の『メタファー研究の最前線』が出版された。この本は，2004 年に楠見が中心になって京都大学で行った認知的な比喩研究に関する学際的シンポジウム「メタファーへの認知的アプローチ」に基づいている。2000 年代前半までの日本における比喩についての学際的研究の集大成である。この所収論文を手がかりにその後の研究の展開を次に述べる。

　前述の Ortony 編（1979b）においても取り上げられている Tversky（1977）の**類似性理論**とそれを改訂した Ortony（1979a）の**非字義的類似性**の理論は，比喩の認知的研究のその後の発展の土台となった。直喩・隠喩は，類似性認知を基盤とするが，彼らの研究では，主題（topic）とたとえる語（vehicle）間の類似性を**特徴比較**過程として捉え，その類似性の認知と比喩理解の関係を実証的に扱うことを可能にした（楠見，1985a，2002d，2019b）。その後，類似性理論は，カテゴリ研究と結びつく**類包含理論**（Glucksberg & Keysar, 1990），類推研究から生まれ比喩研究に適用された**構造写像理論**（Gentner, 1983）や**構造整列理論**（Gentner & Wolff, 1997）に展開した（3 章参照）。こうした比喩研究は，類推や概念の研究と結びついて，認知心理学，認知科学における重要な研究領域となっている（e.g., Gentner et al., 2001）。また，比喩理解の発達に関しては，Gentner（1988）が**特徴比喩**の理解は 4～5 歳から可能なのに対して，**関係比喩**の理解は，加齢とともに理解できるようになることを示している。一方，Winner（1988）

図 1-2 比喩の認知研究の動向

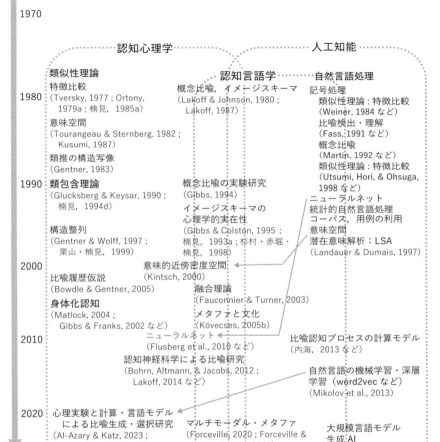

は，比喩は 4 歳児でもわかるように作ることができるが，アイロニー（皮肉）はそれが難しいことを指摘している。その理由は，比喩とアイロニーでは「**心の理論**」の理解のステージが異なるためである（子安，2007）。

さらに，Rundblad & Annaz (2010) は，換喩の理解が隠喩の理解よりも発達的に先行することを見出している。これらの認知心理学における比喩研究の展開については，3 章「比喩の認知研究とモデル」で論じる。

言語学の分野では，1960 年代後半から生成変形文法が認知研究に対して影

響力をもっていたが，図1-2の中央列に示すように1980年代から，Lakoff & Johnson（1980）やLakoff（1987），Langacker（1990）などによる一連の著作が出版され，認知言語学の研究がはじまった。彼らの比喩が概念体系や認識の身体基盤に関わるという主張は，心理学，人工知能，哲学などの他の領域にも影響を及ぼした。わが国においても，山梨（1988b）の『比喩と理解』が出版され，比喩の認知言語学研究の出発点となり，その後多くの著作が出版された（たとえば，山梨，2007，2015）。そして，認知言語学における理論的構成概念である概念比喩（conceptual metaphor）やイメージスキーマなどは，心理学者による実験的検証が行われてきた（e.g., Gibbs, 1994；楠見，1993a；杉村・赤堀・楠見，1998；中本，2000）。

　人工知能，コンピュータ科学の分野では，図1-2の右列で示すように，人工知能における自然言語処理研究として，認知心理学や認知言語学の比喩理論を応用する形で，コンピュータ上で実行可能な計算モデル研究が展開してきた（レビューとして，内海，2013，2018，2021）。たとえば，心理学で展開した比喩理解を類似性理論の特徴比較過程として捉える考え方は，記号処理に基づくWeiner（1984）の知識表現システムKL-ONEの利用，計算モデルであるFass（1991）のmet*システム，Utsumi, Hori, & Ohsuga（1998）のPROMIシステムなどの研究に導入されてきた。認知言語学で展開した概念比喩理論はMartin（1992）のMAIDASシステムなどの研究に導入されている。

　さらに，2000年代に入ると，認知言語学においては，融合理論（conceptual blending theory；Fauconnier & Turner, 2003）が提唱され，概念比喩の理論が主に2つの領域（起点領域と目標領域）の写像に焦点を当てていたのに対し，異なる概念領域（メンタル・スペース）の融合により新しい創造的意味を生み出す動的なプロセスの説明を目指した。また，文化とメタファ（Kövecses, 2005b）の研究では，概念比喩の文化普遍性と，文化と身体の相互作用による文化固有性，さらに文化モデルが比喩生成や理解に及ぼす研究が展開した。日本においても，概念比喩に関して認知言語学と認知心理学研究をふまえた検討が進められてきた（たとえば，鍋島，2007，2016）。これらについては，第Ⅱ部の「比喩を感じる──その身体的基盤」において論じる。

　また，2000年代の動向としては，特筆すべき点は，認知心理学，認知言語学，人工知能などの諸科学を横断した認知科学的な比喩研究がいっそう盛んになってきたことである。たとえば，神経細胞の結合による情報処理をコンピュータ上でモデル化したニューラルネットワークによる比喩理解のシミュレーシ

ョンとして類似性理論に基づく研究（たとえば，中川・寺井・阿部，2007；Terai & Nakagawa, 2012）や身体性認知に基づく概念比喩に基づく研究（e.g., Flusberg et al., 2010），心理実験と**自然言語処理**研究に基づく認知修辞学研究（内海，2007, 2018）が進められた。さらに，他の研究手法としては，**コーパス分析**に基づいて実証性を追求しつつ，ヒトの情報処理との整合性も意識した言語現象のモデル化を行った研究（黒田，2007），認知神経科学，脳科学の手法（f-MRIや事象関連電位）による検討（e.g., Bohrn et al., 2012；Lakoff, 2014；月本，2007；坂本勉，2007），コーパスの定量的分析を行った研究（たとえば，進藤・内元・伊佐原，2007），コミュニケーションの観点からの研究（たとえば，野澤・渋谷；2007），マルチモーダル・メタファの研究（e.g., Forceville., 2020；Forceville & Urios-Apari-si, 2009）などのように言語学の側からも新しい形での実証的検討が展開しはじめたのがこの時代であった。

3　ま　と　め

　1章では，本書のイントロダクションとして，第1に，なぜ比喩を研究するのか，その認知研究の意義と，その考え方の背後にある，人の認知をコンピュータの情報処理と捉える比喩について述べた。さらに，人の比喩の処理が人工知能とどこが違うか，さらに，人の柔軟な思考を支えるメタフォリカル・マインド（比喩的な心）という，人工知能とは違った，人らしい心を明らかにすることが，本書の目的であることを述べた。

　第2に，比喩の認知研究の前史と，1980年代から90年代の比喩研究の展開を概観した（**図1-2**）。比喩研究は，言語学研究と心理学研究が結びつくことによって盛んになり，さらに，人工知能による自然言語処理研究に応用されて，人の言語，思考，知識などの認知のメカニズムを解明するための総合科学としての認知科学の重要な研究領域となって発展してきた。特に，2000年代以降は，人工知能の言語処理研究や大規模コーパスを用いた研究手法も盛んになってきた。そして，これらの手法を展開し心理実験と結びつけた確率・統計的手法を用いた意味空間モデル（たとえば，岡・楠見・大島，2018），コーパスを用いた単語の意味的近傍密度空間（たとえば，Al-Azary & Katz, 2023；岡・楠見，2022）による比喩研究が進められている。

　そこで，次の2章では，こうした動向をふまえた上で，主な4つの比喩の心理学的分類，続く3章では4つの主要な比喩の認知モデルについて検討する。

第 I 部

比喩を理解する
その認知過程

2章　比喩のさまざま

3章　比喩の認知研究とモデル

4章　比喩を支えるカテゴリ

5章　文体と比喩

6章　文学作品の比喩

2 章 比喩のさまざま

主要な 4 つの比喩の心理学的分類

1 はじめに

　本章は，比喩にはどのような種類があるか，どのように理解されるか，そして
てどのような働きをもつかについて，認知心理学の理論や研究に基づいて明らか
かにする。

　主な比喩には，直喩・隠喩，換喩，提喩がある（図 2-1）。

　私たちに最もなじみがあり，比喩の代表である**直喩**（simile；例：少女は花の
ようだ）と**隠喩**（metaphor）は，異なる**カテゴリ**の主題（少女）とたとえる概念
（花）を，**類似性**に基づいて結びつけた比喩である。

　一方，**換喩**（metonymy）は，同じ知識領域の時間的空間的**近接性**に基づく比
喩（例：ポニーテールでその髪型の少女を指す），**提喩**（synecdoche）は同じ領域の
カテゴリ階層関係に基づく比喩である（例：花で桜を指す）。

　ここでは，「比喩理解」を，「主題とたとえる語の意味関係を発見する過程」
として考える。**図 2-1** で示すように，直喩・隠喩，換喩，提喩を支える意味関
係は，それぞれ類似性，近接性，**上位 - 下位関係**と考える（瀬戸，1986，1997）。
さらにそれぞれは，語の意味が引き起こす感情や感覚に関わる**情緒・感覚的意
味**，場面や出来事の知識に関わる**シーン・スクリプト的意味**，概念の階層構造
に関わる**カテゴリ的意味**に関する知識に基づいている（楠見，1995b，2001）。

　次からは，4 つの主要な比喩の処理過程を認知心理学を土台に詳しく述べて
いこう。

11

図 2-1 比喩理解を支える 3 種の意味関係

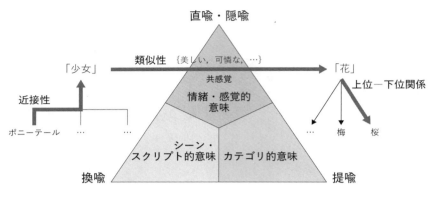

(出所) 楠見 (2001)（瀬戸〔1997〕の「認識の三角形」を改変）。

2 類似性に基づく比喩——直喩と隠喩

(1) 心は風のない池か沼の面のようにただどんよりと澱んでいた。

有島武郎『或る女』

　直喩と隠喩は，主題とたとえる語を類似性に基づいて結びつける比喩である。直喩と隠喩は代表的な比喩として，多くの研究が行われている。

　(1)において，「心」は比喩の主題，たとえられる語（被喩辞：topic）であり，「沼の面」は伝達の道具，たとえる語（喩辞：vehicle）である。読み手は，「心」と「沼の面」というまったく異なるカテゴリの語が結びつくのは，「ただどんよりと……」という両者を結びつける特徴や**根拠**（ground）によって理解できる。(1)は「池か沼の面のように」という形で，「ように」という比喩であることを示す**指標**（hedge）がある。こうした「ような」「みたいな」などの比喩の指標や根拠が明示されている比喩を「直喩」という。一方，比喩指標がない比喩を「隠喩」という。別の見方をすれば，直喩は比喩指標があるため，かけ離れた対象の間でも作者の意思によって結びつけることができる。両者の違いについては，3 章でさらに詳しく述べることにして，ここでは，類似性に基づく比喩（直喩と隠喩）の種類を，4 つに分け，その種類に対応した処理過程モデルを検討していく。

表 2-1 比喩理解を支える 3 種の意味構造

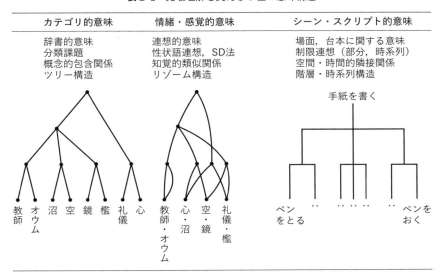

(出所) 楠見 (1995b)

2.1 特徴比喩

　類似性に基づく比喩の中でも**特徴比喩**の理解は，主題とたとえる概念の特徴集合を照合し，**共有特徴**や**示差特徴**を発見するプロセスである。ここで，(1)を短縮化した隠喩「心は沼だ」で考えると，主題「心」とたとえる概念「沼」の間の比較によって，共有特徴 {澱んだ，ドロドロした，濁った，深い，…} を発見する過程として捉えることができる (**特徴比較理論**)。ここで，Ortony (1979a) は，共有特徴 {澱んだ，ドロドロした，濁った，深い，…} の顕著性が「心」に比べて「沼」において高いという落差が比喩性を引き起こす点に着目している (**顕著性落差**〔salience imbalance〕**モデル**；3 章 2 節，14 章 3.2 も参照)。

　特徴比喩の認知プロセスは，表 2-1 で示す**カテゴリ的意味**と**情緒・感覚的意味**における 2 通りの類似性認知に基づいて考えることもできる。たとえば，「心は沼だ」という隠喩を理解するときは，第 1 に，主題「心」とたとえる語「沼」をカテゴリ的意味において比較すると，両者は異なるカテゴリに属するので，字義 (言葉) 通りの類似性陳述でないと判断できる。第 2 に，「心」と「沼」の情緒・感覚的意味における共有特徴 {澱んだ，ドロドロした，濁った，深い，…} を発見することによって，両者の類似性が高まり，両者を結びつけ

2 章　比喩のさまざま　　13

た比喩が理解できる。そして，斬新さと理解しやすさを兼ね備えたものを，良い比喩と評価する（Kusumi, 1987；このプロセスについては，本書3章「比喩の認知研究とモデル」図3-4で詳しく述べる）。さらに，内海（2007）は，ずれの解消と斬新さに関して，中村（2007）は，理解と面白さを引き起こすメカニズムに関して実験的に検討している。

2.2 共感覚的比喩

共感覚的比喩は，「柔らかい音」「柔らかい色」といった表現である。ここでは，音や色自体は「柔らかい」という触覚は感じないので比喩表現として考えられる。これは，情緒・感覚的意味の類似性に基づく処理を仮定すれば特徴比喩（2.1参照）として，触覚領域の感覚形容語の意味構造を聴覚や視覚領域の経験に写像する処理を仮定すれば，次に述べる関係・構造比喩（2.3参照）としてみなすことができる。そして，多くの人に使用され，辞書に掲載される慣用化した比喩としてもみなすこともできる。これらについては，7章「共感覚に基づく比喩」で検討する。

2.3 関係・構造比喩

関係比喩は，「眼は心の窓である」のように，**4項類推**における関係の類似性［眼：心::窓：（家）］（［眼］と［心］の2項の関係を，［窓］と［家］の2項関係に写像）の発見がある（14章3.1参照）。

> (2) 言葉というものは正しい使いかたをすれば，ちょうどX光線のようになり得るんだよ。どんな物の中にも突入するのだよ。読む人の心に突き刺すんだよ。
> ハックスリー（松村達雄訳）『すばらしい新世界』

(2)も「正しい使いかたをした言葉が読む人の心に突き刺す関係は，X光線がどんな物にも突入する関係に等しい」という4項類推によって支えられている関係比喩である。関係比喩は，2項同士の対応であるが，**構造比喩**は，さらに多くの項の関係，関係間の関係といった構造の対応に支えられている。(2)を構造比喩の理解と捉えると，主題である「言葉の正しい使いかたによって人の心に突き刺す」の複雑な関係の領域に「X光線がどんなものにも突入する」という領域を写像することによって，両者間に共通する関係や構造を発見する過程として考えるのが，比喩の**構造写像理論**（Gentner, 1983；3章3.5も参照）である。

そのほかの関係・構造比喩としては，人の領域を他の領域に写像する擬人化

（例：泣き出しそうな空，社会の病巣）や，さらに，人間の話を，たとえば動物の世界の話に写像する寓話がある。寓話には物語の因果関係や**構造の同型性**が成立している。こうした関係・構造比喩を支える**類推**は，教育，問題解決，ライフコースの理解において重要な役割を果たしており，たとえられる**目標領域**（ターゲット）と**基底領域**（ベース）の間の構造的同型性に基づいている（3, 17, 18章参照）。

2.4 概 念 比 喩

(3) 学問は常により高く建物の階を築き上げ，古い建物を加工し，掃除し，
改修する。 ニーチェ（渡辺二郎訳）『哲学者の書』

(3)のような学問や理論を建物でたとえる比喩は慣用的に使われ，「土台」「基盤」「骨組み」「柱」「崩壊」などのように，体系的な説明を可能にしている。こうした比喩は慣用的ではあるが，字義通りの言葉の単なる代置ではない。他の知識領域の概念を用いて，対象となる概念に構造を与える働きをもつ。こうした概念化のための認知メカニズムとしての比喩を**概念比喩**と呼ぶ（Lakoff & Johnson, 1999）。こうした概念比喩に基づく**慣用比喩**の理解は，単なる蓄えられた知識の検索というよりは，2.3 の構造比喩と同じように，**たとえる概念の領域**（基底領域：source domain）から，たとえられる**主題の領域**（目標領域：target domain）への写像プロセスと考えられる（たとえば，鍋島，2007，2011；野澤・渋谷，2007；ただし，認知言語学においては，比喩の理解に Gentner, 1983 の構造写像プロセスを必ずしも想定しているわけではない）。

ここで，「愛」という抽象概念をどのように比喩で表現するかを考えてみる。たとえば，「愛は戦いである」という概念比喩では，「戦い」の領域から，「愛」の領域へ知識が写像されて，「アタック」「争い」「略奪」「征服」といった比喩が体系的に生成され，「愛」についての多彩な比喩や説明を生み出している（Lakoff & Johnson, 1980）。こうした，「愛」の概念比喩の背後には，「愛」について人がどのような経験をして，信念をもっているかが反映されていて，行動に影響を及ぼすと考えられる。日本における大学生がもつ「愛」の概念に関する比喩（楠見，2015）については，12 章「愛の比喩」で述べる。

さらに，概念比喩には，身体経験や文化的経験に根ざし動機づけられた空間関係づけや方向づけの比喩の構造に支えられているものもある。たとえば，「喜び（悲しみ）に沸く（沈む）」は，「喜び（悲しみ）は上（下）」という上下を，

感情領域へ写像した表現である（Lakoff, 1987；Lakoff & Johnson, 1980）。

　また，「喜びがあふれる，怒りが爆発する」といった慣用表現は，心や胸を入れ物として捉える（感覚運動的経験に根ざした）**イメージスキーマ**に基づく概念比喩といえる。これらについては，11章「感情の比喩」で検討する。

3　近接性に基づく比喩──換喩

　2節で述べた直喩や隠喩は，知識構造における異なるカテゴリの対象を結びつけ，カテゴリを組み替えることによって成立していた。一方，比喩の中には，カテゴリを組み替えずに，**表2-1**のシーン・スクリプト的意味の空間的・時間的近接関係や，カテゴリ的意味の上位－下位関係に依拠している換喩と提喩がある。両者の区分は研究者によって異なり，換喩の中に提喩を含む考え方もある[*]。しかし，ここでは，換喩と提喩の区分を，それぞれの理解を支える**知識構造**の違いに基づいて行う。すなわち，場面やスクリプトに関する知識に依拠する比喩を換喩，カテゴリに関する知識に依拠する比喩を提喩として，考察を進める。まず換喩から検討する。

　(4)　春雨やものがたり行く蓑と傘　　　　　　　　　与謝蕪村『蕪村句集』

　提喩がカテゴリの上位－下位関係に依拠しているのに対して，換喩は場面の空間的・時間的近接関係に基づく。すなわち，提喩が意味世界に依拠しているに対して，換喩は現実世界に依拠している（佐藤，1978；瀬戸，1986）。換喩は，ある対象を指示するために，それと近接する対象を用いる慣用的比喩である。(4)では，「蓑」と「傘」でそれを身につけている人を指す。蕪村の目に入ってくる知覚的シーンにおける顕著な部分的特徴を用いてそれと近接する全体（人）を指している。その関係は，大きく次の2つに分かれる。

　(a)　顕著な対象で空間的近接対象を指す：たとえば，**図2-1**に示すように，部分で全体（「ポニーテール」でその髪型の「少女」）を指す。そのほかにも，私たちが共有する世界知識における近接性に基づいて，容器で内容物（「ボトル（をあける）」でそれに入った「酒」），場所や建物で機関（「永田町，首相官邸」で「政界や日本政府」），地名で産物（「ボルドー」で「ワイン」）を指すものがある。

---

[*]　Lakoff（1987）をはじめ，海外の研究者は，換喩（metonymy）の中に，提喩を含めている。ここでは，隣接関係や部分－全体関係に支えられたメタファだけを換喩と考え，カテゴリの階層関係に支えられた提喩とは区別した。

16　　第Ⅰ部　比喩を理解する──その認知過程

(b) 顕著な事象で時間的近接事象を指す：たとえば，結果で原因（「涙を流す」で「泣く」），原因で結果（「ハンドルを握る」で「自動車を運転する」），作者で著作（「三島（を読む）」で「その著作」），楽器で演奏者（「フルート」で「フルートを吹く人」）を示す。こうした換喩の理解や生成は，文脈情報とシーン・スクリプト的意味（表2-1）に支えられている（楠見，1995b）。

4　上位－下位関係に基づく比喩——提喩

(5)　人はパンのみにて生きるにあらず　　　　　　　　　　　　　『新約聖書』

(6)　ひさかたの光のどけき春の日にしず心なく花の散るらむ

紀友則『古今和歌集』

　提喩は大きく分けると2つの種類がある。第1は，代表的あるいは典型的な事例でカテゴリ全体を指すものである。たとえば，(5)の「パン」は，下位カテゴリ［パン］で上位カテゴリ［食物］，さらには，［物質的満足］を示す提喩である。また，「彼はドンキホーテだ」というとき，典型的成員「ドンキホーテ」で［理想的空想家］カテゴリを示す提喩である。第2は，カテゴリで代表的な事例を指すものである。たとえば，(6)における［花］はカテゴリ名で，古来日本人にとっては典型的である成員「桜」を示す提喩である（楠見，1988a）。

　このように，提喩は，カテゴリ的知識のもつ**階層構造**と**典型性**に支えられた比喩である。すなわち，下位カテゴリや典型的成員Aを用いて，全体としてのカテゴリBを認識（理解，推論，表現）したり，逆に，上位カテゴリBで下位カテゴリや典型的成員Aを表現することになる。提喩は，カテゴリの上位－下位の階層構造を利用するため，その生成や理解は自動的である。さらに，ある文化，文脈や目的の中では，AがBを，あるいはBがAを一義的に示すことが多い。たとえば，『古今和歌集』の中で，(6)のように［花］が「桜」を示すか，あるいは「梅」を示すかは，同じ和歌の中に使われている語に基づいて，判別可能である。たとえば，「咲く」や「散る」が使われていれば「桜」，「鶯」や「匂ふ」が使われていれば「梅」を示す可能性が高い（水谷，1979）。このように，提喩は**慣用化**されているため，指示対象が一義的に決まり，比喩であることが目立たない形式である。

　提喩は，直喩と隠喩に比べると研究は多くはないが，カテゴリに関する知識

2章　比喩のさまざま　　17

の上位 - 下位（包含）関係と典型性の構造に依拠しているため，2.1 で述べた特徴比喩を特徴カテゴリに基づく包含関係とみなす**類包含理論**と結びつく。つまり特徴比喩は，提喩に分解できると考えることもできる（Groupe μ, 1970）。このことについては，3章で詳しく述べる。

5　ま と め

本章では，以降の章を読み進めるためのイントロダクションとして，本書で取り上げる主要な比喩について，主題とたとえる語の意味関係を支える認知や知識の構造に基づいて検討した。

図 2-1 に示したように，隠喩や直喩は，情緒・感覚的意味における特徴や概念構造の類似性認知に基づいて説明できる。換喩は，シーン・スクリプト的知識における近接性，提喩はカテゴリ的知識における上位 - 下位関係に基づいて説明できる。この**図 2-1** の考え方は，佐藤（1978）が明確化した換喩と提喩の区分とそれを発展させた瀬戸（1986）の比喩の**「認識の三角形」**の考え方に依拠している。換喩と提喩の研究は，認知心理学においては多くはなかったが，近接性やカテゴリの研究は蓄積がある（楠見，2002d；14章も参照）。これらの研究と言語学や修辞学などによる体系的理論的研究（たとえば，佐々木，2006）を活かして，異なる比喩を体系的に把握するためにその処理過程とそれを支える知識構造に基づく認知研究は重要であると考える。

このように比喩を研究することは，人の認知の基本的原理を解明することにつながる。すなわち，主要な比喩を支えている類似性，近接性，上位 - 下位関係（**図 2-1**）という知識の構造の獲得，利用の問題は，さらに広範な学習，記憶，思考といった多くの認知機能に関わる。

そこで，3章では，比喩の認知的研究について詳細を説明し，4章では文学における比喩を，認知心理学的な手法で分析して，その創造や鑑賞の謎を解き明かすことにする。さらに，第Ⅲ部では比喩による学習や思考について論じる。

3章 比喩の認知研究とモデル

3章では，代表的な比喩として多くの研究が行われてきた直喩・隠喩研究に焦点を当てて，類似性認知を基盤とした理論とモデル，そして認知心理学における実証的な研究の展開について述べる。さらに，認知心理学における研究は少ないが，2章で述べた主要な比喩として，近接性に基づく換喩と，上位 - 下位関係に基づく提喩について，その認知心理学的研究の試みを紹介する。

1 直喩・隠喩における構成語間の類似性

従来の主な比喩（メタファ）理論は，直喩と隠喩を中心に展開し，主題（たとえられる語）と喩辞（たとえる語）間の類似性と非類似性の捉え方によって，緊張理論，比較理論，相互作用理論に分けることができる（たとえば，楠見，1987；Tourangeau & Sternberg, 1982）。

第1の**緊張理論**（アノマラス理論）は，主題とたとえる語間の**非類似性**に着目する立場である。すなわち，直喩・隠喩においてカテゴリ的にかけ離れた主題とたとえる語の結びつきは，読み手に矛盾や緊張を引き起こし，その結果，比喩の斬新さ，面白さを感じさせる。したがって，主題とたとえる語がカテゴリ的に非類似なほど，比喩の良さは高まると考える。ここで，非類似性の源はカテゴリ的意味や意味素性の不一致である。したがって，緊張理論は，比喩をカテゴリ・ミステイク，選択制限違反，語彙の結合規則違反（アノマラス）とみなす立場も含む（山梨，1988a, 1988b 参照）。たとえば，2章の(1)を比喩実験のために書き換えた（1′）の比喩を例にして考えてみよう。

(1′) 心は沼（のよう）だ

19

「心」という〈抽象概念〉を語る際に，カテゴリの異なる「沼」〈自然物〉を結びつけることによって，この比喩の意外性が生じている。しかし，カテゴリ的に不一致な主題とたとえる語を結びつけただけでは，比喩として理解できないことがある。たとえば，「微笑は檻のようだ」という文は，適切な文脈がなければ比喩として理解することが難しい。

　第2の比較理論は，主題とたとえる語間の**類似性**に着目する立場である（たとえば，楠見，1985a；Ortony, 1979a）。すなわち，直喩・隠喩の理解過程を，主題とたとえる語を比較することによって類似性を発見する過程と考える。したがって，主題とたとえる語間の類似性が高いほど，良い比喩になる（Malgady & Johnson, 1976）。たとえば，(1)の比喩においては，読者は「心」と「沼」を比較して，{濁った，ドロドロした，深い，…} といった共有特徴を発見できるため，この比喩の意味は容易に理解できる。ここで，類似性を支えている意味は，**情緒・感覚的意味**であり，カテゴリ的意味ではない。**表2-1** で示したように，カテゴリ的意味は対象の分類に関わる辞書的な意味であるのに対して，情緒・感覚的意味は，連想的な意味であり，私たちが対象に接したときに引き起こされる感情や感覚に基づいている。この意味は，情緒的意味体系（Osgood, 1962），あるいは**含意体系**（implicative complex）（Black, 1979），信念体系として，知識の中に蓄えられている。しかし，主題とたとえる語が情緒・感覚的意味において類似しているだけでは，比喩として成立しない場合がある。たとえば，「角砂糖は蜜のようだ」という文は，主題とたとえる語が {甘い} 点で共通しているが，カテゴリも［食物］で共通するため，字義通りの表現になり，比喩としての斬新さはまったくない。

　第3の**相互作用理論**は，直喩・隠喩における主題とたとえる語間の類似性と非類似性の両方に着目する立場である（たとえば，Tourangeau & Sternberg, 1982）。すなわち，主題とたとえる語間の非類似と類似の相互作用を考える。これについては，**2.1** で後述するが，直喩や隠喩は，「心」と「沼」といったカテゴリの上では，非常にかけ離れている概念を，情緒・感覚的意味における類似性 {濁った，深い，ドロドロした，…} に基づいて結びつけたところにある。このように相互作用理論は，緊張理論と比較理論を統合するとともに，両理論の問題点を解消することができる。相互作用理論は，主題とたとえる語間の非類似と類似の相互作用だけではなく，主題とたとえる語間の相互作用も考えられる。

　そこで，まず2節では相互作用理論に基づいて，類似性と非類似性が比喩の

理解プロセスにどのような影響を及ぼすのかを検討する。さらに3節では，主題とたとえる語間の意味の相互作用によって，新しい意味がどのようにして生まれるのかについて述べる。

2　直喩・隠喩の類似性認知に関する2つのモデル

直喩・隠喩における構成語間の類似性認知を説明するには，構成語間の関係を支える知識構造を明らかにする必要がある。類似性に関する主なモデルには，特徴集合に基づくコントラストモデルと空間モデルがあり，知識表現の仕方が異なる。

2.1　特徴集合に基づくコントラストモデル

Tversky（1977）は，2つの対象を**特徴集合**で表現し両者間の特徴対応過程として，類似性認知を記述した。すなわち，**図3-1 i**に示すように，2つの対象 a, b の特徴集合を A, B とする。そして，対象 a の b に対する類似性 $s(a, b)$ を，A と B の共有特徴集合（$A \cap B$），A の B に対する**示差**（異なる）**特徴**集合（$A - B$），B の A に対する示差特徴集合（$B - A$）の測度の線形結合で表現した。

$$s(a, b) = \theta f(A \cap B) - \alpha f(A - B) - \beta f(B - A) \tag{1}$$

ここで，$f(X)$ は特徴集合 X の**顕著性**（saliency）を反映する測度である。顕著性の規定因は，強度（対象自体のもつ信号/ノイズ比を増大させる要因）と識別性（diagnosticity：対象を他の対象群から弁別する際に関わる要因）である。θ, α, β（$\geqq 0$）は重みづけのパラメータを示す。類似性の非対称性，すなわち，対象 a の b に対する類似性と，対象 b の a に対する類似性が異なること $s(a, b) \neq s(b, a)$ は，$\alpha > \beta$ によって説明できる。このモデルは，類似性を共有特徴集合と示差特徴集合の対比で表現するため，**コントラストモデル**と呼ばれる。

さらに，Ortony（1979a）は，比喩においては，両者間の共有特徴が少なくても，類似性が認識され，比喩として理解される点，類似性の非対称性が非常に大きい点を指摘した。そして，(1)式を(2)式のように修正して，非字義（比喩）的な類似性を説明するモデルを提起した。

$$s(a, b) = \theta f^B(A \cap B) - \alpha f^A(A - B) - \beta f^B(B - A) \tag{2}$$

ここで，f^A, f^B は，特徴集合 A, B それぞれに依拠する顕著性の測度を示す。

3章　比喩の認知研究とモデル　　21

図 3-1 「心は沼だ」の認知を支える特徴集合モデルと類包含モデル

i 特徴集合に基づくコントラストモデル　　　　ii 類包含モデル

(出所) 楠見（1989）を改変。

(2)式のポイントは，共有特徴集合（$A \cap B$）の顕著性が，B における顕著性に依拠する点である。たとえば，「心は沼のようだ」という比喩の場合，「心」（A）と「沼」（B）の共有特徴（$A \cap B$）= {深い，濁った，ドロドロした，…} は，「心」（A）においてはさほど顕著な特徴ではないが（low A），「沼」（B）においては，非常に顕著な特徴である（high B）。したがって，「心」を語るとき，「沼」を重ね合わせることによって，「心」における {深い，…} といった複数の特徴を同時に強調することになる（この意味変化に関しては，3.4 を参照）。ここで，主題の特徴集合 A とたとえる語の特徴集合 B 間における共有特徴集合における顕著性の落差（high B / low A）が，文の比喩性と構成語間類似性の非対称性の源である。たとえば「心は沼のようだ」という比喩文の「心」と「沼」の間の類似性が，「沼は心のようだ」という反転比喩文のそれに比べて高いのは，共有特徴集合が依拠する顕著性が，前者は後者に比べて高いからである。

楠見（1985a）は，Ortony（1979a）の(2)式を次のように検証した。32 名の大学生の参加者に 24 の比喩の構成語 48 語に対する**性状語連想**（性質や状態を表す語，すなわち，形容詞，形容動詞，動詞による連想）を求めて，意味特徴をリストアップさせ，その連想頻度に基づいて，意味特徴の顕著性を定義した。そして，(2)式に基づいて，共有特徴集合と示差特徴集合の顕著性を説明変数として，主題とたとえる語間の類似性評定値が重回帰分析によって予測できることを示した。

しかし，Ortony（1979a）のモデルには，いくつかの問題点が残されている。第 1 は，(2)式の問題である。(2)式は右辺の中に類似性と非類似性の項を含んでいるが，最終的には，左辺における 1 次元の類似性に還元している。3 章 1 節で述べたように，主題とたとえる語間の共有特徴は情緒・感覚的意味が中心

であり，示差特徴はカテゴリ的意味と情緒・感覚的意味がある。このように類似性と非類似性が依拠する意味が異なるとすれば，1次元の類似性に還元するには無理がある。さらに，⑵式では，カテゴリ的非類似性と情緒・感覚的類似性が相互作用するプロセスは説明できない。第2は，特徴抽出の問題である。語の意味特徴は，理解過程において導き出され，Tversky（1977）の用いた人工図形のように，特徴が一義的に定まるものではない。さらに，特徴間には相互関係があり，特徴を関係づける構造やスキーマにも着目する必要がある。すなわち，比喩は，個々の特徴の対応で結びつくだけではなく，より抽象的な特徴間関係の対応や同型性によって結びついている場合がある。そこで，次に述べる空間モデルは，抽象的な少数次元で意味を表現する方法である。

2.2　空間モデルに基づく領域間相互作用モデル

　空間モデルは対象間の非類似性を座標空間内の対象間距離で示す。そして，語の意味は，多数の特徴を集約した少数の抽象的次元上に表現できる。

　Tourangeau & Sternberg（1981）のモデルは，意味空間を階層的な二重の入れ子構造で表して，集合論モデルの問題点を解決する手がかりを与えた。すなわち，上位空間は各領域（動物，乗り物などのカテゴリ）の布置を示し，対象の属する領域間の距離が領域間非類似性を表す。各領域内の下位空間はカテゴリにおける成員（例：動物＝{ライオン，リス，…}）の布置を表し，各領域における対象の相対的布置の類似性が，カテゴリの異なる対象間の領域内類似性を表す。そして，彼らは，実験1において，比喩の適切さは，領域間非類似性と弱い正相関，領域内類似性と正相関があることを明らかにし，その結果を**領域間相互作用モデル**に基づいて説明した（あわせて類推による説明も行っており，Holyoak & Stamenković, 2018 も同様の位置づけをしている）。しかし，彼らは，構成語間の距離（非類似性）がどのようなプロセスで比喩の理解容易性や面白さ，比喩としての適切さに影響を及ぼすのかについては明らかにしていない。

　そこで，Kusumi（1987）は，次の手続きで，①比喩構成語の領域間距離を規定するカテゴリ的意味と，②領域内距離を規定する情緒・感覚的意味を別々に測定した。さらに，3.1で述べる手続きで，比喩に対する評価を求めて，これらの変数間の因果関係を明らかにした。

　①　**比喩構成語のカテゴリ的意味の測定**　　**カテゴリ的意味**（第2章参照）は，語の分類に関わる。そこで，50名の大学生に，24の比喩文の構成語を1語ずつ印刷した計48枚のカードを任意の数のカテゴリに分類させた。そして，2つ

図 3-2　比喩の構成語の2つの意味空間

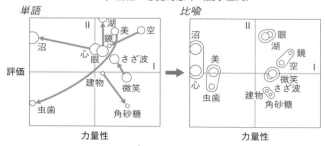

a．情緒・感覚的意味（因子空間）

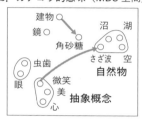

b．カテゴリ的意味（MDS 空間）

（注）・矢印は比喩例（主題➡たとえる語）を示す．
　　　・a の○の大きさは［活動性］を示し，囲みは比喩によって成立した局所空間を示す．
　　　・b の囲みはクラスタ分析によって明らかにしたカテゴリを示す．
（出所）Kusumi（1987）

の語が同じカテゴリに分類された頻度を，2つの語の間のカテゴリ的意味における類似性の指標にして，非計量的多次元尺度解析を行った．その結果，各語を2次元のカテゴリ的意味空間上に示したものが，図 3-2b である（図 3-2 では，紙面の都合上，48 語中 12 語の布置を示した）．

　② 語の情緒・感覚的意味の測定　　情緒・感覚的意味は，｛快い，静かな，動く，…｝などの性状語（形容詞・形容動詞・動詞など）で表すことができる．そこで，図 3-3 のような 34 の両極形容詞対を用いた SD（semantic differential）法で，40 名の大学生に，先の 48 語の意味を 7 段階尺度で評定させた．そして，尺度評定値間の相関係数に基づいて因子分析を行った．その結果，34 の形容詞対を，次の3つの因子に集約した：「評価」｛良い−悪い，快−不快，美しい−醜い，…｝，「力量性」｛大きい−小さい，重い−軽い，深い−浅い，…｝，「活動性」｛動く−動かない，柔らかい−固い，自由な−不自由な，…｝．図 3-2a は，各語の因子得点に基づいて，3次元上に布置を求めたものである．そ

図 3-3 比喩の主題語，比喩内での主題の SD 法評定の例

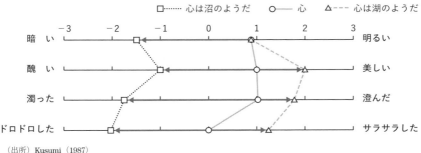

(出所) Kusumi (1987)

して，この情緒・感覚的意味空間における単語間の意味的距離（非類似性）を求めた。

たとえば，比喩文「微笑はさざ波のようだ」における主題「微笑」とたとえる語「さざ波」間の意味的距離は，**図 3-2b** のカテゴリ的意味においてはかけ離れている。一方，**図 3-2a** の情緒・感覚的意味においては，ともに｛美しい｝ので〔評価〕が高く，｛動く｝ので〔活動性〕も高く，両者は非常に接近している。そのほかにも，「眼は湖のようだ」における「眼」と「湖」，「建物は角砂糖のようだ」における「建物」と「角砂糖」においても同じ傾向があった。そこで，こうした主題とたとえる語間の意味的距離が，比喩の良さの判断にどのように影響を及ぼすのかを，次の 3 節で検討する。

3 直喩・隠喩の理解過程

直喩・隠喩の理解過程を明らかにするため，2.2 で求めた比喩構成語間の意味的距離が，比喩としての良さの判断と比喩の検出にどのように影響するのかを検討する。

3.1 比喩の理解容易性や良さの判断を規定するプロセス

Kusumi (1987) は，比喩の**理解容易性**や**面白さ**，比喩としての良さを測定するために，3 種の材料文を用いて検討した。材料文は，カテゴリ的意味と情緒・感覚的意味を測定した 48 語から次のように構成した。①先に用いた比喩文から選択された 16 の比喩文（例：心は沼のようだ），②同じカテゴリの語を結びつけた 16 の字義通りの文（例：沼は湖のようだ），③まったく無関係な語を組み合

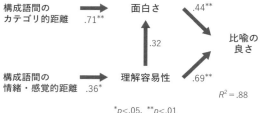

図 3-4　比喩としての良さ判断を規定する変数のパスモデル

$^{*}p<.05, ^{**}p<.01$

(注) 矢印は変数間の影響の方向，数値（標準化パス係数）は影響の強さを示す。
(出所) Kusumi (1987) を改変。

わせた 16 の無意味文（例：微笑は檻のようだ）を構成した。そして，これらの計 48 文に対して，文の面白さ，文の理解容易性，比喩としての良さに関する評定，また，文の中における構成語間の類似性，文を伴わない単語間類似性の評定（いずれも 11 点尺度）を各 28 名の大学生に求めた。

　以上の手続きで求めた各変数間の相互関係の強さに基づいて，パス解析で，比喩の良さの判断を規定するプロセスを検討した。ここでは，1 節で述べた相互作用理論に基づく因果モデルが妥当かどうかを検討した。そこで，因果の方向について，次の 2 点を仮定した。

(a) カテゴリ的距離と情緒・感覚的距離は知識構造に依拠する変数なので，文理解容易性に関する諸変数に影響を与えるが，この逆の影響は受けない。
(b) 理解容易性と面白さの変数は比喩の良さに影響を与えるが，この逆の影響は受けない。

　結果は，図 3-4 に示すように，比喩の良さの判断を規定する 2 つのプロセスが推定できた。第 1 は，主題とたとえる語の間のカテゴリ的距離が大きいほど，比喩の面白さが高まり，比喩の良さが増すプロセス，第 2 は，主題とたとえる語が情緒・感覚的距離において近いほど理解容易性が高まり，比喩の良さが増すプロセスである。さらに，比喩の面白さは，カテゴリ的距離だけではなく，理解容易性の影響も受ける。すなわち，理解できない比喩は面白さが低い。この相互作用理論に基づくモデルは適合度が高く，比喩の良さの評定における変動の 88％まで説明できた。

　さらに，内海（2007）はずれの解消と斬新さに関して，中村（2007）は，理解と面白さを引き起こすメカニズムに関して実験的に検討している。また，Marschark, Katz, & Paivio（1983）と Katz, Paivio, & Marschark（1985）は，イメ

ージの浮かびやすさや親近性などの変数が，比喩の良さの判断に及ぼす効果を検討している。Kusumi（1987）は，彼らのデータをパス解析で再分析した結果，イメージの浮かびやすさや親近性などの変数が，比喩の良さに直接影響を及ぼすのではなく，理解容易性を媒介にして影響を及ぼすことを明らかにした。

3.2　比喩の検出

　文の読解において，比喩を字義通りの文から区別して検出することは，比喩理解の最初のステップである。

　Searle（1979）は，比喩理解の第1段階では，表現を字義通りに解釈して，現実や文脈と矛盾すると認知する。そして，第2段階では比喩的解釈を行うという**語用論的段階論（2段階モデル）**を唱えた。

　そこで，Kusumi（1987）は，文の理解におけるどの変数が，字義通りの解釈と比喩的な解釈の判別に関わるのかを判別分析で検討した。ここでは，パスモデルに用いた変数を説明変数に用いて，先の48文を3種の文（字義通りの文，比喩文，無意味文）に判別した。説明変数は**図3-4**のパスモデルにおける水準にしたがって，因果的に先行する変数群から段階的に判別式に投入した。その結果，正判別率は，知識構造に関する2つの変数で77.1%，構成語の単語間と文内の類似性の変数を加えた段階で89.6%，理解と面白さの変数を加えた段階で91.7%であった。そして，比喩の良さの変数を新たに投入しても正判別率に変化はなかった。すなわち，比喩構成語の2つの意味的距離の変数で80%に近い判別ができた。ここで，比喩文は構成語間のカテゴリ的距離が大きく，情緒・感覚的距離が小さい，無意味文はいずれも大きい，字義通りの文はカテゴリ的距離が小さいという差異が，3種の文の判別を可能にしていることが明らかになった。

　以上の結果と，1節で述べた相互作用理論に基づいて，比喩理解のプロセスを考えてみる。読み手は，たとえば，「心は沼のようだ」という直喩を読んだとき，まず，「心」〈抽象概念〉と「沼」［自然物］というカテゴリ的にかけ離れた対象が結びついていることに気づく。ここで，矛盾や緊張が読み手に生じ，読み手は斬新さや面白さを感じる。次に，「心」と「沼」を比較して，両者に共通する {深い，濁った，暗い，ドロドロした，…} といった情緒・感覚的な特徴を発見し，理解に達する。このように，比喩の理解プロセスは，①たとえる対象とたとえられる対象の間のカテゴリ的意味におけるずれを認識するとともに，②新たな共通性を発見するという二重のプロセスが考えられる。た

だし，これは，第1段階で字義通りの処理を行い，第2段階で比喩的解釈を行うという先述の Searle の2段階モデルを必ずしも意味するものではない。Searle の2段階モデルは，反応時間を指標とした一部の実験によって支持されているが，次の3.3で述べるように，文脈がある比喩文では，Searle の2段階モデルが当てはまらない（Hoffman & Kemper, 1987 参照）。

3.3 直喩・隠喩の理解過程に及ぼす文脈効果

   (3) 空は鏡のように明るい。   永井荷風『すみだ川』
   (4) 早春の空のただならぬ燦めきは，地上をおおうほどの巨きな斧の，すずしい刃の光りのようにも見えた。   三島由紀夫『金閣寺』

  (3)の比喩が，理解しやすいのは，主題とたとえる語に共通する情緒・感覚的特徴 {明るい} が，文中に示されているためである。(4)は，かなり奇抜な主題とたとえる語の組合せであるが，理解は容易である。その理由は，形容語を重ねた文脈が，主題とたとえる語を結びつける情緒・感覚的意味（2.1で述べた共有特徴）を顕在化させ，図3-4 の上側のパスを通じて，比喩文の理解容易性を高めたためと考えられる。

  そこで，楠見（1985a）の実験では，比喩理解に及ぼす形容詞修飾の効果を検討した。材料文は，12文の「A は B だ」の形式の隠喩（例：空は鏡だ）に対して，異なる形容詞で主題またはたとえる語を修飾する9条件を構成した。そして，28名の大学生に比喩の主題とたとえる語間の類似性，理解容易性を各条件間で比較判断させた。その結果，主題とたとえる語の共有特徴形容詞で修飾した文（例：輝く空は鏡だ）は，形容詞を加えない元の文や一方だけに関わる示差特徴形容詞で修飾した文（例：青い空は鏡だ）に比べて，主題とたとえる語間の類似性，理解容易性の値が高かった。すなわち，主題とたとえる語に共通する形容語で修飾した比喩文は，情緒・感覚的意味における共有特徴を顕在化するため，主題とたとえる語間の類似性を高め，比喩の理解を容易にすることが明らかになった。

  したがって，たとえ奇抜な主題とたとえる語の組み合わせであっても，両者を結びつける共有特徴（ここでは情緒・感覚的意味）を頭在化させる文脈さえあれば，比喩として理解が可能であると考えられる。

  また，Ortony et al.（1978）は，文脈が，比喩の理解時間を短くすることを明らかにした。文脈のない比喩の理解時間は，字義通りの文よりも長くかかるが，

28   第 I 部 比喩を理解する——その認知過程

文脈を伴う比喩の理解時間は，字義通りの文の理解時間と差がない。この結果は，3.2 で述べた比喩理解の Searle の 2 段階モデル（字義通りの解釈の後，比喩的解釈を行う）が，文脈のない条件では当てはまることもあるが，文脈を伴う条件では当てはまらないことを示す（Hoffman & Kemper, 1987）。さらに，**Gerrig & Healy**（1983）は，先行文脈条件は後行文脈条件よりも，比喩の理解時間を短くすること，比喩の良さ評定には両条件間に差がないことを見出した。これらの結果は，文脈が比喩の理解容易性に影響を与えることを示している。

　ところで，文学作品における比喩は，主題とたとえる語の関係だけで成立していることは少なく，さらに長い文脈や作品の底流にある情緒的イメージによって支えられている（5 章 3.2 参照）。川端康成，三島由紀夫，村上春樹などの作品のように，比喩が繰り返し現れる場合，たとえる語のもつ情緒・感覚的意味は，作品の情緒的イメージを方向づける。それらの比喩は，共通の情緒・感覚的意味に支えられているため，理解が非常に容易になる。しかし，こうした長いテキストにおける比喩理解の実験的研究はあまり行われていない。

3.4　直喩・隠喩の理解過程に関わる類包含モデル

　直喩・隠喩の理解過程に関わるカテゴリの考え方に基づく**類包含モデル**（Glucksberg & Keysar, 1990；楠見，1988a）では，たとえば，**図 3-1 ⅱ**で示す「心は沼だ」は，主題「心」がたとえる概念「沼」に包含される陳述として考える（4 章参照）。ここで，「沼」は｛深い，濁った，ドロドロした，…｝ものの**アドホック・カテゴリ**（通常のカテゴリではないその場限りのカテゴリ）の典型例である。一方，「心」を「湖」でたとえれば，｛澄んだ，美しい，…｝といったプラスの評価の特徴が顕在化する（楠見，1994d）。**図 3-5** は，大学生に，比喩「心は沼だ」および「心は湖だ」の主題の意味を，SD 法で−3（とても醜い）から 3（とても美しい）の 7 段階で評定させたところ，「心」を「沼」でたとえたときは，「とても醜い」と評定する頻度が，「湖」でたとえたときは「とても美しい」と評定する頻度が，単語だけで評定した場合よりも高くなったことを示している。ここでは，複数の共有特徴の意味が活性化され，**示差特徴**（湖のもつ｛地形，…｝）の意味は相対的に抑制される（中本，2007）。同様に，**図 3-1 ⅱ**では，「心は沼だ」という比喩が，「沼」を典型例とする｛深い，…｝特徴をもつものの抽象的カテゴリに，「心」が包含されることを示している。そして，**図 3-5** では，「心」を「沼」でたとえるか，「湖」でたとえるかによって，異なる意味特徴が顕在化することを示している。このプロセスに関しては，脳の神経細胞の

図 3-5 比喩と構成語の意味の SD 法評定分布

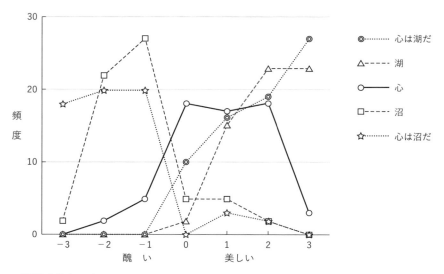

(出所) 楠見 (1994d)

情報処理を模擬するニューラルネットワーク・モデルに基づくシミュレーション・モデルによっても検討されている。そして，主題の示差特徴の活性が完全に抑制されるのではなく，顕著性や活性が低下しつつも背景として残っていると考えられる（中川・寺井・阿部，2007参照）。そのことは，籾山 (2002) が「太った」といわれるよりも「豚になった」といわれたほうが腹が立つ理由として，「本来の動物の一種としてのブタという意味も完全に消え去ってしまうことなく残っている」可能性を指摘していることと対応している。

3.5 直喩・隠喩の理解過程に関わる類推と比喩履歴仮説

Gentner ら (Gentner & Bowdle, 2008 ; Gentner & Wolff, 1997) は，類似性認知と類推，さらに直喩・隠喩認知には，関係構造の整列と写像過程が重要な役割を果たしていると主張している。すなわち，**構造写像理論**によって類似性認知過程を説明している。構造写像理論では，類似性を，特徴類似性と関係類似性に分ける。そして，2つの類似性に基づいて，特徴のみが類似する「見かけの類似性」（例：砂糖と塩），関係と特徴の両方が類似する「字義通りの類似性」（例：砂糖と蜜），特徴または関係が中程度に類似する「比喩」（例：心臓と鐘），そして関係のみが類似する「類推」（例：心臓とポンプ）を区別した。さらに，

類推を構造写像として捉えている。すなわち，類推は，**基底（ベース）領域**「ポンプ」の関係構造を**目標（ターゲット）領域**「心臓」に**転移**（14章 2.2参照）させ，「心臓」において「ポンプ」と構造的に同型な関係や構造を発見することである。ここでは，特徴を構造的に整列させる過程があり，次の3つの制約が働いている。

第1は，基底領域と目標領域の要素の一対一対応をとることである。たとえば，{弁}は「心臓」と「ポンプ」で同じ役割を果たしている。第2は，基底領域と目標領域の共通の関係に焦点を当てる点である。したがって，両者が同じ特徴をもつことは必要ではない。第3は，システム性原理に基づいて，より高次の関係や構造での対応づけが行われることである。そして，因果関係などの高次な関係が共有されているほど，類似性は高く評価される。

対応づけにおいては，共有特徴や関係に焦点が当てられる。ここで大事な点は，特徴の整列（alignment）によって対応づけを行い，対象間の示差（異なる）特徴において共通性に関係する（整列可能な）差異は類似性を高めることである。たとえば，「ホテル」と「旅館」の示差特徴を実験参加者に列挙させると，「ホテル」と「みかん」の示差特徴よりも多い。しかし，その示差特徴は整列可能である（例：{寝床}という特徴における{ベッド}と{布団}の差異）。このように，人は類似性判断をするときには，特徴構造を整列して，特徴対応，さらに，関係や構造の対応づけが最大化するようにしている（Markman & Gentner, 1993a, b）。

また，基底領域と目標領域が完全に対応することはまれで，むしろ，基底領域から目標領域になかった情報を，導入する（carry over）ことが重要である。また，いったん成立した写像を拡張することは，他の基底領域を探すよりも容易である。たとえば，概念メタファを例にあげると，「旅」を「人生」に写像して両者の類似性を見出したら，その写像を「陸旅」「船旅」に拡張するほうが，「旅」以外の基底領域を発見するよりも容易である。こうした比喩の拡張には，領域やカテゴリ内での拡張や近接関係に基づく拡張がある。

さらに，Holyoak & Thagard（1995）による**類推の多重制約理論**では，基底領域と目標領域の構造的な一致だけでなく，意味的な類似やプラグマティックな要因も重視している（17章 3.3参照）。

その後，Bowdle & Gentner（2005）は，新奇比喩が慣用化して慣習的比喩になっていく通時的変化をふまえて，**新奇比喩**と**慣用的比喩**の異なる処理過程を考える**比喩履歴仮説**（career of metaphor hypothesis）を提唱している。

3章　比喩の認知研究とモデル　　31

ここでは，①新奇な比喩の段階では，主題とたとえる語の特徴比較や構造配列によって，類似性を発見し最大化して，比喩的カテゴリを抽象化する。新奇な比喩では，作者が主題とたとえる語の両者を結びつけて類似性を成立させたことがわかるように「ような」「みたいだ」という比喩指標がある直喩が使われることになる。

②この比喩が頻繁に使用され，慣用化した段階では類似性認知過程は自動化されて，主題とたとえる語から抽象的意味（共通のスキーマ）を導く過程に重点がおかれるようになる。たとえば，慣用化した比喩「誘惑は蜜だ」は，両者の類似性発見よりも「ひきつける」という抽象的意味の導出が理解において重要である。ここで，3.4で述べた類包含モデル（Glucksberg & Keysar, 1990）に基づけば，「誘惑」を，{蜜}を典型例とする［ひきつけるもの］という抽象的なアドホック・カテゴリの事例に位置づけることになる。また，隠喩「誘惑は蜜だ」と直喩「誘惑は蜜のような」のどちらが適切かの選好判断を求めると，新奇な比喩は直喩形式が選好され，慣用化されるにしたがって隠喩形式が選好される。さらに，たとえる語（喩辞）を特定の比喩的意味で反復呈示することによって，反復呈示をしない条件と比較して，隠喩形式が選好されることが示されている（Nakamoto & Kusumi, 2004）。

③慣用化が進んだ死喩（dead metaphor）の段階では，主題は比喩的カテゴリと直接結びついて，たとえる語の字義通りの意味は顕在化しなくなる（中本，2007）。また，メタファの機能をその履歴に照らしてみると，メタファのもつ**詩的機能**は，慣用化によって弱まるが，概念の構造化が進み，それが多くの人に共有されることによって，**伝達機能**は高まると考える。平・中本・楠見（2007）は比喩（直喩）の親しみやすさ（familiarity）の評価を大学生に求め，それを慣用化の指標として実験的に検討している。そして，親しみやすさが高い比喩は，複数の解釈が想起されて，参加者間で共通性が見られた。これは，多くの人がもつ構造化された知識に依拠していることを示している。さらに，平知宏（2007）では，親しみやすさが高い直喩が，読解や主題の意味変容を促進することを実験的に示し，Taira & Kusumi（2012）では，たとえる語の慣用化が高く，主題–たとえる語の相互作用性（適切さと類似性）が高い比喩において，たとえる語内の比喩に関連する意味を活性化することを見出している。このように，比喩履歴仮説は類似性，比喩理解，類推，カテゴリを統合的に説明する枠組みになっている（Gibbs, 2008）。

ここで，重要なことは，類似性に基づく直喩・隠喩の捉え方は，2章で述べ

表 3-1　換喩・提喩における指示対象の連想

刺激語と文脈条件 の換喩・提喩表現	指示対象 となる連想語	出現 比率	連想頻度 順位	連想 種類数
換　喩				
メガネをふく	レンズ	.23 (.15)	1 (1)	64 (79)
電話が鳴る	ベル	.31 (.08)	1 (2)	64 (76)
電話をとる	受話器	.23 (.03)	1 (7)	83 (76)
やかんが沸く	お湯，熱湯	.34 (.26)	1 (1)	44 (51)
財布がからになる	お金	.22 (.41)	1 (1)	80 (68)
トルストイを読む	戦争と平和，本，…	.32 (.16)	1 (2)	62 (42)※
ボルドーを飲む	ワイン	.51 (.37)	1 (1)	13 (18)※※
ワシントンは…要求した	大統領，アメリカ政 府，…	.32 (.16)	1 (2)	62 (42)※
永田町の論理は…	政府，自民党，…	.41 (.35)	1 (1)	29 (28)※※
提　喩				
花見に行く	桜	.64 (.08)	1 (2)	40 (94)
白いものが降ってくる	雪	.81 (.11)	1 (1)	36 (87)
頭に白いものが混じる	白髪	.64 (0)	1 (−)	47 (87)
人はパンのみにて生き るにあらず	食物	.17 (.01)	1 (192)	82 (78)

（注）カッコ内は単語条件。※は $N=176$，※※は $N=63$，無印は $N=239$。
（出所）楠見（1995b）

た特徴の対応づけ（共有特徴）を基盤とする特徴比喩と，さらに深い関係や構造の対応づけ（類推）を基盤とする関係・構造比喩を分けることである。そして，比喩は言語で表現されるが，その基盤は類推思考であると考える（Holyoak & Thagard, 1995）。

4　換喩における近接性

　換喩は，ある対象を指示するために，それと空間的・時間的に近接するたとえる語を用いる慣用的比喩である。換喩は，場面やイベントの認知における時間的・空間的近接性の認知に基づいている（**図2-1**）。これは，認知言語学である対象を認知あるいは指示するときに，認知しやすい顕著な近接した対象を参照点として利用する「**参照点能力**」の一部として捉えることができる（山梨，2007，2015）。

　換喩が依拠する主な近接関係には次のものがある。

　(a)　顕著な対象で空間的近接対象を指す：たとえば，**表3-1**に示すように，

3章　比喩の認知研究とモデル　　33

図 3-6　換喩構成語に対する連想比率の文脈による変化

	[単語条件]	[文脈条件]	
	電話	電話 が鳴る	電話 をとる
ベル	.08	**.31**	.10
⋮			
電話番号	.04	0	0
受話器	.03	.01	**.23**
コード	.03	0	.01
うるさい	.03	.12	.01
友達	.03	.02	.03
⋮	⋮	⋮	⋮
リンリン	.01	**.08**	.01
音	.01	**.05**	.02
⋮	⋮	⋮	⋮
もしもし	0	0	.06
⋮	⋮	⋮	⋮

電話
（が鳴る）
（をとる）

（注）大学生 239 人。太字は換喩文脈を与えた場合。
（出所）楠見（1995b）を改変。

全体で部分（「メガネ」で，その部分の「レンズ」），容器で内容物（「やかんが沸く」でそれに入った「お湯」），場所や建物で機関（「ワシントン，ホワイトハウス」で「アメリカ政府」）を指す。

(b)　顕著な事象で時間的近接事象を指す：たとえば，結果で原因（「涙を流す」で「泣く」），原因で結果（「杯を傾ける」で「酒を飲む」），作者で著作（「トルストイ（を読む）」で「その著作」）を示す。

　こうした換喩の理解や生成は，知識（場面やその時間的連続であるスクリプト）と文脈情報に支えられている。こうした換喩理解における知識と文脈情報の役割を明らかにするために，換喩と構成語（たとえば，電話が鳴る，電話をとる，電話）に対する連想を 239 名の大学生に求めた（楠見，1995b）。**図 3-6** に示すように，「電話」単語に対しては，換喩の指示対象「ベル」や「受話器」の出現率は，8％，3％ である，換喩の文脈を与えるとそれぞれの出現率は31％，23％ に上昇し，連想頻度の順位も 1 位となり，指示対象の一義性が高くなった。この傾向は，**表 3-1** で示すように，他の換喩においても見られる。これは，「電話」場面の知識における連想リンクは多くの対象と弱い活性によって結びついているが，「電話が鳴る」「電話をとる」という換喩文脈によって「電話」に関わる行為の**スクリプト的知識**における「ベル」「受話器」が活性化し，活

34　　第 I 部　比喩を理解する——その認知過程

性化領域となったことを示している。

5 提喩における上位 - 下位関係

　提喩はカテゴリの階層関係に基づく比喩である。カテゴリ認知の能力を基盤にしている。大きく分けると2つの種類がある。第1は，代表的あるいは典型的な事例でカテゴリ全体を指すものである。たとえば，「人はパンのみにて生きるにあらず」では下位カテゴリ（種）「パン」はその上位カテゴリ（類）である［食べ物］や［物質的満足］を指す。森（2007）はこれを「代表させる」提喩としている。

　第2は，上位カテゴリ（類）で典型的な下位カテゴリ（種，事例）を指すものである。例えば，「花見に行く」においては，**表3-1**のように「花」は典型的事例である「桜」を指す。森（2007）は「呼びかえる提喩」と名づけている。このように提喩は，通常のタクソノミー（分類体系）によるカテゴリ（common category）の包含関係と典型性の構造に依拠している（楠見，1988a, 1995b：2，4章も参照）。一方で，焦点を当てた特徴に基づくアドホック・カテゴリ（3.4参照）による提喩もある。たとえば，「マスオさん（→妻の両親と同居する夫）になる」「白いもの（→雪）が降ってきた」などである（森，2007, 2011, 2019）。この考え方は，特徴比喩を特徴カテゴリ（アドホック・カテゴリ）に基づく包含関係とみなす類包含理論と結びつく。たとえば，「白いものが降ってきた」は，［白いもの］カテゴリでその典型的な事物「雪」を指している。ここでは，表現する側にとって，という視覚的に顕著な白い特徴に言及したということもできる。

　ここで，提喩理解における知識と文脈情報の役割を明らかにするために，大学生に指示対象の連想を求めたものが**表3-1**と**図3-7**である。

　提喩文脈がない場合には，［花］に対する下位カテゴリ「桜」の連想率は8％，「パン」に対する上位カテゴリ［食物］の連想率は1％，**図3-7**の［白いもの］に対する下位カテゴリ「雪」「白髪」の連想率はそれぞれ11％，0％と低い。しかし，提喩文脈「花見に行く」「人はパンのみにて生きるにあらず」を与えると「桜」の連想率は64％，［食物］連想率は17％，に上昇し，いずれも頻度の順位は1位になった。**図3-7**が示すように，「白いものが降ってくる」で「雪」の連想率は81％，「白いものが頭に混じる」で「白髪」の連想率は62％に上昇した。**表3-1**が示すように，提喩においては，連想語の出現種類数

3章　比喩の認知研究とモデル　　35

図 3-7　提喩構成語に対する連想比率の文脈による変化

		[単語条件] 白いもの	[文脈条件] 白いものが降ってくる	白いものが頭に混じる
	雪	.11	**.81**	.004
	ハンカチ	.08	0	0
	豆腐	.08	0	0
	シーツ	.08	0	0
	雲	.06	0	0
	布	.03	0	0
	紙	.03	0	0
	牛乳	.03	0	.004
	タオル	.03	0	0
	⋮	⋮	⋮	⋮
	紙吹雪	0	.01	0
	ふけ	0	.01	.13
	⋮	⋮	⋮	⋮
	白髪	0	0	**.62**
	白毛	0	0	**.03**
	⋮	⋮	⋮	⋮

白いもの
（が降ってきた）
（が頭に混じる）

(注) 大学生 239 人。太字は提喩文脈を与えた場合。
(出所) 楠見 (1995b) を改変

が，[花] や [白いもの] のようなカテゴリ名に対しては多い。一方，提喩文脈を与えることによって，指示対象の連想頻度が上昇し，他の連想語が減少することがわかる。

　こうした換喩理解における知識と文脈情報の役割を明らかにするために，換喩と構成語（たとえば，電話が鳴る，電話をとる，電話）に対する連想を 239 名の大学生に求めた（楠見，1995b）。図 3-6 に示すように，「電話」単語に対しては，換喩の指示対象「ベル」や「受話器」の出現率は，8％，3％である。換喩の文脈を与えるとそれぞれの出現率は 31％，23％に上昇し，連想頻度の順位も 1 位となり，指示対象の一義性が高くなった。この傾向は，表 3-1 で示すように，他の換喩においても見られる。これは，「電話」場面の知識における連想リンクは多くの対象と弱い活性によって結びついているが，「電話が鳴る」「電話をとる」という換喩文脈によって「電話」に関わる行為のスクリプト的知識における「ベル」「受話器」が活性化し，活性化領域となったことを示している。

6 比喩研究の今後の課題

以上で述べてきたように，直喩や隠喩は，認知心理学においては，情緒・感覚的意味における特徴や概念やカテゴリ構造の類似性認知や類推的思考に基づいて説明できる。換喩は，スクリプト的知識における近接関係，提喩はカテゴリ的知識における包含（上位－下位）関係に基づいて説明できる。換喩と提喩の研究は，認知心理学においては多くはないが，近接性やカテゴリの研究を土台とすることができる（楠見，2002d；14章も参照）。

さらに，近年，換喩（海外では提喩は，佐藤，1978の指摘のように換喩に含めて扱うことが多い）については，認知言語学（たとえば，Barcelona, 2024），心理言語学や認知心理学（たとえば，Borneo & Piñango, 2024；Chen, Ren, & Yan, 2024）や発達心理学（たとえば，Rundblad & Annaz, 2010）などにおいて，直喩・隠喩との相違を検討する研究が進められている。これらの研究を活かして，異なる比喩を体系的に把握するためには，それぞれの比喩の処理過程とそれを支える知識構造に基づく認知的研究が不可欠であると考える。

最後に，比喩研究の今後の課題を認知的観点から検討する。

第1は，1章で述べたような心理学と言語学，人工知能学，脳科学などの学際的な比喩研究をいっそう進めることである。認知言語学は，仮説を提起したり，言語用例に基づいて代表性の高い比喩材料を提供したりすることによって，より適切な心理実験やシミュレーションを可能にする。さらに，心理データは言語学的な理論やモデルの検証において重要な役割を果たす。また，人工知能学は，モデルの形式化やシミュレーションによって，理論の精緻化と検証に寄与する。さらに，脳科学の研究は，認知的モデルを脳の神経基盤に基づいて検討することを可能にする。こうした多様な方法論を用いることは，①構成概念や理論を多角的に検証し，学問領域間でのずれをなくすことにつながり，②比喩に関する脳レベル，心理レベル，言語・文化レベルにわたる全体的な理論を構築することにつながる。

第2は，比喩を研究することを通して，人の認知の基本的原理を解明することである。本章では，2章に続いて主要な比喩を支えている類似関係，近接関係，包含（上位－下位）関係（図2-1参照）という知識の構造について述べた。こうした知識構造の獲得，利用の問題は，さらに広範な学習，記憶，思考といった多くの認知機能に関わる。この点は，第Ⅲ部「比喩で学習・思考する──

その機能」で検討する。

　第3は，実践の領域として，人間の柔軟で創造的な比喩の認知特性を明らかにすることを通して，学校や職場，家庭で学ぶ人たちに役立つような学習法や教育プログラム作りに活かすことである。たとえば，多義動詞に対応するイメージスキーマをアニメーションや図で呈示することによって，そのイメージの共通性が外国人学習者に理解させやすくする試み（たとえば，杉村・赤堀・楠見，1998；Yu & Tay 2020），仮想空間におけるイメージスキーマに基づく英語の前置詞教材の開発（小島他，2007，2008），比喩，類推を用いた思考や教育（たとえば，羽野，2007；平真木夫，2007；Wegner et al., 2020）やコミュニケーション（たとえば，Katz, 2016；栗山他，2007；岡・楠見，2018），ユーザーフレンドリーなインターフェースの設計（たとえば，Kim & Maher, 2020；楠見，2002b）などが進められてきている。

　第4は，文学における比喩を，認知心理学的な手法で分析して，その創造や鑑賞の謎を解き明かすことである。これらについては，5章「文体論と比喩」と6章「文学作品の比喩」で，さらに検討する。

4章 比喩を支えるカテゴリ

1 はじめに

　{スマホ，思い出の品，現金} といわれたとき，何の**カテゴリ**と考えるだろうか。これらの一見まったく無関係な対象を結びつけているのは，［火事になったとき持ち出すもの］というカテゴリである。同じように，［明日，学校に持っていくもの］［恋人が好きなもの］といったカテゴリも考えることができる。

　こうしたカテゴリは，どのような場面で，誰がカテゴリ化するかによって，カテゴリに含まれる対象が異なる。すなわち，ある対象がカテゴリに属するかどうかを決めるのは，外界の対象側だけではなく，人間主体の側だけでもない。外界と主体間の関係の中でカテゴリを考えなければならない。

　ところが，カテゴリ研究が主に取り上げてきたのは，人間主体があらかじめ知識の中にもっているカテゴリ，たとえば，［動物］［植物］［家具］などであった。これらは，外界存在の構造を反映し，また，言語（langue）における**語彙体系**とも対応する。さらに，認知心理学の多くの実験室実験に基づいて，**知識構造におけるカテゴリ**を，ツリー状の階層構造や**特徴集合**で表現するモデルが提起されてきた（e.g., Rips, Smith, & Medin, 2012）。一方，生成 AI 以前の旧来の人工知能による自然言語処理のシステムを動かすためには，これらのカテゴリは知識として貯えておく必要があった（e.g., WordNet；Miller, 1998）。以上のことから，従来の研究ではカテゴリにおける，普遍的で，文脈独立で，節約的に表現できる面が強調されてきた。

　そこで，本章では，第 1 に，［動物］のように**長期記憶の知識構造に貯え**ら

39

れているカテゴリを**通常のカテゴリ**（common category）と呼び，その構造について述べる。

　第2に，通常のカテゴリが，日常生活の中で運用されるときに，目標や状況文脈との関係によって，どのように変形されるのかについて述べる。［ピクニックに持っていくもの］のように，ある場面で，ある目的遂行のために作られるカテゴリを**アドホック・カテゴリ**（ad hoc category）という（Barsalou, 1983, 2010, 2021）。このアドホック・カテゴリも何度も利用されると長期記憶内に保存されることになる。

　ところで，{金閣寺，音楽，船，…} は何のアドホック・カテゴリだろうか。これは，三島由紀夫が『金閣寺』の中で比喩（直喩や隠喩）によって結びつけた事象のカテゴリである。「金閣寺」が「音楽のように世界を充し」，「時間の海をわたってきた美しい船のように思われた」というように，三島は，「金閣寺」をさまざまな対象でたとえている。また，平安中期の清少納言の『枕草子』には，「類聚章段」という(1)のように類似した事物の列挙を行う章段があり，当時の比喩的な思考を反映している（多門，2006，2007，2014）。これも，アドホック・カテゴリである。

　(1)　ただ過ぎに過ぐるもの。帆かけたる舟。人の齢。春，夏，秋，冬。

清少納言『枕草子』（下57）

　このように，文学作品における比喩や比喩的思考は，異なるカテゴリの対象を結びつけて新たなカテゴリを作り，新たな意味を生成する。一方，比喩の中には，「彼はドンキホーテだ」というように「ドンキホーテ」というカテゴリに属する典型的な**成員**（member）で，［空想家］というカテゴリを指す慣用的な比喩（提喩）もある。これは，通常のカテゴリの階層構造における上下関係に支えられた比喩である。

　このように，比喩の生成や理解は，カテゴリ構造に支えられている面とカテゴリ構造を組み替える面がある。そこで，まずは比喩を支える知識カテゴリ構造について整理した上で，比喩について論じることにする。

2　知識における通常のカテゴリ構造

たとえば，［家具］というカテゴリに属する対象（成員）はどのようにして決まるのだろうか。1960年代までの古典的なカテゴリ理論は，以下のように

図 4-1 通常のカテゴリのツリー状の階層構造

(出所) 楠見 (1988a)

仮定していた。
 (a) カテゴリの成員は集合を定義する必要十分な特徴に基づいて定義できる。したがって，カテゴリの成員は特徴を共有し，特徴を共有しない対象とはっきり区別できる。
 (b) 人は，特徴集合に基づいて，カテゴリを獲得，利用，表象している。
しかし，これらの仮定が当てはまるカテゴリは限られている（たとえば，概念学習実験で用いる図形など，形，色，数などの特徴が明確な人工カテゴリ）。
 1970年代にはじまるRoschの**自然カテゴリ**（例：野菜，鳥）に関する研究は，古典的なカテゴリ理論に，カテゴリの構造に関して，次のような新たな知見を加えた（Mervis & Rosch, 1981；Murphy & Medin, 1985；Neisser, 1987参照）。
 第1に，**カテゴリの成員性**（membership：対象がカテゴリに属する度合い）には，**段階的構造**（graded structure）がある。これは，**典型性評定**に反映される。たとえば，[家具] カテゴリにおいては，非常に典型的な「イス」から，非典型的な「マガジンラック」までさまざまな成員がある。あるいは，[背の高い人]というカテゴリの成員性にも程度があり，「190 cmの人」に比べて，「160 cmの人」はこのカテゴリに属する度合いが低い。したがって，[背の高い人] と [背の高くない人] の成員性は連続的で，カテゴリの境界はあいまいなのである。
 第2に，**カテゴリの水準**（垂直構造）には，**基礎水準**（basic level）があり，対象を認識（知覚，命名，イメージ化，想起などを）するための最適な水準がある。たとえば，あなたが，はじめてある部屋に入ったとき，まず，（[家具] があると認識するのではなく）「イス」があると認識し，あとで，人に話すときには，「'イス'があった」と言うだろう。図4-1に示すように「イス」は基礎水準であり，上位水準 [家具] に包含され，下位水準 {ダイニングチェア，アームチェア，…} を包含する。基礎水準は，ⓐ人と対象の関わり方によって決まる

機能的特徴（「イス」であれば，{座ることができる}）を共有し，ⓑ知覚的特徴においても共通点が多く，特徴の相関パタンをもつ（例：{脚，背もたれ，シートがある，…}）。

　以上述べてきた通常のカテゴリは，私たちの知識の一部として貯蔵され，文脈自由で，比較的安定したカテゴリである。カテゴリ名や個々の成員は，知識構造におけるツリー状の階層に布置していると想定できる（**図4-1**）。こうしたカテゴリの階層構造は，社会的，文化的に共有されており，伝達や理解の自動化を支えている。

3　日常場面におけるカテゴリの運用

　あなたが，山道を歩いていたとしよう。道端に「岩」があった。あなたは，「'イス' がある」と思う。「岩」は通常［イス］のカテゴリには属さない。しかし，疲れているあなたは，「岩」や「切株」からも {座ることのできる} という特徴を抽出できる。このように，カテゴリの成員性を規定する特徴は，外界の対象に客観的に存在しているわけではない。また，主体の内部に主観的に存在しているわけでもない。特徴は，主体と外界との相互作用によって導出される。したがって，カテゴリの成員性は，人間主体の活動の目的や文脈によって変化する。たとえば，［山道におけるイス］カテゴリでは，「岩」や「切株」が典型的な成員で，「ソファ」は非典型的な成員になる。

　今度は，あなたは，家具専門店で，「アームチェア」を買おうとしているとしよう。あなたは，頭に「アームチェア」のイメージを思い浮かべている。「何をお探しですか」と店員に聞かれたときは，「アームチェアがほしいのだが」と答えるだろう。ここでは，基礎水準は「イス」ではなく，「アームチェア」になる。すなわち，**基礎水準**は，文脈や，人間主体の知識量に規定される。

　最後に，あなたは，［知人 A さんのお見舞いにもっていく果物］を選んでいるとしよう。まず，目的に基づいて推論を行い，［果物］カテゴリから適切な成員を取り出すことになる。さらに，他のカテゴリ（［本］や［菓子］など）と組み合わせて，［知人 A さんのお見舞い品］という新たなカテゴリを作ることもできる。これが，アドホック・カテゴリである。そして，このカテゴリには，A さんのお見舞いという目的に適合するかという**理想**（ideals）に照らして，あるいは利用頻度に基づいて，典型的な物から，非典型的な物までの段階的構造をもつ。

表 4-1　通常のカテゴリとアドホック・カテゴリの比較

通常のカテゴリ	アドホック・カテゴリ
カテゴリの潜在型	カテゴリの表現型
外界存在や語彙体系を反映	人間主体と外界の相互作用によって形成
知識に貯蔵	知識から推論によって導出
汎用的	目標指向的
文脈独立	文脈依存
永続的	一時的
提喩	直喩，隠喩

(出所) 楠見 (1988a)

　表 4-1 に対比したように，通常のカテゴリは，長期記憶の知識構造に貯えられ，文脈自由で汎用的な，潜在型としての分類カテゴリである。コンピュータにたとえれば，デフォルト値として貯えられたカテゴリ情報である。このカテゴリを人間主体が日常生活において運用する場合には，以上に述べた 3 つの例のように，目的や文脈に基づいて推論を行い，ⓐカテゴリの成員性を変えたり，ⓑ基礎レベルを調整したり，ⓒカテゴリの構造を組み替えなければならない。このように現実場面において形成され，運用されるものが，カテゴリの表現型，すなわちアドホック・カテゴリである。

4　比　　喩

　このようなカテゴリ構造に支えられた比喩の生成と理解を考えるために，提喩（たとえる対象とたとえられる対象が同一カテゴリの垂直の階層関係で結ばれる）と，直喩や隠喩（たとえる対象とたとえられる対象が異なるカテゴリ間の水平関係で結ばれる）を取り上げる（Lakoff, 1987 参照）。

　(2)　人はパンのみにて生きるにあらず　　　　　　　　　　　　　　『新約聖書』
　(3)　花の色は　移りにけりな　いたづらに　わが身世にふる　ながめせし間に

　　　　　　　　　　　　　　　　　　　　　　　　　小野小町『古今和歌集』

　(2)における「パン」は，下位カテゴリ「パン」で上位カテゴリ［食べ物］（さらには［物質的満足］）を示すメタファである（図 4-2 左）。このようにカテゴリの上位－下位関係に支えられて成立している比喩を提喩と呼ぶ（図 2-1）。また，「ドン・ファン」という典型的成員で［漁色家］カテゴリを指すのも提喩

4 章　比喩を支えるカテゴリ　　43

図4-2 提喩を支えるカテゴリの階層構造

(出所) 楠見 (1988a)

である。一方, (3)は [花] というカテゴリ名で典型的成員「桜」を示す提喩である (図4-2右)。

このように, 提喩は, カテゴリ構造のもつ階層構造と典型性に支えられた比喩である。すなわち, 下位カテゴリや成員を用いて, 全体としてのカテゴリを認識(理解, 推論, 表現など) したり, 逆に, 上位カテゴリで下位カテゴリや成員を表現することになる。提喩は, 既有のカテゴリ構造を利用するため, その生成や理解は自動的である。したがって, 慣用的であり, 比喩であることが目立たない形式である (2章4節参照)。

(4) 心は沼のようだ

(4)の**直喩** (simile) の場合は, 「心」という [抽象概念] が主題 (たとえられる語) であり, 「沼」という [自然物] がたとえる語である。2章で述べたように, 「のよう」は比喩であることを示す指標である (指標がある比喩を直喩, 指標がない比喩を隠喩という)。読み手は, この直喩を読んだとき, まず, カテゴリ的にかけ離れた対象が結びついていることに気づく。次に, 「心」と「沼」に共通する {ドロドロした, 濁った, 深い, 暗い, …} といった特徴を発見する。ここで, 異なるカテゴリの対象を結びつけるのは, **情緒・感覚的意味**における**類似性**である。このように, 直喩や隠喩の意味理解は, たとえる対象とたとえられる対象の間の ⓐ通常のカテゴリ的意味におけるずれを認識するとともに, ⓑ新たな共通性を発見して, アドホックなカテゴリを形成する, という二重のプロセスがある (Kusumi, 1987 ; 3章参照)。

たとえる対象には, 直喩や隠喩によって, アドホックなカテゴリを作ったときの典型的な事例がくる。たとえば, 書き手が「心」の {ドロドロした, …} 特徴を強調して表現しようとしたとき, たとえる対象には [ドロドロした対象] のカテゴリにおいて, 最も典型的な事例 (ここでは「沼」) をもってくることになる。逆に, 読み手が, 「心は沼のようだ」を読んだとき, たとえる対象「沼」のもつ, {ドロドロした, …} という顕著な特徴が自動的に活性化され, たとえる対象「心」に転移されることになる (楠見, 1987参照)。このように, 文学作品で使われる直喩や隠喩はカテゴリ間に相互作用を起こし, たとえられる語の意味を変化させ, 新しい意味を生成する。こうした考え方に基づいて,

図 4-3　SD法評定に基づく情緒・感覚的意味空間における比喩主題の意味変化

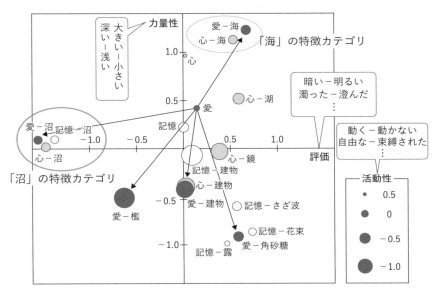

(注) 矢印は，主題「愛」に，たとえる語を結びつけたときの意味変化を表し，数値は因子得点を示す。
(出所) 楠見（1994d, 2001）を改変。

Glucksberg & Keysar (1990) は，比喩の根底には，アドホックなカテゴリがあるとする類包含理論を提唱した。

　カテゴリの考え方に基づく**類包含モデル**（Glucksberg & Keysar, 1990；楠見, 1988a）では，たとえば，隠喩「心は沼だ」は，主題「心」がたとえる概念「沼」を典型例とする［ドロドロしたもの］カテゴリに包含されることの陳述として考える。そして，特徴｛ドロドロした，濁った，…｝が顕在化して主題の意味が変化する点に着目する（3章の3.4参照）。

　そこで，楠見（1994d）は3通りの比喩主題（心，愛，記憶）に対して，5通りのたとえる語（例：沼，海，建物，檻，角砂糖）を結びつけた計15文の直喩「A（主題）はB（たとえる語）のようだ」（例：「愛は沼のようだ」）を作成して，主題語単独と，直喩の中での主題語の16に対してSD法評定尺度で46名の大学生に，評定を求めた。そして，因子分析によって情緒・感覚的意味の構造の3因子（評価／力量性／活動性）を抽出して，それぞれの比喩主題の意味を因子得点に基づき布置したものが図4-3である。

　図4-3に示すように，「愛」は，単独では，［評価］と［力量性］因子につい

ては 0 に近いややポジティブな意味だが，「沼」でたとえれば，{ドロドロした，濁った，…}といったマイナスの評価の特徴が顕在化した。こうした傾向は，別の比喩主題「心」や「記憶」においても見られた。すなわち，比喩主題は，たとえる語によるアドホック・カテゴリによって，顕在化する意味が異なることが見出された。

　ほかにも，異なるカテゴリの対象を結びつける比喩には，次のような働きがある。たとえば，［事物］を［人］でたとえる擬人化は，人に関する豊富な語彙によって事物をより豊かに語り，**推論**することを可能にする（例：「社会問題」を「病気」でたとえることで，「病因」や「対症療法」を考えるようにその問題を分析する）（e.g., Thibodeau & Boroditsky, 2013）。また，［抽象概念］を［具体物］でたとえる**実体化**は，抽象概念に構造を与え，説明や理解を容易にする（例：［理論］を［建物］でたとえて，「土台，枠組み，構築，崩壊」を語る）。あるいは，未知の事象に，既知のカテゴリを当てはめることによって，推論が可能になる（例：「結婚」を「ゲーム理論」でたとえる）。このように，（提喩がカテゴリの垂直関係に支えられた比喩であるのに対して）直喩や隠喩はカテゴリ間の水平関係に支えられた比喩である。そして，直喩や隠喩は，既成のカテゴリ構造を組み替えることによって，知識を拡大したり，深化させたりする効果もある。

5　ま　と　め

　私たちの知識に貯えられた通常のカテゴリは，外界存在の構造を反映し，さらに，言語のもつ語彙体系によって支えられている。この潜在型としてのカテゴリは，階層構造をもち，普遍的で，文脈自由なものと考えられる。しかし，現実場面において，カテゴリを運用するためには，文脈や目的を考慮に入れて，通常のカテゴリを調整しなければならない。したがって，カテゴリの表現型は，主体である私たち人間と外界との相互作用によって決まる。

　比喩は，こうしたカテゴリの2つの側面を反映している。提喩は，通常のカテゴリのもつ階層構造に支えられた，自動化された認識を反映している。それに対して，直喩や隠喩は，通常のカテゴリを組み替えて，アドホックなカテゴリを形成し，新たな認識を生み出す面を表している（**表4-1**）。

　認知心理学における伝統的なカテゴリ研究は主に，通常のカテゴリのもつ基本構造や法則を明らかにしてきた。それに対して，Barsalou（1983, 2010, 2021）のアドホック・カテゴリにはじまる一連の研究は，こうしたカテゴリが日常生

活で運用されるとき，その表現型を規定する要因やメカニズムを，身体化認知に基づく知覚記号システムのシミュレーションメカニズムに基づいて明らかにしてきた。さらに，比喩研究においては，通常のカテゴリの構造の上位―下位関係に基づく提喩と，通常のカテゴリを組み替えて，新たなアドホック・カテゴリを作る直喩と隠喩を説明する類包含理論（Glucksberg & Keysar, 1990；3 章も参照）として展開し，類推（6 章参照）と比喩の履歴（e.g., Bowdle & Gentner, 2005；3 章も参照），概念写像（概念比喩；e.g., Lakoff & Jonson, 1980；2 章も参照）と並ぶ主要な比喩理論の 1 つとして位置づけられている（Holyoak & Stamenkov-ić, 2018）。

5章 文体と比喩

比喩の修辞的効果の認知

　前章までは，比喩への認知心理学的アプローチに基づいて比喩を分類し，その認知モデルを検討してきた。3章の最後に述べたように，文学における比喩の創造や鑑賞の謎を明らかにすることは認知心理学的研究の重要な課題である。そこで，本章では，文学における比喩を捉える視点として，比喩を**文体**の重要な特徴として捉える**文体論**に基づいて検討する。まず，文体の心理学的研究を概観する。次に，文体による作品に及ぼす修辞的効果の研究が文体論（中村，1991，1993b，2013）と心理学においてどのような方法論で進められてきたのかを比較する。そして，比喩の修辞的効果を人はどう認知しているかについての認知心理学的研究を例にあげて検討し，今後の課題について述べる。

1　文体の心理学的研究の動向

　わが国における文体の心理学的研究は，波多野完治が開拓した文章心理学にはじまる。一連の研究（波多野，1990など）の手法は，ⓐ作家の文章の構造的特徴の計量的な抽出（たとえば，文の長さ，色彩語，比喩表現），ⓑ計量的抽出に基づく文章の型と作家の性格や創作態度との関係の同定（たとえば，谷崎潤一郎の社会・人間志向と志賀直哉の事物・自然志向），ⓒ文章が**読者**の評価に及ぼす心理的な基礎の解明——からなる。「文体論といえば，ひところ，数表とそこから大胆に結論を導く水際立った手並みがすぐに浮かんできたほど，波多野完治の文章心理学の影響力はすさまじいものであった」（中村，1993b，p. 105）というように，波多野の文章心理学は，心理学の世界よりも文体論そして文芸研究において強い影響力をもった。

　さらに，安本（1965）は文体の計量的研究を推進した。たとえば100人の現

49

代日本文学作家の文体を特徴づける指標として，30 指標を取り上げ，因子分析によって 3 因子（叙事‐抒情，修飾型‐非修飾型，会話型‐文章型）を抽出し，直喩，声喩（オノマトペ），色彩語などの使用頻度が「修飾型‐非修飾型」因子として特徴づけられることを見出した（三島由紀夫の文体の特徴については 6 章参照）。しかし，こうした研究は，科学的手法ではあるが，心理実験データではなく言語材料のデータが中心であったため，心理学の一分野としては大きな地位を確立しなかった。こうした文体の特徴が読者の読解や鑑賞に与える影響についての実験的研究は，1980 年代に，認知心理学が盛んになるまでは多くなかった。

　1980 年代から認知心理学が盛んになると，単語からはじまり，文から文章や物語の理解や産出の過程が実験的に取り上げられるようになってきた。しかし，これらの研究は文体の心理学的研究というよりは，言語理解の研究であった（e. g., Colston & Gibbs, 2017；1 章も参照）。

　本章が焦点を当てる比喩の文体論研究に関しては，1960 年代までは言語学，文学，修辞学，記号論の領域が中心で，心理学的研究はほとんど行われていなかった。しかし，1970 年代後半に，レトリック（修辞学）の復権と認知心理学の台頭が結びついて，1 章 2 節でも一部述べたが，Ortony（1979b）や Honeck & Hoffman（1980）の比喩と思考や認知に関する編著が比喩の認知的研究が盛んになる契機となった。さらに，1980 年代に入ると認知言語学者 Lakoff & Johnson（1980）は一連の著作で，比喩が概念体系や認識の基盤に依拠しており，比喩には身体や知覚的経験を抽象化したイメージスキーマによって支えられているものがあることを主張した。さらに，Lakoff は文学研究者 Turner とともに *More than cool reason: A field guide to poetic metaphor*（詩と認知）（Lakoff & Turner, 1989）において，彼らの比喩理論を詩における比喩の分析に応用した。一方，日本では 2 節以降で詳述する国語学，文体論研究の成果である『比喩表現の理論と分類』（中村，1977b），『比喩表現辞典』（中村，1977a）や記号論に基づく『レトリック感覚：ことばは新しい視点をひらく』（佐藤，1978）の出版が，比喩に関心が向けられる契機になった。そして，日本における比喩の心理学的研究がはじまり，初期の成果として『メタファーの心理学』（芳賀・子安，1990）が出版された。

　本章では，これらの研究の流れをふまえて，心理学と文体研究をつなぐために，比喩の修辞的効果を認知するメカニズムについて取り上げて検討していく。

50　　第 I 部　比喩を理解する——その認知過程

2 文体の修辞的効果の検討

2.1 文体論における修辞的効果の検討

文体の修辞的効果を明らかにすることは，文体論にとって重要な課題である。中村（1993b）は文体論研究の基礎を「作者が発した言語表現が読者と接して文体的現象を引き起こす。その仕組みを明らかにするためには，一般に，どのような表現がどういう効果をあげ，どんな印象を与えやすいのかという点を，広く言語表現全体の問題として考察すること」（p. 186）としている。さらに，「表現のどのような在り方が読者にどういう伝達効果をもたらす可能性があるかを肌理細かく調査し，その結果を学問的に考察することが，文体分析をできるだけ客観視し，理論的に展開する基盤となることは疑えない」（p. 188）としている。心理学においても，読者における表現の理解過程を解明するとともに，その言語材料の表現特性を吟味しておくことは重要な目的である。その点で，心理学による文体研究と心理学以外の文学や言語学による文体論の研究方法は，一般の参加者を用いる実験心理学の手法と，研究者による言語調査や内省的方法という点では異なるが，目的は共通すると考える。

中村（1993b, p. 204）は文体分析の手順として，以下の 4 ステップをあげている。

① 作品の文体印象の広がりと濃淡の実態を調査や研究者の内省によって推定する。ここで，修辞は作者の対象の捉え方や思考方式を探る手がかりとなる。

② 作品の言葉の在り方を展開に即して多角的に分析し，作品言語の特質を可能な限り具体相において描き取る。

③ 文体印象の測定結果[*]と作品言語の分析結果を照合し，両者の対応を検討する。

④ 対応の得られた個々の言語特徴を文体的特徴と認定し，それらの有機的統合である文体因子を展開の相において把握して，作品の在り方を構造的に記述する。

このように，文体の効果を，研究者の経験と直観に基づいて判断する方法は，一研究者がエキスパート（熟達者）として読者を代表する方法である。たとえ

---

[*] これは数値による測定を示すわけではない。

ば，中村（1993b）は，16 の**文体印象**の要素（対象把握，叙述態度，作品感触など）
と 41 の言語的特徴（発想，文構成，語法など）のマトリックスに基づいて，対
応を検討している。その理由として「表現効果に関するデータや学問的知見が
そろっていない」ため「内省に基づく推測で代用する」としている。しかし，
「文体の問題を，作品を舞台に展開する作者と一読者の対話であると，その文
体現象の個別的な性格を強調して捉える立場に立つなら，文体印象の把握も文
体効果の認定も，このモデルの場合のように，一研究者の判断によるほうがむ
しろ正道だということになるかもしれない」（p. 227）と述べている。この中村
の内省によるデータは，エキスパートの一事例として，非常に価値がある。さ
らに，心理学的研究を加えるとすれば，多くの読者の評価データをとり，この
エキスパート評価とのずれや共通性を明らかにし，要素と特徴間の相関を求め，
因子分析によって抽出した因子と文体印象や分析点のカテゴリとの対応を調べ
ることによって，各項目の重要性を数量的にみることができると考える。

2.2 心理学における修辞的効果の検討

一方，心理学は，文体の修辞的効果について，一般性，再現性，客観性をも
った記述と説明を行うために，多くの人の判断を求める。その平均データや個
人差データに基づいて，効果を規定する要因やプロセスを明らかにし，表現を
分類する。こうした心理学的研究は，**2.1** の内省に基づく文体論研究と相互補
完的関係にあると考える。

文体の修辞的効果の心理学的研究は大きく以下の 4 つのステップに分かれる。

① 心理実験や調査のための言語材料を収集する。中村（1977a）の『比喩表
現辞典』は最もよく使われているリソースである。一方，海外の研究と比
較するために，海外の心理実験で使われた材料を翻訳することもある。こ
の段階で，心理学者は，材料の文体印象が異なるようにして，偏りがない
ようにする。あわせて，語彙の出現頻度や熟知度など（たとえば天野・近藤，
1999）を調べ，一定水準以上のものを利用する。中本・楠見（2004a）は国
内外で用いられた比喩研究の材料に基づく実験用の 120 からなるリストを
作成した。さらに，岡・大島・楠見（2019）は，この 120 のリストをつか
って，解釈産出課題を行い，比喩研究のための直喩刺激‐解釈セットを作
成している。なお，**Holyoak & Stamenković**（2018）は，レビューにおいて
付録として，心理学者向けの 14 の英語の材料文リストをあげている。

② 言語材料の形式を統一化する（例：「A は B だ」）。それらの材料に対して，

AとBの類似性，理解容易性，斬新さ，面白さ，比喩としての良さなどの評定を求める。そして，言語表現の特性や印象を多角的に捉える。

③　心理実験や調査を行う。言語材料は系統的に構成することが多い（元の材料の構成語を入れ替えて，「BはAだ」「AはCだ」なども比較材料として使う）。②と同じ文体印象の評定に加えて，理解時間，連想，分類，記憶，解釈の記述などを求める。たとえば，楠見（1995b）は，実験参加者は，1つの条件に15名以上，調査の参加者は，1つの評定に26名以上を割り当てている（結果の精度を上げるには実験のデザインに即して，サンプルサイズ設計を行い，適切な実験参加者数を設定するのが望ましい）。また，参加者は，言語能力や経験が比較的等質と考えられる同じ大学の学生である。

④　実験や調査データに基づいて，文体の評価や理解に及ぼす言語特徴の要因を検討し，評価・理解過程に関するモデルを構築する（たとえば，楠見，1995b；内海，2003，2007）。

次節では，このステップに基づく比喩の修辞的効果に関する認知心理学的研究について述べる。

3　比喩の修辞的効果の認知心理学的検討

ここでは文体の重要な特徴である比喩を取り上げ，その修辞的効果を支える認知過程を検討する。ここでは比喩の中でも直喩・隠喩を取り上げる。特に，「AはB（のよう）だ」型の**直喩**と**隠喩**のどこが異なり，どのようにして評価や理解に影響し，効果を生み出すのか，それはどのような言語的知識や経験をベースにしているのかについて，認知心理学の研究に基づいて検討する（修辞学などに基づく研究は，半沢，2023参照）。

3.1　直喩か隠喩かの成立規定要因

直喩と隠喩は，対象間の**類似性認識**に基づいて成立する。直喩が「ようだ」「みたいだ」などの**比喩指標**がある比喩なのに対して，隠喩は比喩指標がない比喩である。中村（1977b）の『比喩表現の理論と分類』は500ほどの比喩指標要素をあげている。そして「直喩と隠喩の境界は，結局「そっくり」「も同然の」「匹敵する」「疑われる」「しのばせる」といった言語形式を比喩の指標として認めるかどうかにかかっている」と述べている。一方，認知心理学は，比喩指標自体の認定よりも，作者がある対象をたとえるときに，比喩指標をつ

5章　文体と比喩　53

けるかつけないかを決める要因や，読者が直喩と隠喩のどちらの表現をより好むかに関心がある。

　別の見方をすれば，直喩はかけ離れた対象の間でも作者の意思によって，比喩指標をつけて類似関係を設定できる（佐藤，1978）のに対して，隠喩は，比喩指標がないため，以下のどれかの前提条件が成立していないと，読者は比喩として理解できない。国内外の心理実験データは，以下の前提条件が成立したときに，直喩よりも隠喩としての表現が好まれることを示している。

　慣　用　化　　慣用化には2つのパタンがある。第1は，主題とたとえる語の組み合わせが**慣用化**している場合である。たとえば，「旅」は「人生」をたとえる語として慣用化されているため，「人生は旅だ」は「人生は旅のようだ」よりも好まれる。第2は，たとえる語だけが慣用化して，さまざまな主題と結びつけて用いられる場合である。たとえば，中村（1977a）の『比喩表現辞典』をみると，たとえる語として頻繁に用いられる語（「ガラス」「氷」など）は，「Pはガラスだ（壊れやすい）」「Qは氷だ（冷たい）」などの表現が用いられる。これらは類似比較陳述（3章1節参照）よりも類包含陳述（3章3.4参照）として処理されるため，直喩より隠喩の形式が好まれる（Bowdle & Gentner, 2005；中本・楠見，2004b）。一方，主題とたとえる語が新奇な組み合わせの場合には直喩が好まれる。そして，直喩は隠喩に比べて，主題とたとえる語を結びつける説明を伴う頻度が高いことが，インターネット上の用例数の調査で示されている（Roncero, Kennedy, & Smyth, 2006）。

　対象間類似性　　隠喩は，主題とたとえる語の間に共有する特徴が多いことが必要である。特に主題とたとえる語の間に目立つ類似性がある場合には，「のようだ」などの比喩指標が不要なため，隠喩が好まれる。一方，主題とたとえる語の間に共有する特徴が少ない場合には，比喩指標が必要なため，直喩が好まれる（e.g., Chiappe & Kennedy, 2001；Oka & Kusumi, 2021）。

　対象間類似性を際立たせる文脈　　比喩が，非慣用的で，主題とたとえる語間に目立つ類似性がなくても，その類似性を際立たせる文脈があれば，隠喩が好まれると考えられる。しかし，実証データはないため，今後の研究課題である。

3.2　比喩の修辞的効果

　次に，直喩・隠喩の修辞的効果を大きく2つ，伝達効果と詩的・審美的効果に分けて考えてみたい（内海，2003）。**伝達効果**は，理解をしやすくし，意味の変化，概念の構造化を引き起こす。一方，**詩的・審美的効果**は，斬新さや面白

さ，比喩としての良さの認識を引き起こす効果を指す。中村（1991）はレトリック，すなわち表現上の工夫をする際の目的として以下の13個をあげている。伝達効果には，「ものの見方を開拓」し「発見的認識を伝える表現を考案」し「対象伝達の精度を上げ」「表現意図に対する忠実さを増し」「表現内容を強化する」「表現主体の対面を維持する」ことが含まれる。さらに，受け手（読者）の側の反応の操作として，「受け手の理解を助ける」が含まれる。一方，詩的・審美的効果には，「広義の美化を行い」受け手の側の反応の操作として，「作品世界に導入し現実感を与える」「変化をつけ注意をひく」「受け手に表現の面白さをわからせる」，表現主体側の効用として「みずから表現を楽しむ」「表現力を示す」が含まれる。

　伝達効果　　ここでは，比喩の伝達効果について，主題の理解容易性を高める効果と，主題の意味を変化させる効果に大きく分けて述べる。

　第1に，直喩・隠喩比喩の伝達効果のうち，「主題の理解容易性を高める効果」は，主題とたとえる語の**情緒・感覚的意味**が似ているときほど大きい（例：香水は花束だ）。さらに，主題またはたとえる語の両方に共通する情緒・感覚的意味を示す形容語をつけると，比喩は理解しやすくなり，伝達精度は高まる。楠見（1995b）の実験では，たとえば，「香水は花束だ」という比喩に比べて，**共有特徴**を顕在化させた「香水はかぐわしい花束だ」のほうが，理解しやすいことを見出している。しかし，共有特徴を顕在化させると，後で述べる比喩としての斬新さは低下する。

　こうした理解容易性に及ぼす要因としては，前述した比喩自体の慣用化しているかどうかや，たとえる語が顕著な意味をもち，比喩に頻繁に用いられていることがある。さらに，比喩のイメージの浮かびやすさが影響する。特に，たとえる語のイメージの浮かびやすさのほうが，主題のそれよりも，理解容易性に及ぼす影響力は大きい（Kusumi, 1987）。

　加えて，作品の全体を通しての文脈ともいえる作品イメージは比喩の理解を促進する。たとえば，中村（1977b）は『比喩表現の理論と分類』において，川端康成を例にあげて，『東京の人』では「嫉妬が波のように打ちかえして」「顔にはさざ波のように，微笑がひろがって」「楽しさは，水の流れのように敬子の心を満たし」，『みづうみ』では「目が黒いみづうみのように思えてきた」というように，登場人物の容姿や心理をたとえる際に，「波」「水」「湖」が用いられていることを指摘している。その結果，水のイメージがもつ {ぬれる，動く，流れる，透明な，…} 特徴が作品のイメージを形成している。これは，

5章　文体と比喩　　55

読者側が形成するイメージに影響を及ぼし，主題とたとえる対象の情緒・感覚的類似性の発見を容易にしている。

また，比喩の中でも直喩や隠喩は，**抽象概念**を説明するときに，読み手の理解を助けるために，しばしば用いられる。たとえば，「愛は戦争／ゲーム／共同制作である」は，抽象概念を実体化し構造を与え，体系的な表現と理解を可能にする。認知言語学者 Lakoff & Johnson（1980）は，比喩が単なる言葉の綾ではなく，概念に構造を与え，日常生活における思考・言語や行動に遍在していることに注目している。楠見（2015）は大学生に愛の比喩を作らせ，あわせて質問紙調査を行い，愛の比喩の背後には，作者の経験や信念が反映されていることを見出している。これについては 12 章「愛の比喩」で詳しく述べる。

第 2 に，直喩・隠喩の伝達効果のうち「主題の意味を変化させる効果」については，主題の情緒・感覚的意味がたとえる語のそれに引き寄せられることによって起こる。たとえば，「心は沼だ」では，「心」の意味は，{深い，ドロドロした，引き込む}といった関連する**意味特徴**を同時に顕在化（表現内容を強化）することになる。このように，たとえる語が顕著な意味特徴をもつと意味は大きく変化することになる（楠見，1985a；3 章も参照）。

詩的・審美的効果　　詩的・審美的効果として，ここでは，直喩・隠喩が読み手に斬新さを認識させたり，比喩としての良さを感じさせたりするのに関わる要因を検討する。これらは，読者の受容反応に関わる操作であり，変化をつけ，注意をひき，表現の面白さを感じさせることになる。

直喩・隠喩の斬新さの効果は，主題とたとえる語のカテゴリがかけ離れているほど大きくなる。たとえば，三島由紀夫が『金閣寺』で用いた「美というものは，そうだ，何と云ったらいいか，虫歯のようなものなんだ」は，「美」と「虫歯」のカテゴリがかけ離れており，きわめて斬新である。ここで「それは，舌にさわり，引っかかり，痛み，自分の存在を主張する。……」といった両者を結びつける根拠を示す文脈がないとこの比喩は理解ができないため，良い比喩とは認識されない。したがって，良い比喩と評価されるためには，理解しやすさと面白さの両方が必要である。Kusumi（1987）は 96 の比喩を合計 230 名の大学生に評価させて，主語とたとえる語のカテゴリ的意味のずれが面白さを引き起こし，情緒的意味の類似性の見つけやすさが理解しやすさに影響し，面白さと理解しやすさがともに高い文が良い比喩と評価されることを示している（3 章参照）。これは，アリストテレスの『弁論術』における「大きくかけ離れたもののなかにさえ類似をみてとるのが，物事を的確につかむ人の本領なので

ある」という主張とも合致する。

　作家は，理解しやすくても慣用化された比喩を使うことは避ける。作者が斬新な比喩を使用するのは，みずから表現することを楽しむ創造活動であり，読者にその能力を示すためでもある（中村，1991；6章も参照）。

4　ま　と　め

　最後に，文体の心理学的な研究の今後の課題を，認知心理学の観点から検討する。心理学的な文体研究は，1節で述べたように，波多野（1990）の文章心理学研究の科学性と客観性をいっそう進展させたものといえる。

　中村（1993b）は，こうした「客体的文体論の功罪」を論じているが，これは，客観的手法を推し進めた心理学的文体研究にも通じる。中村はプラスの側面としては，文学の神秘を文章の言語的特徴に基づいて統計的に明らかにした点，名人芸から科学的に検証可能な手法を確立した点をあげている。一方，マイナスの側面としては，第1に，文章を一定の言語単位に区切って集計する要素主義的方法では言語作品という統一体を捉えるには限界がある点，第2に，言語調査の数量的解釈にあたって，作品の深い読みが欠けていることがある点，第3に，審観的な分析手法の限界，たとえば，数量化できる言語特徴だけを文体的特徴として捉える点をあげている。これに関しては，中村は「客体的分析というものが文体論として生きてくるには，それが言語の奥にいる人間の主体的な行為と繋がる時である」としている。心理学は，これらの手法上の問題を解決するために，ⓐ実験や調査に用いる言語単位を，文から文章，そして物語に拡張し，ⓑ人の解釈や評価の過程の実験や調査データに基づいて主体的行為を捉えようとしている。しかし，作品自体の深い読みは，心理学者単独では難しく，文体研究者と協同で研究を進めていくことが必要と考える。それには次の2つの方向が考えられる。

　第1の方向は，研究が進んでいる比喩を手がかりに，文芸作品における文体の読者の理解や効果を，認知心理学，文体論，認知言語学，人工知能などの学際的研究で進めることである。文体論は，作家の特徴を捉えたいきいきとした言語材料を提供し，その効果に関する洞察を示す（たとえば，半沢，2016）。認知言語学は，言語と認知を基盤とした仮説を提供する。これらによって，文体に関するより適切な心理実験が可能になると考える。さらに，文学作品の電子化されたテキスト（コーパス）に基づく研究（たとえば，楠見，2018b）は，文体

5章　文体と比喩　　57

の理論化やモデル化において重要な役割を果たす。また，人工知能の言語処理研究（たとえば，内海，2003，2007，2018，2021）は，モデルの形式化やシミュレーションによって，理論の精緻化と検証に寄与する。さらに，生成 AI の研究は，内海（2024）が指摘するように大きな展開をもたらしている。しかし，身体的な経験等の記号接地した比喩理解は，文芸作品の理解において重要になると考える。

　第 2 の方向は，文芸作品における文体とその創作や創造・読解過程に関わる新たな研究の枠組みや理論の構築である。たとえば，認知詩学（cognitive poetics）（e.g., Gibbs, 1994；Stockwell, 2002, 2007, 2020）や認知文体論（cognitive stylistics）（e.g., Gibbons, 2018；Semino & Culpeper, 2002；内海・金井，2007）といった，説明概念に認知過程や知識表象を用いて，物語や詩の文体や構成を検討しようとする試みがある。これらを土台に展開していくことは，「作者と読者によって生じる動的な文体現象」（中村，1993b）を解き明かす新たな研究の枠組みになると考える。

　文体研究は比喩などの言語表現だけにとどまらず，作者の創作過程や読者における表現の効果や鑑賞過程をも研究領域と考えるならば，文体論をふまえ，それに関わる認知的メカニズムに焦点を当てる心理学的研究はもっと盛んになるべきと考える。その 1 つの試みとして，6 章では三島由紀夫の文学作品の比喩を取り上げて論じる。

6 章 文学作品の比喩

三島由紀夫の世界

1 はじめに

1.1 文学と比喩

(1) 芸術とは物言わぬものをして物言わしめる腹話術に他ならぬ。この意味
でまた，芸術とは比喩であるのである。

三島由紀夫『川端康成論の一方法——「作品」について』

(1)では「芸術」は比喩の主題（たとえられる語）であり，「腹話術」と「比
喩」はたとえる概念，伝達の道具である。「芸術とは比喩である」ならば，比
喩には文芸の心理を解き明かす鍵があると考える。ここでは，三島由紀夫
(1925-1970；以下，三島とする)の作品世界を例にあげて，言語の芸術である文
芸（特に小説）の鑑賞と創作を支える認知過程を検討する。

小説の重要な要素には，構成と5章で検討した文体がある。われわれ読者は，
後で例示するような三島の華麗な文体に魅了されたり，比喩でイマジネーショ
ンを喚起されたり，警句が心に突き刺さったりする。さらに，小説のもつ壮大
な構成（たとえば，輪廻転生の『豊饒の海』）や，巧みに計算された結末（失恋から
はじまり，結末で，相手の美や若さが盗み取られていたことがわかる『盗賊』）に引き
つけられる。

三島自身は小説における文体と構成について(2)と(3)のように述べている。

(2) 小説家における文体とは，世界解釈の意志であり鍵なのである。混沌と
不安に対処して，世界を整理し，区画し，せまい造型の枠内に持ち込んで

来るためには，作家の道具としては文体しかない。

三島由紀夫『永遠の旅人——川端康成の人と作品』

(3) 文体なしに主題はないように，文体なしに構成もありえないのである。細部と細部を結びつけ，それをいつも全体に結びつけるはたらきが，不断にはたらいているためには，文体が活きて動いて行かなければならない。

三島由紀夫『私の小説の方法』

　本章では，5章で論じた文体研究をふまえて，文学作品（小説）の創作や鑑賞に関わる認知過程を取り上げる。小説の文体と構成を捉える視点として，まず文学への心理学的アプローチを概観してから，認知心理学的な研究が進んでいる比喩と**類推**に基づいて検討していく。ここでは，比喩や類推は，書き手が世界をどのように解釈し，言語表現したいのかを示す鍵であると考える。その創作の鍵を明らかにするために，比喩にはどのような種類があるのか，類推はどのように働くのかについて考察する。最後に，三島由紀夫を例に取り上げて，作家の**創作**を支えている認知的能力と熟達化に関わる要因について述べる。

1.2　文学への心理学的アプローチ

　文学への心理学的アプローチは，言語，創造性，読書などの領域で，単発的に行われてきた。波多野完治は，文章心理学という研究領域の創始者であり，一連の研究（波多野，1990）は，作家の色彩語の使用に焦点を当てた文体研究からはじまり，作り手である作家の研究に展開している。安本（1965）の文体の計量的研究は，100人の現代日本文学作家の文体を特徴づける指標として，30指標を取り上げ，因子分析で次の3因子を抽出している（5章参照）。

　安本の研究では，三島の『潮騒』を分析した結果，文章に名詞，漢字が多い「漢文型」因子の負荷がやや高く，直喩，声喩，色彩語が多い「修飾型」因子の負荷がやや低く，会話文や句点が多い「会話型」因子がやや低い。これは森鷗外『雁』，中島敦『李陵』，大岡昇平『俘虜記』と同じパタンを示している。

　実験的手法では，SD法を用いた文芸作品や登場人物のイメージの評価などが行われてきた（たとえば，芳賀，1988）。それらの研究は『読書科学』（日本読書科学会，1965年-）などに掲載されてきた。

　5章で紹介したように1980年代から，認知心理学が盛んになり，文章や物語の理解・記憶・生成の過程が実験的に取り上げられるようになってきた。文章や物語を理解した結果生じる表象について，スキーマ，スクリプト，物語文

法，さらに，構成・統合モデル，状況モデルなどを用いてモデル化が行われるようになった（解説として，たとえば，川崎，2014）。しかし，これらの研究は実験材料として小説の一部が取り上げられるようになったものの，文学作品の読解・創作過程を解明する心理学的研究には至っていなかった（これらの展開については本書の最後に述べる）。

　本章が焦点を当てる比喩研究の認知的研究に関しては，詳細は1章2節で述べた通り，1970年代後半にレトリックの復権と認知心理学の台頭が結びついて，Ortony（1979b）の編著が出版され，比喩構成語間の**類似性**や**カテゴリ化**に焦点を当てた研究がはじまった。本章のもう1つの焦点である類推研究は，同時期の人工知能学者による研究の頃から物語の理解における類推の役割を取り上げていた。さらに，認知心理学者による研究においても，実験材料として短い文章やことわざなどを取り上げることが多く，寓話の理解にも適用されてきた。そして，比喩と類推の研究は，ある事象と他の事象を類似性に基づいて結びつける認知的過程に着目することによって，関連づけられることになった（Holyoak & Thagard, 1995）。しかし，これらの多くの研究は，文学作品の文体の構成要素である比喩の理解や生成過程を明らかにするにとどまっていた（そのなかで，井口・往住・岩山〔1996〕は，夏目漱石『夢十夜』を題材に文学を科学的に解明しようと試みている）。

　一方，認知言語学者Lakoffらは一連の著作において，比喩が**概念体系**や**認識の基盤**に関わること，比喩は身体や知覚的な経験を抽象化したイメージスキーマによって支えられていることを主張している（Lakoff, 1987；Lakoff & Johnson, 1980）。さらに，Lakoff & Turner（1989）の著者は，詩における概念比喩「人生は芝居である」「死は眠りである」「時は動く」などを用例に基づいて明らかにしている。そして，詩的な比喩は単なる言葉の綾ではなく，認知体系の基盤になっていると主張している。作者は，こうした比喩を使うことで，読者に人生の根本的な問題を示し，それを解決する手がかりや洞察を与えている。しかし，こうした概念体系やイメージスキーマの心理学的研究の数は少ない。その理由は，比喩の類似性研究が実験的研究やシミュレーション研究として展開したのに対して，認知言語学的研究は言語事例に基づく分析が中心であり，実験的検証が難しいためであった。次節では，この2つの研究の流れをふまえて，文学作品の創作と鑑賞過程解明の基礎となる比喩・類推の心理学的研究について述べる。

2 文学作品における比喩の種類と理解過程

「いい比喩とはどういうものでしょうか」という問いに，三島は(4)のように答えている。

(4) 非常に適切な比喩は，小説の文章をあまりにも抽象的な乾燥したものから救って，読者のイメージをいきいきとさせて，ものごとの本質を一瞬のうちにつかませてくれます。しかし比喩の欠点は，せっかく小説が統一し，単純化し，結晶させた世界を，比喩がまたさまざまなイマジネーションの領域へ分散させてしまうことであります。ですから比喩は用いられすぎると軽佻浮薄にもなり，堅固な小説的世界を，花火のように爆発させてしまう危険があります。 三島由紀夫『文章読本』

読者のイマジネーションを刺激し，本質をつかませる比喩がどのようなものなのか。ここでは，主な比喩の種類とその認知過程に基づいて検討する。

代表的な比喩である**隠喩**と**直喩**は，対象間の類似性に関する作者の発見や設定に基づいている。2章や5章でも述べたように，直喩が「ようだ」「みたいだ」などの比喩の指標や比喩の根拠が明示されている比喩なのに対して，隠喩はそれらが明示されていない比喩である。別の見方をすれば，直喩はかけ離れた対象の間でも作家の意思によって，設定することができる。一方，隠喩は，比喩指標がないため，対象間に類似性あるいはそれを際立たせる文脈がないと読者には理解しにくい。

楠見（2018b）では，『金閣寺』の電子化コーパスを用いて，比喩指標によって，直喩を抽出して分析をしている。その結果，比喩指標では「ような（ように・ようだ・ようで）」が92回と，圧倒的に多い（(5)文参照）。また，直喩において，文末に「思われた」という動詞が用いられている（(6)参照）。作品全体では，その頻度は43回と多い。

ここでは，三島の文学作品において，作者の世界認識とその意思が反映される直喩と作者の構築する文脈によって支えられてい隠喩について2章と同様に**2.1**の特徴比喩，**2.2**の関係・構造比喩に分けて取り上げる。さらに，**2.3**では外界についての認知が反映されると考えられる換喩の考察を進める。

2.1 特徴比喩

(5) 美というものは，そうだ，何と云ったらいいか，虫歯のようなものなん
だ。それは舌にさわり，引っかかり，痛み，自分の存在を主張する。

三島由紀夫『金閣寺』

特徴比喩は，主題とたとえる概念の類似した特徴を発見し，主張する比喩で
ある。たとえば，(5)を短縮して「AはBだ」形式にした「美は虫歯だ」では，
抽象的主題「美」とたとえる概念「虫歯」の間の比較によって，共有特徴を発
見する過程として捉えることができる（**特徴比較理論**）。ここでは，主題「美」
とたとえる概念「虫歯」の意味の隔たりが，斬新さを引き起こす一方，共有特
徴の見つけにくさがこの比喩の理解を難しくしている。

このように，かけ離れた対象を結びつけるのは作家の創造性の現れである。
5章でも引用したがアリストテレスは『弁論術』で「大きくかけ離れたものの
なかにさえ類似をみてとるのが，物事を的確につかむ人の本領なのである」と
述べている。しかし，(5)のように，あまりにかけ離れた対象を結びつけた斬
新な比喩は理解が困難である。そこで作者は，(5)の後半のように対象間の類
似性を発見しやすいように，両者の類似性を示す比較の根拠を顕在化させる文
脈（「舌にさわり，……」）を用いる（両者の類似性を述べる文脈は，さらに519字に
わたって続いている）。こうした共有特徴を顕在化させると，比喩は理解しやす
くなる（楠見，1985a）。そして，斬新でかつ理解可能な比喩が良い比喩である
と読者からは評価される（Kusumi, 1987）。

また，作品の全体を通しての文脈ともいえる作品イメージは，比喩の理解を
容易にさせる。たとえば，川端康成の作品では登場人物の容姿や心理をたとえ
る際に，「波」「水」「湖」が用いられている。その結果，水のイメージがもつ
{ぬれる，動く，流れる，透明な，…} 特徴が作品のイメージを形成している
（中村，1977b；5章3.2も参照）。これは，読者側が形成する**イマジネーション**に
影響を及ぼし，主題とたとえる対象の**情緒・感覚的類似性**の発見を容易にして
いる。これは，比喩によって統一的なイマジネーションを形成した例といえる。

一方，三島由紀夫の『金閣寺』では，(6)のように，金閣寺は「音楽のよう
に世界を充たし」「時間の海をわたってきた美しい船のように思われた」とい
うように，金閣寺を「音楽」「船」などさまざまなものにたとえている。しか
し，比喩によるイマジネーションは拡散しないように，連続的に重ね合わされ
ており，主人公にとって，美の極致であった金閣寺がどのように見えたのかと

6章　文学作品の比喩　63

いう多層性を示している。

(6) そうして考えると、私には金閣そのものも、時間の海をわたってきた美しい船のように思われた。美術書が語っているその「壁の少ない、吹きぬきの建築」は、船の構造を空想させ、この複雑な三層の屋形船が臨んでいる池は、海の象徴を思わせた。金閣はおびただしい夜を渡ってきた。いつ果てるともしれぬ航海。そして、昼の間というもの、このふしぎな船はそしらぬ顔で碇を下ろし、大ぜいの人が見物するのに任せ、夜が来ると周囲の闇に勢いを得て、その屋根を帆のようにふくらませて出帆したのである。

三島由紀夫『金閣寺』

なお、ここでは、［金閣寺：池∷船：海］（「∷」は2つの関係が等しいことを示す）という**4項類推関係**（金閣寺と池の関係は、船と海の関係に等しい）によって、「金閣」を「時間の海」に浮かぶ「船」と捉える世界解釈（認識）を示している。これは、次に述べる関係・構造比喩と関わる（楠見、2018b）。

2.2 関係・構造比喩

(7) 幸福というものは、何と云ったらいいでしょう、肩の凝る女仕事で、刺繍をやるようなものなのよ。ひとりぼっち、退屈、不安、淋しさ、物凄い夜、怖ろしい朝焼け、そういうものを一目一目、手間暇をかけて織り込んで、平凡な薔薇の花の、小さな一枚の壁掛を作ってほっとする。地獄の苦しみでさえ、女の手と女の忍耐のおかげで、一輪の薔薇の花に変えることができるのよ。

三島由紀夫『サド公爵夫人』

関係・構造比喩は、主題とたとえる概念の類似した関係や構造を発見し、主張する比喩である。その理解は、(7)では、「幸福というものは、……刺繍をやるようなもの」は、主題「幸福」に「女仕事で、刺繍をやること」の構造を写像することによって、両者間に**構造的類似性**（同型性）が成立している。**構造写像理論**（Gentner, 1983；3章3.5も参照）では、比喩理解を両者間に同型的な関係や構造を発見する過程として考える。こうした抽象的な概念に構造を与える比喩は、読者に知的興奮を呼び起こし、既成の概念を組み替え、心に残る。さらに、読者の信念や行動に影響を及ぼすと考えられる（2章2.3も参照）。

そのほかの構造比喩としては、人の領域を他の領域に写像する**擬人化**（例：風のささやき、社会の病巣）や、さらに、人間の話を、たとえば動物の世界の話

に写像する**寓話**（諷喩：allegory）がある。寓話は一貫したかたちで比喩が連続的に用いられている。さらに，寓話と現実世界の間には，物語の因果関係や構造の同型性が成立している。

2.3 換　　喩

(8) 話者と聴手たちは，何かの記念像のように動かなかった。私はといえば，二米ほどの距離を置いて，グラウンドのベンチに一人で腰掛けていた。これが私の礼儀なのだ。五月の花々や，誇りにみちた制服や，明るい笑い声などに対する私の礼儀なのだ。　　　　　　　　三島由紀夫『金閣寺』

　換喩（metonymy）は，ある対象を指示するために，それと隣接するたとえる語を用いる慣用的比喩である。(8)では，「制服」はそれを着た軍機関学校の学生を指し，「笑い声」で笑い声をたてる「級友たち」を指す。この誇らしい制服姿とそれを取り囲む級友たちの笑い声は，離れて座っている主人公の目と耳に入る顕著な特徴である。換喩は，知覚的シーンにおける顕著な部分的特徴（服装，笑い声）を用いてそれと隣接する全体（人）を指す。それは，言葉の力で，読者に登場人物と同じ視点の知覚的シーンを形成することになる（楠見，1995b；山梨，1988b；2章3節も参照）。なお，三島の『文章読本』では，修辞法に関しては，直喩と隠喩（形容詞），擬態語，さらに，対句法などについては言及しているが，換喩や提喩については直接言及していない。

　以上述べてきたように，比喩は，認知心理学においては，対象とたとえる概念の特徴や構造の類似性認知に基づいて説明できた。そして，構造に基づく類似性認知は，次で述べる類推の過程と共通している。一方，慣用化された提喩は，三島自身には重視されていなかったと考えられるため，ここでは換喩についてのみ検討した。

3　類推による物語の理解・創作過程

　人の認知メカニズムは，新しい経験（ターゲット：目標領域）に対して，類似した過去経験（ベース：基底領域）を想起させる。たとえば，ミュージカルや映画の『ウエストサイドストーリー』をはじめて見た人は，前に読んだ『ロミオとジュリエット』を思い出す。ここで，主人公トニーはロミオに，マリアはジュリエットに対応し，「愛する2人と反目する両家（所属集団）」の関係が対応

6章　文学作品の比喩　　65

し，事態の推移と悲劇的結末が予想できる。これは，作者が『ロミオとジュリエット』をニューヨークに舞台を移してミュージカルにしたものである。このように作者が意図的に類推を用いて作品を構成していなくても，「愛する2人と反目する両家（所属集団）」をテーマにした作品は多く，普遍的なテーマである。

作品の類似や盗作が話題になることは多い。その理由は，読者が，物語理解において過去に読んだ物語との類似性を発見する類推を働かせているため，一方で，作者が創作において，意図せずに（あるいは意図して），過去に読んだ物語から抽象化された類似の物語スキーマを利用しているためとも考えられる。すなわち，物語の構造的特徴（筋立てなど）は，時間を経て，細部の表面的な特徴が忘却されても保持されやすく，検索しやすいためである。

文芸の創作において，古典や事件をベース（基底領域）に用いた作品は多い。三島を例に取り上げれば，『獅子』はギリシャ悲劇『メーディア』，『潮騒』はギリシャ物語『ダフニスとクローエ』，『愛の渇き』と『親切な機械』は実際の殺人事件，『金閣寺』は放火事件，『青の時代』は光クラブ事件，『真夏の死』は溺死事故，『宴のあと』は都知事選，『絹と明察』は労働争議に基づいている。

また，個人的エピソードをベースにする作品も多い。自伝的な作品は多くの作家が書いている。三島には『仮面の告白』『詩を書く少年』『煙草』『貴顕』などがある。

そして，読者はそれらの作品をベース（基底領域）にして，ターゲット（目標領域）となる作家の生育史を推測することになる（4節参照）。

本節では，読者による物語の理解過程，および作家による創作過程において，類推がどのように働いているかを検討する。その過程は4段階（検索，写像，評価，学習）に分けて考えることができる（Holyoak & Thagard, 1995）。

3.1 検　　索

検索（retrieval）は，読者が，物語（ターゲット）を理解するために，過去の類似した物語（ベースまたはソース）を長期記憶から想起して，作業記憶内に表象する段階である。類似した物語の検索においては，現在読んでいる物語との知覚的な表面的類似性と物語の構造的類似性の両方が手がかりとなっている。前者は，登場人物の類似性，舞台となる場所や時代の類似性などが類似した物語を思い出す手がかりになることであり，後者は，物語の構成や出来事の因果関係などの類似性が手がかりになることである。これまで，表面的類似性に基

づく想起のほうが構造的類似性に基づく想起よりも容易であるという主張と，構造的な類似性に人はより敏感だという主張がされている（たとえば，Gentner, 1983；Holyoak & Thagard, 1995）。

　一方，作家は創作において，自分の描きたい主題と類似した古典や過去の出来事や事件を記憶から検索する。あるいは，出来事，事件から，触発されて，取材を行い，それをベースとして作品を生み出す。たとえば，三島は，金閣寺放火事件の犯人の青年僧侶に関心をもち，『金閣寺』執筆のために，事件の逮捕状請求書，犯人の大学時代の成績などを調べ，舞台になった舞鶴，金閣寺周辺などの取材を重ねていることが『金閣寺』創作ノートからわかる。

3.2　写　　像

　写像（mapping）は，読者が，想起した物語（ベース）から今読んでいる物語（ターゲット）へ，表象を対応づけ（match），特に2つの物語の特徴や関係を整列（alignment）させて結びつける過程である。たとえば，『ロミオとジュリエット』と『ウエストサイドストーリー』であれば，対立する両家とギャング集団という特徴を対応づけ，主人公の男女の関係を対応づける。そして，ベース物語とターゲット物語の高次の関係・構造（家や集団の対立によってトラブルが起こるという因果関係）の類似性を見出すと，対応する関係・構造における情報をベースからターゲットにキャリーオーバー（carry over）する。これは，想起したベース物語の中で読んでいる途中のターゲット物語に含まれない重要な情報をターゲットに投射する**推論**（projecting inference）である。すなわち，読者はターゲット物語を途中まで読んだ段階で，ベースとなる類似物語の結末を，今読んでいる物語の結末の予想として当てはめてみる。たとえば，『ウエストサイドストーリー』を途中まで観て，『ロミオとジュリエット』の悲劇的な結末を対応づけて予想することである。また，『金閣寺』のようなベースとなる事件の経過が既知の小説においては，読者は結末を知りつつ，そのプロセスを楽しむことになる。

　ここで，Gentner（1983）の構造写像理論は，ベースとターゲットの比較において，構造的に一貫した対応づけを行う過程を重視している。ここには，**並列結合性**，すなわち，ベース物語とターゲット物語のもつ関係同士が対応したときは，対象同士も対応（例：愛し合う2人の関係が対応したときは，トニー→ロミオ，マリア→ジュリエットという対象も対応）する一対一対応の制約が影響している。さらに，高次の関係構造の対応づけが，個々の具体的特徴や1次関係の対

応づけよりも重視され，対象のもつ特徴情報は写像されないことをシステム性原理という。たとえば，『ロミオとジュリエット』（ベース）で『ウエストサイドストーリー』（ターゲット）を理解する際には，両家（ギャング集団）の対立（1次関係）による若い男女の悲劇的な結末という因果関係（高次関係）が転移される。そのとき，時代や場所（16世紀ヨーロッパと20世紀のアメリカ）という特徴は転移されない。このように転移される情報は，こうしたシステム性や後述する目標との関連性によって選択される。

　一方，作家もベースとする古典や事件をどのように作品に写像するかに苦心することになる。(9)は三島の戯曲『熱帯樹』の成り立ちを上演プログラムに書いたものである。ここでは，フランスの事件やギリシャ劇を日本に写像する際の苦労と，最終的には，登場人物や環境設定の対象レベルの対応づけを除いて，官能と精神という高次のテーマを忠実に写像しようとしたことがわかる。

> (9)　私はまだ日本にいた朝吹登水子さんから，最近のフランスの新聞で読んだという怖ろしい話をきいた。（中略）シャトオの主の金持の貴族と，二十年あまり前に結婚した夫人が，……息子を使って……父親を殺させ……莫大な遺産をわがものにしたというのである。（中略）ギリシャ劇の中では，かつてアイスキュロスの「オレスティア」三部作において……一家族の間に起ったのであったが，それと同じことが現実に，現在ただ今のヨーロッパで起ったということは注目に値いする。（中略）
>
> 　私はこの話をすぐさま日本に移そうと考えたが，……いろいろとリアルな環境設定した上で書き出してみたが，どうしてもそういう環境設定が，この話の原始的な力強い単純さと純粋さをそこねることに気がついた。そこで，……登場人物の生活上のリアリズムを全部除き去って，書きはじめたわけであるが，……官能のリアリズムと精神のリアリズムには，あくまで忠実であろうとしたのである。　　　三島由紀夫「『熱帯樹』の成り立ち」

3.3　評　　価

　評価（evaluation）は，類推による対応づけと推論した結果を評価し，正当化する段階である。類推はベース物語とターゲット物語が部分的に対応している場合でも成立する柔軟性がある。しかし，両者が部分的対応の場合，ベースからターゲットに知識を写像して推論すると，結末の推測を誤ることもある。そこで，類推の適切さは，①構造的対応の良さ（soundness），②導出した推論の正誤，そして，③目標に照らして，評価する必要がある。類推を問題解決（物

理の問題を解くなど）に用いる場合には，推論の誤りは否定的な評価に結びつく。しかし，物語読解の場合には，読者は類推による予想が的中すると快感を味わう一方，その物語の新奇性を低く評価する。特に，推理小説の場合には，読者は類推による予想が裏切られ，どんでん返しがあるほうが，その面白さを高く評価すると考えられる。

なお，類推の評価と作品の評価は別物である。作家は，ベースとする古典や経験，事件のすべてを小説には写像しない。一般に，ベースから作品への写像は高次の関係構造で行われ，対象のもつ特徴情報まで対応すると盗作問題やモデルのプライバシー侵害問題を起こすことになる。したがって，作家が新たに創作した（ベースから写像していない）部分が重要になる。たとえば，『金閣寺』は，主人公の僧侶の出身地や放火事件そのものは，事件から作品に写像されている。しかし，「金閣ほど美しいものは地上にない」と語る僧侶の父のエピソードや，その結果「金閣寺の幻」にとりつかれた僧侶のパーソナリティ，そして，「美しい人の顔を見ても，心の中で，〈金閣のように美しい〉と形容するまでになっていた」という内面の記述などは創作されている。読者は，作品の登場人物とモデルは対象レベルまで一対一対応であると誤解しがちであるが，そうでないことに注意する必要がある。

作品の「創作性」について，竹山（2002）は，作品がベースとなる「材料・資料」（種本）のもつ「構成」（筋立て）を利用し，「修正増減」（新たに加えた「エピソード」などの文章量や文体の相違）が少ない場合には，その作品の「創作性」を著作権法に基づいて低く評価している。そして，森鷗外『羽鳥千尋』とそのモデルの書簡，『ながし』とモデルである大下藤次郎『濡衣』と日記，井伏鱒二『ジョン万次郎漂流記』と石井研堂『中浜万次郎』，田山花袋『田舎教師』とモデルである小林秀三の日記などの対応を例にあげている。

3.4 学　習

学習（learning）は，類推の結果，原理を抽出し貯蔵する段階である。ベース物語を利用してターゲット物語を理解したり創作したりした経験は，ベースとターゲットに共通する構造的類似性，特に因果関係のパタンやルールなどの帰納や抽象化を通して，**抽象的知識（スキーマ）** として蓄積される。このように類推は，知識を拡張したり，形成する推論なので，広義の帰納の1つとして位置づけられる。また，類推は，厳密な論理規則に基づく演繹に対して，類似性に基づく柔軟な推論としても位置づけられる。

6章　文学作品の比喩　69

多くの小説を読んだり，映画，ドラマを見る人は，物語のスキーマを豊富に
もっている。したがって，一般化やルール化に基づいて，結末の予測ができる。
一方で，熟達した作家もこうした物語に関するスキーマをもっている。たとえ
ば，小説や映画，ドラマには以下のようなテーマが頻繁に出現する。現実世界
に起こる「三角関係」は夏目漱石『こころ』や高樹のぶ子『この細き道』，「恋
人の死」は堀辰雄『菜穂子』や片山恭一『世界の中心で，愛をさけぶ』，「継子
いじめ」は『シンデレラ』や御伽草子『鉢かづき』がある。一方，非現実的な
「若返り」はゲーテ『ファウスト』や山田太一『飛ぶ夢をしばらく見ない』な
どがあり，「生まれ変わり」「男女の入れ替え」とともに，SF やドラマでもよ
く描かれている。これらには「感動」や「面白さ」を引き起こす物語スキーマ
があるとともに，類推によって，ストーリーを予測して，的中したり，裏切ら
れたりする面白さがあると考えられる。

　読者にとって，主人公の成長物語は，人生の指針となり，親子の葛藤，恋愛，
結婚に悩む人にとって，行動のモデルとなる。人が自分と類似した境遇（年齢，
職業，舞台）の物語に関心をもつのは，その表面的類似性によって，主人公や
設定に自分を投影（写像）して読みやすいからであり，さらに，状況が類似し
ているため，投射推論によって問題解決の手がかりを得ることができる。

　読書は，読者が，時間や空間の壁を越え，仮想の世界の経験を可能にする。
それは，読者の過去の経験からの類推とイマジネーションが大きな役割を果た
している。それだけでは飽き足らない読者は，作品の描かれた町を訪れたりす
る（たとえば，『赤毛のアン』の愛読者はプリンスエドワード島を訪れる）。こうした
行動は，小説・映画・TV ドラマ・アニメなどの作品舞台の旅を「聖地巡礼」
（コンテンツ・ツーリズム）として，2000 年代から注目されるようになった。楠
見・米田（2018）は 16～79 歳の男女市民 800 人にインターネット調査を行い，
作品の舞台を訪問することが，作品を通した既知感による懐かしさや感動を喚
起して，作品への没入感を深めることを明らかにしている。また，モデルとな
った人物や事件を調べたり，映画化，ドラマ化された作品を見たりする。その
ことによって，作品世界をより深く理解し，読書上でのイマジネーションと現
実の経験あるいは映像作品による経験を重ねることができる。そこで読者のイ
マジネーションは，実際の経験によって修正・深化される。あるいは，イマジ
ネーションと現実のギャップに対して，現実や映像化による情報を拒否して，
自らのイマジネーションの世界を守ろうとする。

4 作家の創作を支える認知過程

　本節では，熟達化研究（楠見，2012a, b）をもとに，三島由紀夫を例に取り上げて，作家の創作能力やその**熟達化**に関わる要因を検討する。三島には，13歳で小説を書いた「早熟」，さらに，文章修行によって文体を磨いた「熟達」が見出せる。ただし，「困難」に関しては，肉体的コンプレックス，同性愛などの心理的困難が，独自の文体と構成をもつ作品の創造に及ぼした影響について検討する。

　従来，芸術家の**創造性**に関しては，精神医学，臨床心理学の分野では病跡学（pathography）に基づいて，その心理機制や無意識の内容を，異常ないし病的な心理も含めて考察してきた。そこで，ここでは，従来の三島についての病跡学的研究（福島，1978；梶谷，1971）をふまえつつ，作品やエッセイに基づいて，その創造性の認知的な考察を試みる。

4.1 早　　熟

⑽　詩はまったく楽に，次から次へ，すらすらと出来た。学習院の校名入りの三十頁の雑記帳はすぐ尽きた。（中略）

　少年が恍惚となると，いつも目の前に比喩的な世界が現出した。毛虫たちは桜の葉をレエスに変え，擲たれた小石は，明るい樫を越えて，海を見に行った。クレーンは曇りの日の海の皺くちゃなシーツを引っかきまわして，その下に溺死者を探していた。（中略）

　実際，世界がこういう具合に変貌するときに，彼は至福を感じた。詩が生まれるとき，必ず自分がこの種の至福の状態になることに，少年は愕かなかった。（中略）彼が理由もなく幸福な瞬間には，外界がやすやす彼の好むがままの形をとったという方が適当であろう。

三島由紀夫『詩を書く少年』

　三島由紀夫は，学習院初等科（小学校）の頃から詩を書き始め，中等科（中学）に進むと，13歳で短編『酸模——秋彦の幼き思い出』『座禅物語』などを発表し，14歳で戯曲『東の博士たち』を発表，15歳で雑誌『山梔』に俳句，詩歌などを頻繁に投稿していた。さらに，『木葉角鴟のうた』『公威詩集』（Ⅰ，Ⅱ，Ⅲ，Ⅳ）などの詩集を書き，短編『彩絵硝子』を発表した。これらの作品

6章　文学作品の比喩　　71

は主に『学習院輔仁会雑誌』に発表された。

⑩は自伝的小説の冒頭における主人公の 15 歳の頃のエピソードである（作中の雑記帳は現物が残されている。また，『私の遍歴時代』というエッセイの内容とも対応しているので，そのエピソードは三島の少年時代の創作を知る手がかりになる）。ここでは，早熟な少年が，比喩的に世界が見え，詩を自在に書くことができ，天才を自覚していたことが描かれている。この早熟した能力は次項で述べるように，年長の文学青年や文学雑誌の同人と対等に交流できる水準に達していた。

4.2 熟 達

三島は，中等科に進学し文芸部に入部する。上級生である高等科生の坊城俊民や東文彦と知り合い，文学に関する手紙を毎日やりとりする。15 歳になると詩人川路柳虹の個人指導を受けたり，学習院高等科国語担当の清水文雄の親身な指導を受け，日本の古典文学の知識を深め，その紹介で雑誌『文芸文化』に『花ざかりの森』を掲載し，伊東静雄，林富士馬ら同人たちの会合に参加した。年長の文学青年や教師，詩人たちに才能を認められ，作品の批評を受けることで刺激を受けていた。また中等科 1 年の頃から毎月欠かさず歌舞伎の型やせりふをメモしながら見たり，能を見たりすることが日本古典芸能についての理解を広げることになった。そして，『詩を書く少年』では「毎日辞書を丹念に読み」「何の感動もなしに，〈祈禱〉とか〈呪咀〉とか，〈侮蔑〉とかいう言葉を使った」姿が描かれている。

> ⑪ 少年時代に，詩と短編小説に専念して，そこに籠めていた私の哀歓は，年を経るにつれ，前者は戯曲へ，後者は長編小説へ，流れ入ったものと思われる。いずれも，より構造的，より多弁，より忍耐を用する作業へ，私が私を推し進めた証拠でもあり，より巨きな仕事の刺戟と緊張が，私にとって必要になったことを示している。
>
> 三島由紀夫「解説——『花ざかりの森・憂国』」

⑪は，三島が 20 代に入ると詩や短編小説から長編小説や戯曲に，創作のジャンルを展開したことの動機を示している。同時に，作品の発表の場を，学内誌や同人誌から商業誌に移し，職業作家になっていった。このプロセスで，文芸誌『人間』の編集者木村徳三と出会い，小説の稀代の「読み手」から技術的な指導を受けて力づけられた。『私の遍歴時代』では，その関係を三島自身が新人ボクサーと老練なトレーナーの関係でたとえている。当時は，若手作家は，

「純文学」の短編の勉強を注文に応じてゆっくりやっていける環境にあり，多くの西欧古典や海外文学の翻訳（ラディゲ，ワイルド，イエーツなど），そして，森鷗外にはじまる西欧語翻訳文体を通して，初期の叙情的文体から，明晰な文体を目指して文章修業をしていた。「もっともっと鷗外を読もう。鷗外のあの規矩の正しい文体で，冷たい理知で，抑えて抑えて抑えぬいた情熱で，自分をきたえてみよう」（『私の遍歴時代』）と述べている。

　三島自身，『文章読本』において「文章の最高の目標を，格調と気品に置いています」「文章は……長い修練と専門的な道程を必要とします」と述べているように，三島は，少年期以来，天性の感性による文体に加えて，「言葉の使用法に関する技倆（メチエ）は，不断の訓練からしか生まれない」という勤勉な学習によって，独自な文体と主題を自己形成したといえる。

4.3　困　　難

　三島にとっての身体的・心理的「困難」は，2つある。第1は，虚弱な肉体へのコンプレックスである。第2は，同性愛である。前者は，三島自身によって公然と語られており，後者は公然として語られることはないが，作品の主題としてしばしば描かれていた。

　第1は，幼少時代の病弱と祖母の溺愛により外遊びをせずに，女の子に囲まれて育ったためであった。「白っ子」「青びょうたん」とあだ名された虚弱体質による劣等感，さらに，赤紙による軍隊入隊時に気管支炎を腹膜炎とまちがわれて即日帰郷したため，戦死（夭折）しなかったという経験である。その補償と反動形成は，28歳から始めたボディビル，剣道，ボクシングといった肉体の「自己改造」に現れている。さらに，これらは，自衛隊への体験入隊，私兵組織「楯の会」結成，自決に結びつくことになる。これらのテーマのうち，虚弱は『詩を書く少年』『仮面の告白』に，ボクシングは『鏡子の家』，剣道は『剣』，自衛隊経験は『F104』として作品に昇華されている。

　また，少年期の虚弱とあわせた劣等感として，学習院において貴族の子弟ではないという家柄不足における劣等感がある。これは『春の雪』（『豊饒の海』1巻）で描かれている。貴族学校で学んだことは，『貴顕』『朱雀家の滅亡』『鹿鳴館』など，貴族世界を描くための糧となり，三島の貴族趣味の源泉となっている。

　第2の同性愛に関する傾向性は，作品のかたちで昇華される大きなエネルギーになっていた。三島自身「主題は，小説家が青年時代から徐々に自我に目ざ

め，自我と世界との対決を迫られるにつれて，その対決の度合によって，さまざまな変化を示してくる」（『私の小説の方法』）と述べている。文壇でのデビュー作である高等科時代の先輩を描いた『煙草』，「内心の怪物をなんとか征服したような小説」と自ら位置づけている，性的アイデンティティの形成過程も含む自伝的な『仮面の告白』，老作家と同性愛者の美青年を描く『禁色』，男爵夫人とゲイ美少年を描く中間小説『肉体の学校』といった作品は，対決の度合いの変化の現れと考えられる。さらに，最晩年の『豊饒の海』にも主人公の清顕や勲の描写には同性愛の視線があるが，主題とはなっていない。一方，ゲイバーへの出入りや，ボディビルへの傾倒や「楯の会」の結成と自決は，一種の行動化（acting out）と考えられる。一方で，「結婚」し，子どもをもうけたのは，その克服のための行動として考えられる。三島が異性を愛しえないことの苦悩，葛藤と克服のための努力の一端が，『仮面の告白』『禁色』の創造活動に昇華され，その合理化は，武士や古代ギリシャにおける同性愛の伝統を追求するかたちで現れていたと考える。

4.4 創作過程

　三島の創造性は，少年の頃の詩の創作について(10)に描かれているように，感性に基づく天性のものだったということができる。さらに，(12)では，30代になっても，三島は自然に誘発されるように短編を創作していたことを示している。

> (12)　たまたま面白がってその世界をのぞいているうちに，その独特の色調，
> 　　　言語動作，生活作法が，水槽の中の奇異な熱帯魚のように，文藻の藻のあ
> 　　　いだに隠見するようになり，それらが自然におのおのの物語を誘発させた
> 　　　という具合である（後略）　　　三島由紀夫『解説――花ざかりの森・憂国』

　こうして創作された作品には，芸者の世界を描いた『橋づくし』，歌舞伎の女形を描いた『女方』や，当時流行したビート族を描いた『月』などがある。
　三島は，『文章読本』では，「気違いになったかと思うほど感興が湧いて一晩に十数枚も書けることもあれば，一晩坐っていて1枚も書けないこともあります」と述べている。三島が『私の小説の方法』に記述した創作の過程は，Wallas（1926）の創造の段階に対応づけて，素材を集める「準備期」に続いて，以下の3つに分けることができる。

　(a)　あたため期：三島は「いい小説を書くには，素材を永く温めることが必

要である」「素材の各部分の配分，見とおし，構成，ということは，素材が現実の卵殻をくっつけているあいだにはできにくい。小説は現実を再構成して，紙上に第2の現実を出現させなければならない」と述べている。これらのプロセスは，長編を準備するための作品ノートからも知ることができる。

(b) 啓示期：三島は，小説の案が浮かんだときは，「短篇では最後の場面，長篇では最も重要な場面のイメーヂがはっきりうかぶまで，待つことが大切である」と述べている。「そのイメーヂが，ただの場面としてではなく，はっきりとした強力な意味を帯びて」，象徴的ではあるが，視覚的な一場面が浮かんでくると，音楽的な感動が呼び起こされ，その音楽を咀嚼する。そして，主題をのがさないように，「できるだけ手もとに引きとめておき，できるだけゆっくりと咀嚼する」と，「徐々に主題が，各場面を浮き出させ，各場面及び各人物の濃淡と比重を明確にしてくる」「こんな状態が，小説をいよいよ書き出すときの私の愉快な状態である」としている。これは，才能豊かな作家の創造の瞬間であり，(9)に描かれたプロセスが深化したかたちとしてみることもできる。

(c) 検証期：「尤も，書き出すやいなや，この愉快な気分はあとかたもなく消失する。一行一行が壁になり，彫刻家のノミに反抗する大理石になる。この作業が日々の訓練なのだ」「1つの新しい小説の制作は，1つの新しい訓練の場である。忍耐と意志が必要だ」。ここには，三島のもつ「壮大な長編を構成する創作を支える強い意志的統制力，心的エネルギーの強さ」（梶谷，1971）が示されている。持続力や情熱は，ストイックで勤勉な生活と，締め切りを守る仕事ぶりにも反映されていた。

三島の虚構世界を構築する創造の世界は，輪廻転生を主題にした『豊饒の海』でいっそう広がったが，その作品世界の意味は連載時にはそれほど理解されず，その文学的評価も必ずしも高くなかった。一方で現実世界における私兵組織「楯の会」を中心とする行動世界との均衡は，『豊饒の海』が完成に近づくにつれて，行動世界の勢いが増し，最後に行動世界が作品世界を上回り自決に至ったといえる。

5　その後の展開と課題

最後に，近年の展開と文芸の心理学的な研究の今後の課題を，認知心理学の

6章　文学作品の比喩　75

観点から2つあげる。

第1は，文芸作品の読解過程の研究である。Holyoak & Stamenković（2018）は，理論的な展望論文の最後に，文学作品における比喩研究が，比喩による**複合的意味**（complex composite meanings）などの解明や，感情に及ぼす影響の解明につながることを指摘している。さらに，Holyoak（2019）では，比喩研究が，芸術と科学，特に，詩（poetry）と心理学をつなぐ蜘蛛の糸となるとしている。Kintsch（1998, 2000）は，メタファの計算論的モデルによる研究を進めるとともに，より大きな枠組みとしての物語読解にアプローチしている。そして，読者が物語世界の表象を形成し，感情が起こる過程としては，状況モデルを用いて，読者による因果関係，空間，意図，登場人物に関する表象を構築する過程を説明している。さらに，登場人物の感情がこの表象の中にどのような位置を占め，読者の感情に影響を与えるかについては，米田（Komeda & Kusumi, 2006；米田・楠見，2007）が研究を進めている。また，怪談の理解における感情過程については，本書13章で述べる。そのほか，物語理解時の知覚的処理における自伝的記憶の役割（常深・楠見，2010）や作品世界の没入（小山内・楠見，2013）についても実証的な研究が進んでいる。

また，心理物語論（psychonarratology；e.g., Bortolussi & Dixon, 2003；Reali, Cevasco, & Marmolejo-Ramos, 2024）のように物語の構成を説明概念に認知的過程や知識表象を用いて，検討しようとするアプローチが進んでいる。これらのアプローチと連携することによって，文学作品の創造や鑑賞の謎をさらに解き明かすことができると考える。

第2は，作家の創造性を，熟達者による認知活動として捉える文芸の心理学的研究である（e.g., Oatley & Djikic, 2017）。これは，最後の4節で一部試みたが，作家が残した作品，創作ノート，インタビューなどを通して，その創造のプロセスを解明できると考える。

第 **II** 部

比喩を感じる
その身体的基盤

7章　共感覚に基づく比喩

8章　味覚の比喩

9章　聴覚の比喩

10章　痛みの比喩

11章　感情の比喩

12章　愛の比喩

13章　恐怖の比喩

7章 共感覚に基づく比喩

1 共感覚と比喩

Soft music like a perfume, and sweet light
Golden with audible odours exquisite
Swathe me with cerements for eternity.

香料のごとき柔らかな音楽と
えもいわれぬ音もしるき香りをもつ黄金の甘美な光
われを屍衣もて永遠に包む

Arthur Symons "*The Opium-Smoker*"
Ullmann, S.（山口秀夫訳）『意味論』（一部改訳して引用）

この詩の一節には，感覚に関する表現が満ちあふれている。たとえば，「柔らかな音楽」という語句は，修飾語「柔らかな」は触覚に関する形容語，被修飾語「音楽」は聴覚に関する刺激を示す名詞である。このように，修飾語と被修飾語が異なる感覚を示す表現には，ほかにも「甘美な光」（味覚→視覚），「音もしるき香り」（聴覚→嗅覚），「香りをもつ黄金」（嗅覚→視覚）がある。

ここで，「柔らかな音楽」といっても「音楽」自体は，触って柔らかさを感じることはできない。なぜならば，感覚には，感覚器官に対応した特殊性と独立性があるからである。

私たちのもつ感覚は，表 7-1 に示すように，感覚器官に対応した**五感**と呼ばれる分類ができる。各感覚器官は，受け入れることのできる刺激，すなわち**適刺激**をもつ（たとえば，耳であれば音）。適刺激が感覚器官を通じて中央処理系にいたる感覚入力系は，感覚器官ごとに独立した特殊性をもつ。たとえば，耳を

79

表 7-1　感覚モダリティと感覚形容語

感覚モダリティ （感覚器官）	モダリティ 表示名詞	感覚形容語	感覚の分類	
視覚（目）	色	明るい，暗い，鮮やかな，輝きのある 澄んだ，濁った，美しい，醜い，透明 な，淡い，ぼんやりした，つやのある 白い，黒い，赤い，青い，黄色い	遠感覚	高次感覚
聴覚（耳）	音	静かな，うるさい，やかましい		
嗅覚（鼻）	におい	香ばしい，かぐわしい 臭い，生ぐさい，きな臭い		
味覚（舌）	味	おいしい，まずい，すっぱい，甘い しおからい，にがい，渋い，しつこい あっさりした，こくのある		
触覚（皮膚）	感触	固い，柔らかい，粗い，なめらかな 粘っこい，刺すような，鋭い，鈍い 湿った，乾いた，重い，軽い，暖かい 冷たい	近感覚	低次感覚

（注）感覚形容語は 3 節で用いたものを示す。
（出所）楠見（1988c）

通して生じる音の感覚は，舌を通して生じる味の感覚とは異なる。すなわち，視覚，聴覚，嗅覚，味覚，触覚は，**感覚モダリティ**（様相）が異なる。しかし，先にあげた「柔らかな音楽」のような異なるモダリティの語を結びつけた表現は，頻繁に用いられる。さらに，（音を聞くと色が見える）色聴をしばしば経験する人（たとえば宮沢賢治）もいる。感覚・知覚心理学では，色聴のように，一般的に喚起される感覚や認知処理に加え，他の感覚や認知処理も喚起される現象を**共感覚**という。共感覚の特徴として，（大規模調査における）何らかの共感覚をもつ人の比率が 4～5% と低く，個人特異性（個人差）が大きく，時間的安定性の高いことが知られている（たとえば，浅野・横澤，2020）。

　こうした知覚的な共感覚経験に基づく言語表現と考えられるのが，**共感覚的比喩**である。共感覚的比喩とは，ある感覚経験を言語表現する際に，他の感覚モダリティ固有の形容語などを転用する表現である。たとえば，聴覚経験を視覚形容詞で表現した「明るい音，キラキラした音」などである。言語的な共感覚的比喩は，人が共通して理解でき，個人特異性が小さい点など，知覚的な共感覚とは異なる特徴がある。

図7-1 共感覚的比喩と共感覚の一元論，多元論，二元論

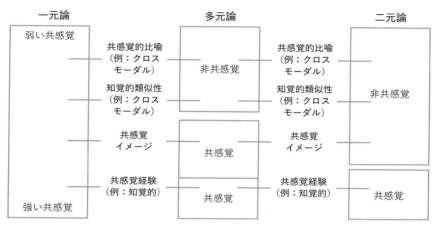

(出所) Marks (2011)

　こうした共感覚的比喩「明るい／暗い音」が理解できる基盤として，人が共通してもつ**感覚間協応**のメカニズムが考えられる（e.g., Marks, 2011）。感覚間協応とは，異なる感覚モダリティに与えられる**刺激の次元**（属性）に適合性（**クロスモーダル**な知覚的類似性）が見られる効果である。たとえば，音の高さと色の明るさを対応させるクロスモーダル・マッチング課題では，非共感覚者でも，音の〈高い－低い〉次元と，色の〈明るい－暗い〉次元のクロスモーダルな知覚的類似性による対応づけができる。このことは，非共感覚者でも，共感覚的比喩「明るい音」が高い音を意味することが理解できることと共通する。さらに，色聴共感覚者は，感覚間協応や共感覚的比喩と同様，高い音ほど明るい色になりやすい（Ward, Huckstep, & Tsakanikos, 2006）。

　このように［共感覚的比喩－感覚間協応－共感覚］をひと続きと捉え，前二者を「弱い共感覚」（weak synesthesia）として位置づける立場がある。**Marks (2011)** は，これを**一元論**（monism）と名づけた。一方，［共感覚的比喩－感覚間協応］と共感覚を質的に区別する**二元論**（dualism），さらに，共感覚を複数に分ける**多元論**（pluralism）がある（図7-1）。

　本章では，最初に共感覚的比喩の用例を，言語学における語彙論の先行研究からみていく。

表 7-2　感覚形容語転用の通時的変化

感覚形容詞	感覚モダリティ	モダリティ表示名詞				
		感触	味	におい	色	音
dull	触覚	1230			1430	1475
sour	味覚		1000	1340		W3
vivid	視覚				1665	W3

(注)　数字は用例が辞書に初出した西暦年，W3 は Webster's 3rd を示す。

(出所)　Williams（1976）に基づく。

2　共感覚的比喩の語彙論的分析

　共感覚的比喩に関しては，言語学者による通時的あるいは共時的な用例研究がある。すなわち言語資料（辞書や文学作品）において，たとえば「甘い音」といった用例が，いつの時代に，どのくらいの頻度で現れるかを調べる方法である。

　Williams（1976）は，*Old English Dictionary*（OED）と *Middle English Dictionary*（MED），*Webster's 3rd* などの辞典における**感覚形容詞**の用例を分析した。そして，ある感覚モダリティの形容詞が他の感覚モダリティの記述に転用される通時的な変化を調べた。たとえば，**表 7-2** に示すように dull は，1230年には触覚に関して用いられるだけだが，1430 年には dull colour（くすんだ色）のように視覚に関して用いられ，1475 年には dull sound（鈍い音）のように聴覚に関しても用いられるようになる。sour は，1000 年に味覚，1340 年に嗅覚，そして，現代の *Webster's 3rd* においては，sour sound（調子はずれのひどい音）のように聴覚に関して用いられるようになる。このように，多くの用例において，触覚や味覚に固有の形容詞が，時代を経るにしたがって，視覚や聴覚を表現する際にも用いられるようになるという**通時的な転用**の方向性を見出した。そして，**図 7-2a** のような規則性を示した（**一方向性仮説**）。さらに，Williams は，この規則性は，インド・ヨーロッパ語族や日本語において共通していることを示唆している。

　Ullmann（1959）は，キーツ，バイロンなど 11 人の 19 世紀の詩を資料として，感覚形容語のモダリティ間の**共時的な転用**方向を分析した。その結果，**表 7-3** のように，ⓐ触覚形容語は他のモダリティの感覚経験を表現する際に最も多く用いられていること，ⓑ視覚や聴覚経験は，触覚や味覚形容語を用いて表

図 7-2 感覚形容語の転用の方向性

a. Williams (1976) による通時的方向性

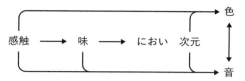

b. 楠見 (1988b) による共時的方向性

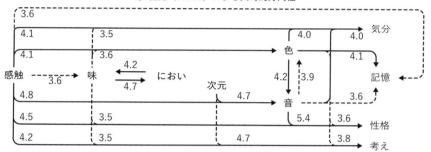

表 7-3 キーツの詩における共感覚的比喩使用頻度

表現に使用された感覚モダリティ	感覚経験				
	触覚	味覚	嗅覚	聴覚	視覚
触覚	−	0	3	44	25
味覚	2	−	1	17	16
嗅覚	2	1	−	2	5
聴覚	0	0	0	−	12
視覚	8	1	0	31	−

(注) Ullmann は触覚と熱を分けているが，ここでは1つにまとめた。
(出所) Ullmann (1959) をもとに作成。

現されるという方向性を見出している。特に，右上三角行列の用例数は，左下三角行列の事例数よりもはるかに多いことから，**低次感覚（近感覚）**から**高次感覚（遠感覚）**への方向性があることを示している。これは，反対方向の用例はあるが，一般的な方向性を示していると考える。Ullmann (1959) のデータについては，村田 (1989) が再分析を行い，触覚形容語に基づく共感覚的表現が最も多く使用されていることを統計的に示している。そして，人工的に組み

合わせた共感覚的表現に対して，質問紙評定を用いることによる心理的実在性の検証の必要性を指摘している。

以上の**語彙論的分析**は，Williams では通時的研究，Ullmann では共時的研究という差異がある。さらに，前者における辞書の用例は，慣用化されてから採用されるという保守性があり，後者の詩の用例は，既成の用法を打ち破るという革新性がある。しかし，両研究で見出された感覚形容語の転用の方向性は合致していた。

こうした転用の方向性は，**表 7-1** に示した，感覚モダリティの順序と対応している。すなわち，第 1 に，転用の方向性は，低次感覚から高次感覚へという系統発生の順序に対応する。触覚，味覚は，系統発生的に下等な動物でももつ感覚のため，低次感覚に分類できる。一方，視覚，聴覚は，系統発生的に高等な動物がもつ感覚のため，高次感覚に分類できる。第 2 に，転用の方向性は，近感覚から遠感覚へという刺激と感覚器官との距離の順序に対応する。触覚，味覚は，感覚器官と刺激の距離が接近した近感覚，一方，視覚，聴覚は，感覚器官と刺激の距離が離れた遠感覚に分類できる。したがって，感覚形容語の転用の方向性には，低次感覚から高次感覚へ，あるいは近感覚から遠感覚へという順序性がある。

ところで，共感覚的比喩は，感覚経験の記述に限られるわけではない。心理学者の Asch（1955）は，人の性格を表現する語（**性格特性語**）を分析した。その結果，本来は外界の物の特徴を表現する形容語が，人の性格を表すときに用いられることを見出した。そして，「柔らかい」「甘い」「明るい」などのように，物の性質にも，人の性格の記述にも使える語を**二重機能語**と名づけた。彼は，英語，ギリシャ語，中国語，タイ語等の異なる言語のインフォーマント（資料提供者）から，データを集め，二重機能語には異言語間共通性があることを見出した。そして，人の性格は，さまざまなモダリティの感覚形容語で修飾可能なことを指摘している。さらに，二重機能語は，性格の記述だけではなく，3 節で検討する記憶，気分，思考などの心的状態の記述にも用いることができる（例：甘い記憶，澄んだ気分，固い考え）。

3　共感覚的比喩の心理学的分析

2 節で述べた語彙論的分析では，用例がないことが，理解不能性を示すのか，あるいは理解可能性があるにもかかわらず単に用例がないだけなのかを区別で

きない。

そこで，実際に，すべてのモダリティ間の形容語と名詞の組み合わせに基づいた共感覚的比喩を構成し，これらに対する**理解可能性**の評定を，多数の人に求める心理学的研究が必要になる。そして，どのモダリティの形容語と名詞を結んだ共感覚的比喩が理解可能なのかを明らかにする。さらに，共感覚的比喩がなぜ理解可能なのかを検討するために，共感覚的比喩の意味に関する判断を求めて，感覚形容語の意味構造を明らかにする。

そこで，楠見（1988b, c）では，語彙論的分析に心理学的方法を取り入れて，次の3つのステップで分析を進めた。

3.1 材料の選択と条件の統制

第1は，材料の選択と条件の統制である。共感覚的比喩には，形式のバリエーションがあり，またその表現を支える文脈もさまざまである。条件が統制されていなければ，共感覚的比喩の理解可能性を規定しているのが何かがわからない。また，用例研究では，モダリティ間のすべての組み合わせの共感覚的比喩を網羅できていない。そこで，五感を網羅した60の感覚形容語（修飾語）と9つのモダリティ表示名詞（被修飾語）を一語ずつ組み合わせた540語句を構成した。「固い音」「甘い記憶」のように，すべて「形容詞＋名詞」の語句に条件を統制したため，両者の組み合わせ関係だけが理解可能性を規定することになる。

材料の感覚形容語は，次の2通りの方法で収集した。①使用頻度の高い感覚形容語を網羅するために，『分類語彙表』（国立国語研究所，1964）における現代雑誌90種の語彙調査における使用率が0.014パーミル（1000語中14語）以上の感覚形容語を収集した。②『感覚・知覚ハンドブック』（和田・大山・今井，1969）から，心理学研究で明らかにされた各感覚モダリティにおける基本的次元に関する形容語を加えた。このようにして収集した形容語は，**表7-1**に示した通りである。さらに，主に空間的な次元を示す11の形容詞（大きい-小さい，高い-低い，太い-細い，濃い・厚みのある-薄い，緻密な-うつろな）を加えた。

次に，**モダリティ表示名詞**は，五感と呼ばれる各感覚モダリティにおける刺激を代表すると考えられる名詞，すなわち，視覚に対しては「色」，聴覚は「音」，嗅覚は「におい」，味覚は「味」，触覚は「感触」，さらに，心的状態に関する「記憶」「気分」「考え」「性格」の合計9語を用いた。

3.2 調査と測定

共感覚的比喩の理解可能性の測定　先に構成した540の共感覚的比喩に対する理解可能性を6点尺度（1. 全く理解不能〜6. 完全に理解可能）で求めた。60人の大学生による質問紙評定で，読み手一般の判断を代表させた。そして，参加者全員の評定値を平均したデータを算出した。

共感覚的比喩の意味測定　各モダリティにおける感覚形容語の意味構造を明らかにするために，次の2通りの方法で意味を測定した。材料は，理解可能性評定値が高かった229の共感覚的比喩を用いた。

第1に，モダリティ表示名詞ごとに，共感覚的比喩が1つずつ印刷されたカード（たとえば，「音」の場合は {甘い音，暗い音，固い音，…}）のセットを構成した。そして，60名の大学生に，各セットのカードを，意味上の類似性に基づいて，任意のグループに分類させた。このとき，グループはいくつに分けてもよく，また，各グループには何枚のカードが入ってもよいことにした。

第2に，共感覚的比喩に対する意味の評定を，両極尺度（たとえば，「1：非常に不快」から「7：非常に快」までの7点尺度）で求めた。両極尺度は，ほかに〈強い‐弱い〉など全部で6種類あり，計78人の大学生の参加者が評定した。

3.3 データ解析

以上の手続きで求めたデータに基づいて，次のようにして理解可能性の高い組み合わせ関係を明らかにし，それを支えている感覚形容語の意味構造を見出した。

理解可能性の高い共感覚的比喩　理解可能性評定値を，540語句（60形容語×9名詞）ごとに平均した。次に，各語句を6種の感覚形容語（五感と空間次元）と9つのモダリティ表示名詞（五感，記憶，気分，考え，性格）の組み合わせ（6×9通り）に分類し，それぞれの理解可能性平均評定値を算出した。**図7-2b**は，理解可能性評定値4以上の修飾語→被修飾語の組み合わせを実線の矢印で，3.5以上4未満を点線の矢印で示したものである。この方向性は，**図7-2a**のWilliams（1976）の通時的研究とほぼ対応した。

図7-2bが示す主な結果は，次の5点である。

第1に，感覚形容語→モダリティ表示名詞の関係は，近感覚（触覚，味覚）の形容語で，遠感覚の対象を示す名詞（色，音）や心的状態を示す名詞（記憶，気分，考え，性格）を修飾したり，遠感覚（視覚，聴覚）の形容語で心的状態を示す名詞を修飾したりするという方向性がある（**図7-2b**の右向きの矢印）。特に，

触覚形容語は他のさまざまなモダリティ表示名詞を修飾した場合において，理解可能性が高い。これは Ullmann（1959）の結果とも合致している。逆に，遠感覚の形容語で近感覚のモダリティ表示名詞を修飾した場合の理解可能性評定値は低い（例：明るい感触，暗い味）。

第2に，味覚と嗅覚に関する形容語と名詞は相互に修飾可能である（例：甘いにおい，香ばしい味）。これは，味覚と嗅覚は感覚器官が分かれていても，隣接していて，食物摂取のときに働く，化学物質検出のメカニズムであるためと考えられる。

第3に，「音」は，触覚や空間次元を示す形容詞（大小太細など）によって修飾された場合の理解可能性が高い（例：柔らかい音，細い音）。

第4に，「記憶」と「気分」は，視覚形容語で修飾された場合の理解可能性が高い（例：淡い記憶，暗い気分）。

第5に，「気分」「考え」「性格」は，さまざまなモダリティの感覚形容語で修飾した場合において，理解が可能である（例：軽い気分，甘い考え，明るい性格）。これらは，いずれも触覚形容語で修飾した場合の理解可能性が高い。

感覚形容語の意味空間　　モダリティ表示名詞ごとに，2つの共感覚的比喩が同グループに分類された頻度を，比喩を構成する感覚形容語間の意味的類似性の測度として，多次元尺度解析を行った。そして，意味の類似した形容語同士は近くに，類似していない形容語同士は遠くに布置するようにして，形容語間の距離を定めた。そして，各形容語を2次元平面上に示したものが，図7-3における4つの意味空間である（図7-3は紙面の都合上，4つのモダリティ〔感触，色，気分，性格〕における一部の形容語の布置を示した〔味，におい，性格については8章図8-5参照〕）。

図7-3における，平面上の次元（軸）は，両極尺度評定値に基づいて重回帰分析を行い，軸の傾きを決める対応するベクトルを求めたものである。4つの意味空間は，2次元で特徴づけることができる。第1は，〈快-不快〉の次元である。第2は，〈強-弱〉次元である。「気分」においては〈覚醒-睡眠〉，「性格」と「考え」においては，〈知的に良い-知的に悪い〉が〈強-弱〉次元に対応すると考えることができる。図7-3では示さなかったモダリティ（味，におい，音，記憶，考え）も含めて，五感と心的状態における感覚形容語の意味構造は，〈快-不快〉と〈強-弱〉の2次元で特徴づけることができた。

次に，異なるモダリティ間の形容語の意味空間における布置の対応を見てみよう。図7-3に示すように，たとえば，「柔らかい」は，「感触，色，気分，性

図 7-3　各モダリティにおける感覚形容語の意味空間

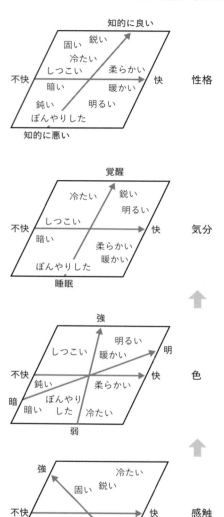

(出所) 楠見 (1988c)

格」のいずれの意味空間においても，快次元上で〈快〉，強度次元上で〈やや弱い〉に布置する。また，「鋭い」は，「感触，気分，性格」の意味空間においても強度次元上で〈強い〉ところに布置する。

このように感覚形容語の布置がモダリティ間でどのくらい類似しているかを，座標のモダリティ間正準相関係数で調べた結果，いずれも非常に類似していることが明らかになった。

以上の結果，五感と心的状態（記憶，気分，考え，性格）における感覚形容語の意味空間は，〈快－不快〉と〈強－弱〉の2次元に関して，共通性をもつことが明らかになった。したがって，感覚形容語を，異なるモダリティの刺激に転用することが可能になると考えられる。そして転用の方向は図 7-3 の上向きの矢印が示すように，感触（近感覚）→色（遠感覚）→気分・性格（心的状態）であった。

4 ま と め

語彙論的分析では，共感覚的比喩に関する言語資料に基づいて分析を行った。そして，感覚形容語の他のモダリティへの通時的な転用方向と共時的な転用方向の対応，転用方向の異言語間対応を見出した。

心理学的分析では，実際に参加者に共感覚的比喩に対する判断を求めて，共時的データを収集した。そして人工的材料を用いて，すべてのモダリティ間の感覚形容語と名詞の組み合わせをチェックし，データ解析によって，判断を支えている意味構造を明らかにした。

語彙論的分析に心理学的方法を取り入れることによって，共感覚的比喩の理解に関して，次の2点が明らかになった。

4.1 感覚形容語の修飾の方向性

共感覚的比喩における「感覚形容語→モダリティ表示名詞」の修飾方向は，近感覚（触・味覚）→遠感覚（色，音），近・遠感覚（触・味・視・聴覚）→心的状態（記憶，気分，考え，性格）の場合に，理解可能性が高かった。これは，語彙論的な分析における通時的・共時的データに基づく結果（一方向性仮説）と対応した。

このように感覚形容語の修飾方向が，近感覚から遠感覚，あるいは低次感覚から高次感覚・心的状態へという五感の階層と対応する理由としては，次の2つが考えられる。

第1は，感覚形容語の語彙量の差である。実験材料の形容語数に反映されているように，触覚（皮膚感覚）形容語は，他のモダリティの形容語に比べて数が多く，内容も，圧覚，温覚，冷覚，痛覚と多様である（本書では，触覚形容語の中に皮膚感覚に関する形容語を含めた）。逆に，聴覚は，感覚内容の豊富さに比べて，固有の感覚形容語の数が少ない（〈大－小〉〈高－低〉などの聴覚の基本的次元と考えられる形容語であっても，もとは空間次元の形容語である）。したがって，触覚形容語は，他のモダリティを表現するために転用されやすい。一方，聴覚を表現する場合には，他のモダリティの形容語を用いた共感覚的比喩が頻出しやすいと考えられる。

第2に，近感覚（触覚，味覚）に関する形容語は，対象に密着しているため，具体的イメージの喚起力が高い（Lindauer, 1969）。したがって，抽象性の高い内

7章 共感覚に基づく比喩 89

容（音や心的状態）を表現する場合には，近感覚に関する形容語を用いることが考えられる。たとえば，目に見えない音を表現するときに，「固い音」とか「乾いた音」のように近感覚に関する形容語を用いることには，音を実体化して，具体的なイメージを浮かびやすくする働きがある。

4.2　感覚形容語の意味構造

　感覚形容語には，五感と心的状態に共通する意味次元（快－不快，強－弱）があり，これが共感覚的比喩の理解を支えていると考えられる。これは，心理学的な分析によって明らかにできた。この2次元は，感覚や感情の基本次元として，従来から心理学で明らかにされているものと対応する。

　たとえば，**図7-3**において一部示したように，「柔らかい」は「感触」を修飾するときは，字義通りの感覚の意味であるが，「味」「色」「音」「気分」を形容するときには，〈快〉で〈やや弱い〉という抽象的な意味を表すようになる。さらに，「性格」を形容するときには，派生的な意味（たとえば「人当たりの良さ」）を表すことになる。また，「鋭い」は，五感においては強度の「強さ」を示しているが，思考や性格の表現では，より抽象的な「知的な良さ（頭の良さ」）を示す。

　このように感覚形容語の意味次元は，五感から心的状態を通した共通性をもつ。そして，感覚形容語の意味は，元のモダリティからの転用の段階が離れるにしたがって，字義通りの感覚の意味からかけ離れた，抽象的あるいは派生的な意味をもつようになる。

　こうした感覚形容語のもつ**意味構造**のモダリティ間共通性の源は，1節で述べた人間の知覚過程における感覚間協応にあると考えられる。たとえば，音の大きさと光の明るさを参加者に対応させるクロスモーダル（通様相性）・マッチングの手続きで，異なるモダリティ間の共通な性質（**通様相性**）の存在が確かめられている（Marks, 1978）。さらに，Marks（1982）は視覚と聴覚に関する15の共感覚的比喩（例：夜明けが雷鳴のように昇る）に対して，1000ヘルツ音の大きさと白色光の明るさをマッチングさせる実験を行った。そして，各比喩にマッチングさせた，音の大きさと光の明るさの間の相関が高く，視覚と聴覚間に通様相性があることを見出した。さらに，Marks, Hammeal, & Bornstein（1987）では，4〜13歳の子どもに同様の実験を行い，音の高さと明るさのマッチングの獲得が早く，音の高さと大きさのマッチングの獲得はやや遅れることを見出している。このように，共感覚的比喩理解はクロスモーダルな知覚的類

似性が支えていることが示されている（楠見，2021a）。

4.3　今後の展開

　本章では，共感覚的比喩の心理学的分析を，言語表現を判断する意味理解のレベルで行った。そして，共感覚的比喩の理解は，〈快－不快〉，〈強－弱〉の次元で表現できる感覚形容語の意味構造に依拠していることを見出した。〈快－不快〉次元の対応の背後には，hedonic 感情による媒介（Spence, 2011）があると考えられる。後者の〈強－弱〉次元の対応の背後には，刺激強度と神経系の発火増加の対応関係（Marks, 1978；Stevens, 1957）が考えられる。この共通次元（快－不快，強－弱）は，知覚過程における通様相性に支えられ，五感から心的状態に至る共通性をもっている。なお，五感については，色（坂本・内海，2007），温度と触覚，色と形の分離（Shinohara & Nakayama, 2011）の検討がされている。さらに，この共通次元（快－不快，強－弱）とその一方向性については，共感覚動詞（楠見，2016），共感覚オノマトペ（楠見，2017）においても見出されている（その計量的な応用研究は，坂本，2019 参照）。また，共感覚的比喩と知覚的共感覚に共通するメカニズムを解明するために，共感覚的比喩理解，共感覚経験，色字共感覚と色字以外共感覚の課題と成績の関連について，大規模Web 実験による継続的研究を進めている（楠見，2023；楠見他，2023，2024）。

　本章をふまえて，味に関する共感覚的比喩については次の 8 章，音に関する共感覚的比喩と感覚間協応については 9 章において論じることにする。

8 章 味覚の比喩

そしてまもなく私は，うっとうしかった一日とあすも陰気な日であろうという見通しにうちひしがれて，機械的に，一さじの紅茶，私がマドレーヌの一きれを柔らかく溶かしておいた紅茶を，唇にもっていった。しかし，お菓子のかけらのまじった一口の紅茶が，口蓋にふれた瞬間に，私は身震いした。

プルースト（井上究一郎訳）『失われた時を求めて』

1 はじめに

私たちは，味を心で味わっている。それでは，食べ物や飲み物の味はどのように心に届くのだろうか。私たちは，さまざまな感覚器官を通して食べ物や飲み物の情報を取り入れている。図 8-1 に示すように，口に入れた食べ物や飲み物は，舌の味蕾からは味（味覚），皮膚からは感触（圧覚，痛覚，温覚，冷覚），鼻（嗅覚）からはにおいを感じている。さらに，食べ物を口に入れる前には，目（視覚）からは食べ物の色や形，食器，食卓，同席する人たちなどの周囲の環境情報を取り入れている。そして，食べた後には，胃の充足感（内臓感覚）を感じている。食べ物を味わうことは，**多感覚（multisensory）プロセス**である。

たとえば，マドレーヌを食べるときには，「帆立貝のほそいみぞのついた貝殻の型に入れられたように見える，あの小作りでまるくふとった」菓子が目に入り，その一切れを紅茶に溶かせば，耳からはかすかな音，そして，鼻からはかすかなにおいを感じ，口に入れることによって，味と食感，そして喉を通り，胃に入ると充足感を感じる。さらに，感覚器官だけでなく，血液中の糖や脂肪酸の濃度などの（意識できない）生理的情報や，過去の記憶（マドレーヌを食べた

93

図 8-1　味を感じる心理学的メカニズム

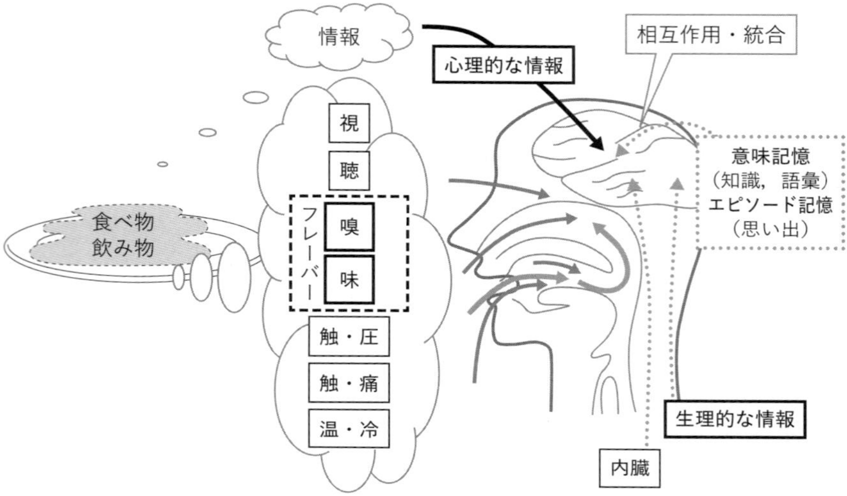

情報

心理的な情報

相互作用・統合

視
聴
嗅
フレーバー
味
触・圧
触・痛
温・冷

食べ物
飲み物

意味記憶
（知識，語彙）
エピソード記憶
（思い出）

生理的な情報

内臓

（出所）河合（2004）を改変。

経験）や食べ物に関する知識や情報，さらにそのときの感情や気分も味に影響を与えている。つまり，同じ食べ物でも食べる人によって，食べるときによって，その味は異なってくる。味は主観的で，状況に依存した経験である。したがって，私たちが「こころ」として考えている気分，感情，記憶，意思といったものの影響を強く受けている。

　こうした味の経験を人に伝えたり，記憶したりするときには，言葉が重要な役割を果たしている。食べ物の外観などの視覚情報は写真やビデオで忠実に記録ができ，伝達できる。一方，発話などの聴覚情報は録音ができる。メロディの記録には楽譜，発話の記録には文字があるため，伝達や記憶は容易である。また，色や光，音，重さなどは，物理的刺激として厳密に測定ができる。一方，味覚，嗅覚の情報は，そのままの形で，コミュニケーションすることができない。また記録装置や記録方法がないため，感覚形容語や比喩を用いた言語で表現して，伝達し，記録するほかはない。近年は，レシピや食経験を SNS で発信することが盛んに行われているが，写真では伝わらない味を言葉で的確に表現することが重要な問題となる。

　ここで，味の感覚経験を言葉で表現したり，逆に，言語表現から感覚経験を理解したりする際には，感覚経験を表す形容語が大きな役割を担っている。し

94　第Ⅱ部　比喩を感じる──その身体的基盤

かし，各感覚に固有の形容語の数は，感覚経験の多様さに比べるとあまりにも少ない。そこで，味覚経験を言語で表現する際に，7章で検討した他の感覚の形容語を転用する**共感覚的表現**（例：柔らかい味）や比喩表現（例：○○のような味）が必要となる。

　こうした味覚を言葉で表すことを支えているのは，過去の経験を蓄積した記憶である。私たちは，ある国と地域の食文化における家庭と社会の中で生育する過程において，いろいろな食べ物や飲み物と出会い，味の経験を積み重ねている。こうした味の経験を，いつどこで経験したかという**エピソード記憶**として頭の中に貯えている（たとえば，叔母がマドレーヌをお茶に浸して勧めてくれたこと）。同時に，どのような食べ物や飲み物がどのような味をもつかという百科事典的知識を，その味を表現する語彙的知識とともに，知識（**意味記憶**）として貯えていく。ここで，味の評価が主観的で個人差があるのは，過去の味に関わる経験が大きな役割を果たしているためである。冒頭にあげたプルーストの有名な例は，マドレーヌの味やにおいが手がかりとなって，過去のエピソード記憶が徐々に感情とともに再生されることを示している。特に，味やにおいが，感情を伴うエピソード記憶を思い出す手がかりになることをプルースト効果と呼ぶ（特に，懐かしい記憶の想起については，楠見，2021b 参照）。

　本章では，味をどのように言葉で表現するのか，特に，共感覚的表現を支えている認知構造，すなわち意味の判断のプロセスや知識の仕組みに焦点を絞って検討する。

　まず心理学において研究対象になっている**共感覚**を3つのレベルで考える。第1のレベルは，狭義の共感覚現象であり，感覚経験が入力システムの**感覚モダリティ**（様相）とは異なる様相において生じる現象である。感覚様相とは，感覚の種類（五感，内臓感覚など）を指し，たとえば，舌を通して感じる味の感覚と，耳を通して感じる音の感覚は異なる。すなわち，味覚と聴覚は感覚モダリティ（様相）が異なる。しかし，共感覚では，たとえば，音を聞くと色が見える現象（色聴）が起こる。Cytowic（1993）の『共感覚者の驚くべき日常』では，味を感じたときに視覚像が見える**共感覚者**の例を報告している。共感覚者マイケルは，食べ物を食べたりにおいをかいだりすると，幾何学的な形を手などで感じたり見たりした。マイケルは，料理をしながら味見をすると，形を感じることができ，砂糖は形を「丸く」し，柑橘類は食べ物に「尖り」を与えると（比喩ではなく）報告している。味の「丸い」「尖り」は，共感覚経験をもたない人の共感覚的比喩表現と共通はしているが，鮮明な身体的感覚をもつ点で

8章　味覚の比喩　95

異なっている。なお，詩人のランボーや宮沢賢治，作曲家のリストは共感覚をもっていたといわれている。これは作品から推測されることであって，実際に共感覚をもっていたかはわからないが，いずれにせよ，色聴のような明瞭な共感覚が生じる人は限られている。その出現比率のデータは多く見積もっても4〜5％である（たとえば，浅野・横澤，2020）。

第2のレベルは，**感覚間協応**，あるいはクロスモーダルな知覚的類似性に基づく**インターモダリティ（通様相性）現象**であり，異なる感覚器による感覚様相（モダリティ）間で，共通の性質や次元がみられる現象である。たとえば，〈大きい‐小さい，強い‐弱い，重い‐軽い〉などは，視覚，聴覚，触覚などに共通する性質，次元である。さらに，普通の人でも，音の高さと色の明るさを対応させる実験（クロスモーダル・マッチング課題）をさせると高い音と明るい色，低い音と暗い色を対応させることができる。こうしたことから，インターモダリティ現象は，（厳密な意味での共感覚ではないが）誰でも経験できる共感覚的現象と位置づけることができる。

第3のレベルは，7章およびこの章で主に取り上げる**共感覚的比喩**である。ここでは，主題である感覚経験（たとえば味覚）とそれを表現する形容語が異なる感覚様相（たとえば聴覚）に属する表現を共感覚的比喩（たとえば，うるさい味）と呼ぶ。ただし，これはあくまでも比喩であって，**疑似共感覚（pseudosynaesthesia）**であることに注意する必要がある（Baron-Cohen & Harrison, 2003）。しかし，共感覚的比喩も，第1と第2のレベルの心理的経験に依拠していると考えれば，共感覚現象はふつうの人でもレベルの差こそあれ，経験し理解できる現象として位置づけることができる（7章の**図7-1**で述べたように，前者は二元論や多元論，後者は一元論にあたる）。しかし，共感覚的比喩がすべて共感覚現象に依拠するのではなく，換喩や連想と区別することの必要性が小森（1992, 2000, 2003），武藤（2003, 2008）から提唱されている。この点については，5節で再検討する。

2　味覚の共感覚的比喩の言語学的分析

共感覚的比喩に関しては，言語学者による通時的あるいは共時的分析が，言語資料（辞書，文学作品など）に基づいて行われてきた（7章参照）。

味覚との関連で述べると，Williams（1976）は辞書（OED, MED, Webster's 3rd）での**感覚形容詞**の用例に基づいて，味覚などの形容詞が他のモダリティの表現

に転用される通時的な変化を調べた。そして，7章の**図7-2a**のように，触覚や味覚固有の形容語が時代を経るにしたがって，聴覚や視覚に転用されることを示した。この結果は，**低次感覚（近感覚）**から**高次感覚（遠感覚）**への方向性があることを示している。この**一方向性仮説**は，山梨（1988b）が日本語に関して用例を用いて示し，楠見（1988b）は，参加者の評定を用いて検証している（図7-2 b；7章も参照）。一方，瀬戸（2003）は，Web上の用例の頻度調査などに基づいて反証例をあげて，この仮説に疑問を呈している。こうした検索エンジンによる調査は，従来は発見が難しかった少数例を効率的に収集できる。こうした反面，この新しい手法には，次に述べるようないくつか考えなければならない問題がある。

　第1の問題点は，用例がある（ゼロでない）ことが，多くの人における**理解可能性**を示すのかの判断が難しい点である。Webページの用例は，辞書や，さらに，文学作品に比べても斬新なことがあり，一般に理解可能であるかは保証しない。一方，用例がない（ゼロである）ことが，理解不能性を示すのか，理解可能性があるにもかかわらず，用例がないのかを区別することは難しい。したがって，多くの参加者を用いた理解可能性評定との関連の検討が必要であると考える。また，検索エンジンによる用例には，特定文脈においてのみ理解可能で，文脈なしではふつうは理解できない特殊な用例も含まれる。たとえば，「赤い味」などは，食べ物の赤い色という状況や文脈があってはじめて理解可能である。また，用例をカウントする際に留意すればよいことであるが，Webページ上には研究論文とその用例も掲載されており，そうした用例も含めてカウントされる問題もある（ヒットする用例数が千を超えると1つずつ確認するのは困難である）。

　第2の問題点は，検索エンジンで見出した用例によって仮説を反証する場合，どのくらいの用例数が必要かという点である。この場合，仮説を確証する用例と反証する用例の両方がある場合には，頻度の比較が必要であると考える。たとえ，仮説に反する用例があったとしても，その数に比べて仮説に合致した用例数のほうが圧倒的に多い場合には，仮説を反証したということは難しいと考える（ただしこれは，数値に基づく統計学な考え方であって，言語学では個々の用例を重視する別な考え方をとることもありうる）。一般に，人は自分の仮説を確証するように証拠を集め，それだけに注意を向けてしまい，それに反する証拠を無視しがちである。こうしたバイアスに陥らないように，複数のアプローチをとり，なるべく多くの事例や実験データを集め，統計的方法を用いて仮説を評価する

方法が望ましい。

そこで，3節では，楠見（1988a）の心理学的な評定データの再分析と検索エンジンを用いた用例数の調査を比較して，味に関わる共感覚的比喩の一方向仮説を再検討する。

3 味覚に関する共感覚的比喩の認知心理学的な分析

3.1 感覚形容語の修飾の方向性

心理学では，実験参加者に例文の**理解可能性**（容認可能性）の評定を求め，その平均データに基づいて，一般的な原理の解明を目指す。まず，各感覚モダリティ（様相）の代表的な**感覚形容語**を収集し，それらを各感覚モダリティを代表する名詞（色，音，におい，味，感触）に修飾した語句（例：柔らかい味）を構成し，参加者に理解可能性の評定を求める。そして，どのような組み合わせの語句の理解可能性が高いのかを明らかにする（7章参照）。

楠見（1988b）では60の感覚形容語と8つの**モダリティ表示名詞**を結びつけた「柔らかい音」「鋭い音」といった480の共感覚的比喩表現に対して，表現の理解可能性や意味評定を求めた（7章3節参照）。

ここで，味覚については『分類語彙表』（国立国語研究所，1964）の「3.505味」から基本味である「甘い」「しおからい」「すっぱい」「にがい」に，頻度の高い「おいしい」「まずい」などを加えた10語を採用した。他の感覚についても同様の方法で選んだ。

表8-1は，味に関する共感覚的表現の6点尺度評定（1：理解不能〜6：完全に理解可能）の平均値である。中点評定値の3.5以上を便宜的に理解可能な表現，5以上を理解可能性の高い表現と考える。主な結果は以下の通りである。

(a) 視覚形容語は17例中3例「淡い」「美しい」「ぼんやりした」が中点の3.5以上であり，視覚（高次感覚）から味（低次感覚）への逆方向の修飾であっても理解可能と評定されていた。ここで，「淡い味」は「薄い味」と類似の意味をもち，味の強度の弱さを視覚表現でたとえている。視覚的には，汁や料理の色が淡い色で，濃い味でないことを示すと考える。

また，「美しい味」は，料理の視覚的な美しさが味の印象に影響を与えたと考える。「ぼんやりした味」は，形や色がはっきりしないことの味への転用で，視覚的には，料理の素材が混じり合って味がはっきりしないという強度と純度の低さを指すと考える。「澄んだ」「透明な」「濁った」は，

98　第Ⅱ部　比喩を感じる──その身体的基盤

表 8-1　味の共感覚的比喩の理解可能性平均評定値

視覚形容語		聴覚形容語		嗅覚形容語		触覚形容語	
L 淡い味	*4.40*	A うるさい味	2.97	O 香ばしい味	**5.23**	なめらかな味	*4.70*
C 美しい味	*3.73*	A 静かな味	2.57	O 生臭い味	**4.90**	軽い味	*4.70*
L ぼんやりした味	*3.70*	A やかましい味	2.27	O きな臭い味	*3.83*	刺すような味	*4.17*
澄んだ味	3.27	平均	2.60	O かぐわしい味	*3.80*	暖かい味	*4.10*
L 鮮やかな味	3.10			O 臭い味	3.13	M 粘っこい味	*4.07*
L 透明な味	2.90	次元形容語		平均	*4.18*	M 柔らかい味	*4.00*
つやのある味	2.83	M 濃い味	**5.90**			冷たい味	3.47
L 明るい味	2.83	M 薄い味	**5.83**	味覚形容語		乾いた味	3.37
濁った味	2.73	M 緻密な味	3.13	T 甘い味	**5.97**	鋭い味	3.27
C 輝きのある味	2.57	D 厚みのある味	3.10	T すっぱい味	**5.97**	M 粗い味	3.23
C 醜い味	2.53	うつろな味	2.87	T おいしい味	**5.97**	固い味	3.17
C 青い味	2.20	D 大きい味	2.67	T にがい味	**5.93**	鈍い味	2.93
C 白い味	2.20	D 太い味	2.67	T しおからい味	**5.93**	重い味	2.90
C 黄色い味	2.13	A 高い味	2.03	T あっさりした味	**5.83**	湿った味	2.87
L 暗い味	2.00	D 小さい味	2.00	T こくのある味	**5.70**	平均	3.64
C 黒い味	1.83	D 細い味	1.87	T まずい味	**5.67**		
C 赤い味	1.63	A 低い味	1.50	T しつこい味	**5.60**		
平均	2.74	平均	3.05	T 渋い味	**5.27**		
				平均	5.78		

(注) 6 点尺度（1：全く理解不能〜6：完全に理解可能）。平均 5 点以上を太字，中点の 3.5 以上を斜字で示した。L（光），C（色），A（音），M（材質），D（厚い・太い・大きい），O（におい），T（味）は『分類語彙表』の分類を示す。

(出所) 楠見（1988b）をもとに作成。

　味の純度を視覚表現でたとえているが，評定値は 3.5 を下回る。なお，瀬戸（2003）において用例があげられている「赤い味」などの色彩語で修飾した表現の理解可能性はいずれも 2.20 以下と低い。これらの「〇色の味」という用例は，食材の色をそのまま表現したものであり，文脈によって成立する同時性の換喩（例；激辛ラーメンの赤い味）ということができる（山口，2003a；この点は，本章 5 節でも再び取り上げる）。なお，視覚は，色とともに光に関する認識が重要だが，「明るい味」「暗い味」という明るさの感覚形容語を用いた味表現はともに，3.2 の図 8-2 で示す通り理解可能性評

8 章　味覚の比喩　　99

定と頻度ともに低かった。

　以上の結果から，色や光に関する 17 の視覚形容語による味の共感覚的表現は平均 2.74 であり，理解可能性は全般に低かった。これは一方向仮説（7 章 2 節参照）に合致する結果となった。

(b)　聴覚形容語「うるさい味」「静かな味」「やかましい味」で修飾した表現の理解可能性は平均 2.60 と低い。これらの用例は瀬戸（2003）にはあげられていたが，文脈のない語句に対する判断では理解可能性は低かった。これは，味の印象を音に見立てて，味の強弱や調和（ハーモニー）を表現することはあるが，適切な文脈がないと理解が難しいことを示している。また，図 8-2 で示すように出現頻度はいずれも低かった。その理由は，たとえば「やかましい味」という表現よりも「味がやかましい」という表現が使われやすいことも考えられる。

(c)　次元形容語に関しては，「濃い味」「薄い味」は，味覚固有形容語と同等レベルで高い。しかし，他は低く，平均 3.05 である。「濃薄，厚み，大小，太細」は視覚に依拠するが，視覚固有ではないので次元形容語として扱った。しかし，「濃薄」と他の形容語は，味覚の形容（さらに色の形容）に関しては，異なるといえる。

(d)　嗅覚形容語で修飾した「香ばしい味」「生臭い味」などは 5 例中 4 例が 3.5 以上で平均 4.18 である。これらは，嗅覚と味覚は感覚器が隣接している。すなわち，図 8-1 にも示したように，食事の時には，口腔内に入れた食べ物は，舌咽部でつながっている鼻腔内の嗅粘膜の嗅細胞を直接刺激する（山本，2001）。食事のときには，2 つの感覚は相互に作用して働く。また，フレーバー（風味）は味覚と嗅覚の複合感覚である。したがって，嗅覚形容語での修飾表現は理解しやすいと考えられる。

(e)　味覚固有の形容語で修飾した「甘い味」「苦い味」などは，すべて 5.2 以上であり，平均 5.78 で，比喩ではない字義通りの表現であるため，理解可能性は非常に高い。3.2 の図 8-2 に示すように検索による用例数は非常に多い。

(f)　触覚形容語で修飾した「なめらかな味」「軽い味」「刺すような味」「暖かい味」「粘っこい味」「柔らかい味」は 4.0 以上で理解可能性が高い。14 例中 6 例が 3.5 以上で平均 3.64 であった。いずれも口の中，舌におけるテクスチャ，温度感覚などの食感，または喉ごしに関わる。これらは，味覚受容器と隣接した感覚器換喩ということができる（小森，1992；山口，

2003a など）。

7 章の**図 7-2b** は，中点である平均 3.5 以上の理解可能性評定値をもつ修飾
関係を，「気分」「記憶」「性格」「考え」も加えて示したものである。特に，味
覚形容語は触覚形容語とともに，修飾可能な範囲は広い。関連性の強い「にお
い」だけでなく，高次感覚である「音」「色」，心的状態を示す「気分」「記憶」
「性格」「考え」に修飾可能である。たとえば，「甘い」「渋い」などの形容語が
その典型である。一方，「気分」「記憶」「性格」「考え」は，すべてのモダリティ
ィの感覚形容語で修飾が可能なこと（例：甘い気分，苦い記憶，しつこい性格，甘
い考え）を示している。個別にみると，視覚形容語で 3 つの例外はあるが，様
相（モダリティ）ごとの平均値でみると低次感覚から高次感覚の方向性がある
と考えられる。

なお，これらの理解可能性の判断には，規準が厳しい人と，緩い人が含まれ
ている。ここで，平均値は多くの人が理解可能とする表現，あるいは，平均的
な判断基準をもつ人の評定結果を示すと考える。共感覚保持と共感覚的比喩の
理解可能性との関係は，2025 年現在検討中であるが，共感覚経験度（共感覚経
験質問紙改定版 29 項目〔Eagleman et al., 2007 の 22 項目に 7 項目追加〕；例：音を聞く
と味を感じる）と共感覚比喩理解可能性との相関は，.45（楠見他，2023），.48，.54
（楠見他，2024，実験 1，2）と高い。

3.2　インターネットの検索エンジンによる用例調査

図 8-2 は，横軸にインターネット上の用例の出現頻度の対数目盛，縦軸に理
解可能性評定を示したものである。[*]**図 8-2a** は 2003 年 11 月，**図 8-2b** は 2017
年 12 月に検索を実施した。理解可能性評定データは，**図 8-2a** は 1985 年に大
学生 138 名に感覚形容語 80 語による共感覚比喩の評定を実施（楠見，1988a），
b は 2017 年に成人 177 名に感覚形容語 50 語による共感覚比喩の評定を実施し
たものである。

出現頻度（対数）と理解可能性評定の相関は，**図 8-2** の **a** と **b** それぞれにお
いては .81，.62 と高かった。ここでは，共感覚的比喩の出現頻度と理解可能性
を 3 つのグループに分けて検討するが，両時点での結果はおおむね一致してい

---

[*]　用例の頻度調査は，インターネットの検索エンジン日本語グーグル（Google）で行った。グーグルは，キーワード前後の文脈検索キーを含む文章 KWIC（Key Word In Context）を 100 字表示するため，不適切用例の除外はこれで行った。また，キーワードは漢字とかななどの表記のゆれに対応するため，検索は表記のバリエーションをふまえて複数回行った。

図 8-2 味の共感覚比喩の出現頻度と理解可能性評定の関係

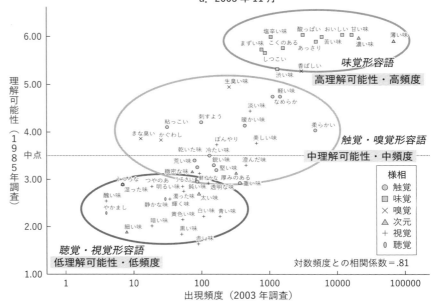

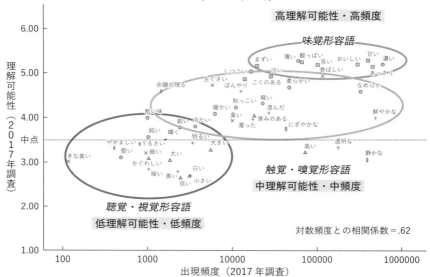

(注) 味の共感覚的比喩は省略で示している。実際に用いた比喩は表 8-1 参照。
(出所) 楠見 (2005b) を改変。

た。

第1は，図8-2のaとbにおける出現頻度と理解可能性の両方が高い用例群である。味覚形容語「おいしい味」「酸っぱい味」が中心である。「まずい味」「しつこい味」がやや頻度が低いのは，「味」を修飾しないで単独で使うた

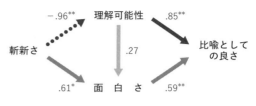

図8-3 共感覚比喩表現の良さの規定要因

$*p<.05$, $**p<.01$ $R^2=.75$

(注) 数値はパス解析による因果方向と強さを示す。
(出所) 楠見 (1985b).

めと考えられる。また，嗅覚形容詞の「香ばしい味」も出現頻度と理解可能性の両方が高い。

第2の出現頻度が中程度で理解可能性が中程度の用例群は，触覚形容語「なめらかな味」「軽い味」「暖かい味」「粘っこい味」「柔らかい味」などが中心である。いずれも口の中におけるテクスチャ，温度感覚などの食感などに関わる。また，一方向性仮説の反例としてあげている「丸い，丸みのある，まろやかな味」「四角い味，角のある味」など形に関する感覚は，視覚固有ではなく，触覚でも可能である。これらは，視覚表現ではなく，舌における触覚経験を表現する触覚起源の形容詞として考えれば，一方向性仮説に合致する。同様に，山口（2003a）も用例の分析に基づいて「丸い味」が触覚を通して経験されることを示している。さらに，彼は「丸い味」が，味を人に見立てる概念比喩「味は人である」が関与することがあることを指摘している（この点は，5節で再び取り上げる）。すなわち，触覚形容語で味や人の性格を表現する共感覚的比喩（図8-5c参照）と概念比喩「味は人である」が関与している。

第3は，出現頻度が低く，理解可能性が低い用例群である。視覚形容語「白い味」「黒い味」や聴覚形容語「やかましい味」などが中心である。以上の結果を見ると，「白い味」「黒い味」などは用例があるが，味覚固有形容語や触覚形容語による語句に比べると頻度や理解可能性評定はかなり低いことがわかった。

さらに，「理解可能性」と「斬新さ」「面白さ」「比喩としての良さ」の評定間の関係を示したのが，図8-3である。これを見ると新奇な形容詞と名詞の組み合わせが引き起こす「斬新さ」評定が高いほど表現の「面白さ」評定が高まる。しかし，一方では，「斬新さ」評定が高いほど「理解可能性」評定は著しく低下する。そして，「比喩としての良さ」には「理解可能性」と「面白さ」

の両者が必要であるが，「理解可能性」のほうが，影響力が大きいことがわかる。たとえば，高次感覚の形容語で低次感覚を修飾する逆方向の表現（例：明るい味）は，新奇であるため「斬新さ」を高めるが，「理解可能性」は低い。しかし，適切な文脈で「理解可能性」を高めたときには，「面白さ」が高く，「良い」比喩になる潜在的可能性をもつと考える。

4 感覚形容語の意味構造

　五感の感覚形容語は，どのような意味構造をもっているのかを，第1に，3節で調べた共感覚的比喩の理解可能性評定を再分析して，それぞれの感覚形容語がどの感覚モダリティ（様相）の名詞を修飾できるかというパタンに基づいて明らかにする。そして，そのパタンに基づいて，味覚形容語をはじめとする五感の形容語が，感覚様相（モダリティ）ごとにまとまるのか，あるいは，味覚と嗅覚が1つになるようなまとまりを作るのかを調べる。第2に，五感の様相ごとに，共感覚的比喩同士の類似性判断を求めて，各様相における感覚形容語の意味の構造を明らかにする。その構造が，感覚様相ごとに独自のものなのか，あるいは，すべての感覚様相を通して共通なものなのかを検討する。

4.1　理解可能性評定に基づく感覚形容語全体の構造

　五感それぞれの感覚形容語の，他の感覚モダリティを示す名詞を修飾した語句の理解可能性評定は，3節でみてきたように，感覚モダリティごとにパタンがあった。こうしたある感覚形容語と他の感覚形容語が名詞を修飾したときの理解可能性評定のパタンがどれくらい似ているかを相関係数という統計指標を使って調べた。その上で，クラスタ分析を使って，近いパタン同士の形容語が順番にまとめられて，階層的にグループ（クラスタ）を作った結果が図8-4である。図8-4に示すように，クラスタは，下部の {味覚・嗅覚} クラスタと上部の {視覚・触覚・聴覚} クラスタの2つに分かれている。下部のクラスタをみていくと，味覚と嗅覚の形容語は，様相で分かれるのではなく，意味の類似性に基づいてまとまっている。たとえば，{生ぐさい，すっぱい} {香ばしい，おいしい} は，形容語として「におい・味」を修飾した際に理解可能性が高く，他の「音，色，感触」を修飾したときは低いパタンを示しているためと考えられる。これらとは違い，{にがい，しおからい} {こくのある} は「味」は修飾できるが，「におい」は修飾できないため，別のクラスタを作っている。{濃い，

104　　第Ⅱ部　比喩を感じる——その身体的基盤

図 8-4 共感覚的比喩の理解可能性評定に基づく感覚形容語の意味構造

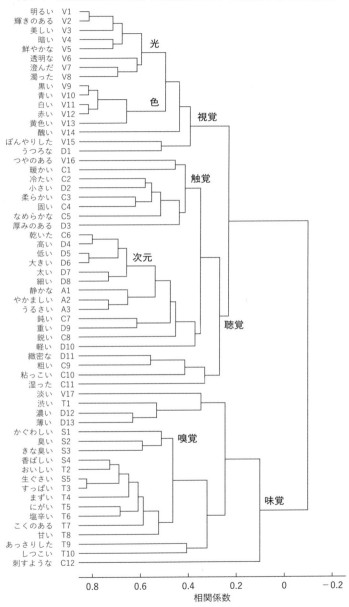

(注) 感覚形容語間の相関係数によるクラスター分析の結果。V：視覚，D：次元，A：聴覚，C：触覚，S：嗅覚，T：味覚形容語を示す。
(出所) 楠見 (2005b)

8章 味覚の比喩 105

薄い，渋い，淡い｝は，「におい・味」に加え，「色」を修飾可能なため，同じ
くクラスタに入っている。｛甘い｝｛あっさりした，しつこい｝は「味」だけで
なく「性格」も修飾でき，また前者は，「音」「気分」「記憶」も修飾可能であ
る。｛刺すような｝は本来，触覚形容語であるが，触覚，嗅覚形容語と同じク
ラスタに入っている。

　上部のクラスタもみると，視覚形容語のクラスタは光と色の形容語に分かれ
ている。ただし，｛ぼんやりした，うつろな｝は「味」や「気分」にも修飾可
能なため独立した下位クラスタを作っている。聴覚形容語のクラスタは，｛柔
らかい，固い｝などの触覚形容語のクラスタを含んでいる。さらに，｛大きい，
低い｝などの次元形容語クラスタ，｛緻密な，粗い｝などの「音」「感触」だけ
でなく，「味」にも修飾可能な形容語のクラスタに分かれている。

4.3　類似性判断に基づく感覚形容語の意味空間の共通性

　感覚形容語が他の感覚モダリティ（様相）を示す名詞を修飾した共感覚的表
現を理解できるのは，感覚形容語の意味構造が感覚モダリティを越えて共通し
ているためと考える。それを明らかにするために，7章3.2で説明した「共感
覚的比喩の意味測定」の2つの方法で共感覚的比喩の意味を求めた。

　図8-5は，60名の大学生が語句を同じグループに分類した頻度を，語句の
類似性の指標とみなして，多次元尺度解析というデータ解析法で求めた2次元
の意味空間である（7章3.3参照）。図8-5aの味の意味空間では，〈快−不快〉
の軸の〈快〉の味領域には，「おいしい味」「香ばしい味」「甘い味」などがあ
り，反対の〈不快〉の味領域には，「まずい味」「にがい味」などが布置してい
る。また，〈強−弱〉の軸上では，〈強い〉味領域には，「濃い味」「しつこい
味」などが布置しており，〈弱い〉味領域には，「あっさりした味」「淡い味」
などが布置している。

　図8-5bは，においを表現する感覚形容語の意味空間である。嗅覚形容語と
あわせて味覚形容語も用いられている。〈強−弱〉の軸と〈不快−快〉の軸の
角度が小さいのは，においの強度が強いほど，不快感が高まるという嗅覚の性
質を示している。したがって，においの形容表現は，〈快〉の｛かぐわしい，
香ばしい，甘い，…｝においのグループと，〈不快〉な｛きな臭い，しつこい，
刺すような，…｝においのグループに分かれている。

　7章の図7-3では，主要な感覚形容語だけを示した4つの感覚における意味
空間を示している。いずれも〈快−不快〉と〈強−弱〉の基本次元によって，

図8-5 共感覚的比喩における感覚形容語の意味空間

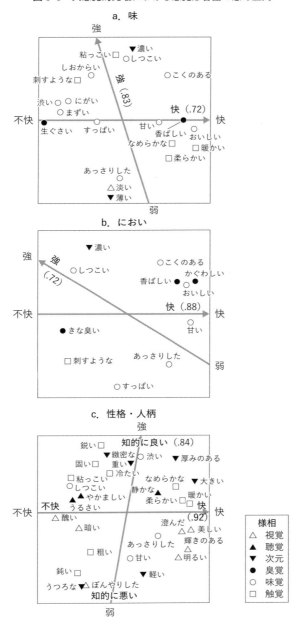

(注)類似性判断に基づく多次元尺度法による布置と評定値の重回帰分析による次元。数値は尺度の重相関係数。
(出所)楠見(1988b, 2005b)をもとに作成。

意味空間を表現でき，感覚形容語の布置は同型の構造をもっていた。たとえば「柔らかい」は〈快〉で〈弱い〉意味をどの感覚様相でも示し，「しつこい」は〈不快〉な意味を示していた。したがって，感覚形容語は他の様相に転用が可能であり，新奇な修飾の仕方であったとしても意味の推測は可能であると考える。

　こうした感覚形容語の意味空間は，五感そして気分に共通する情緒・感覚的意味空間ということができる。これまで情緒・感覚的意味空間は Osgood の SD 法によって測定されてきた。この方法は，概念（たとえば，誘惑，蜜）の意味を，両極形容詞尺度対〈快－不快〉〈明るい－暗い〉〈甘い－辛い〉〈大きい－小さい〉〈速い－遅い〉などの 7 段階尺度を用いて測定し，因子分析という評定尺度同士の関連性に基づいて，背後にある抽象的な因子を見つけるデータ解析法である。この情緒・感覚的意味の次元として，Osgood は，「評価」「力量性」「活動性」を見出している。先に述べた〈快－不快〉は「評価」に，〈強－弱〉は「力量性」にほぼ対応する。情緒・感覚的意味は，カテゴリ的意味や辞書的意味とは異なり，概念のイメージや連想に関わる意味である。たとえば，SD 法では「誘惑」は「とても快い」で「とても甘い」ものと一般に評価される。一方で，「蜜」も同様に評価される傾向がある。こうした情緒・感覚的意味における類似性が，異なるカテゴリの「誘惑」と「蜜」の結びつきを支え，「誘惑は蜜だ」という（共有属性「甘い」に基づく）特徴比喩の理解可能性を支えている（2 章 2.1）。

　このように感覚形容語の意味空間，そして情緒・感覚的意味空間は，〈快－不快〉（評価），〈強－弱〉の基本次元で捉えたが，これは，言語学で行われている多義構造の分析とも対応する。**図 8-6** は，小田（1993）が示した「甘い」の**多義構造**の分析である。小田が指摘するように，「甘い」は甘い味覚が生み出す快い（プラスの）感覚特性を中心に，嗅覚・聴覚に意味が広がる。さらに，人や動物のやさしさやかわいさ，事柄（記憶など）に広がる。なお，小田は「ねじが甘い」「甘い親」などのマイナスの意味の解明が今後の課題としている。これは，「甘い」の基本次元は，〈快〉であるとともに，強度が〈弱い〉ことで説明できる（図 8-5）。たとえば，「甘い味」「甘いにおい」「甘い音」は〈快〉であるとともに，強度は弱い。したがって，「甘い性格」「甘い親」は，強さに欠ける弱い性格を示し，「ネジの甘い」のは，締め方が弱いことを示すと考えられる。一方，「にがい」は，山添（2003）が指摘するように，にがい物を口にしたときの「不快感」が，心理領域における不快な経験に意味が拡張してい

図 8-6 「甘い」の多義構造：〈快 - 不快〉,〈強 - 弱〉の基本次元による分析

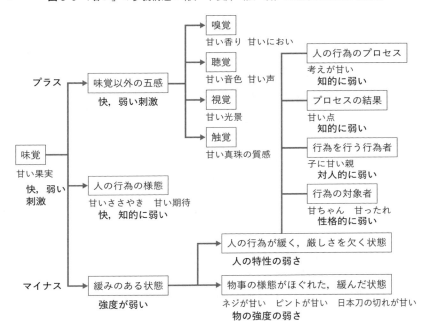

（出所）楠見（2005b）（小田〔1993〕に太字部分を加筆）

る。

　それでは，なぜ修飾の方向性が存在するのか。第1に，近感覚（触覚や味覚）は対象に密着しているため，身体的で具体的なイメージの喚起力が高い。したがって，イメージ喚起力の強い感覚形容語を用いて，遠感覚（聴覚や視覚）や心理的内容（気分，記憶，性格）を表現することになる。国広（1989）も共感覚的比喩の方向性は「接触感覚→遠隔感覚」の図式に単純化できるという主張をしている。第2に，触覚形容語の語彙量は，**表 8-1** の材料数にも反映されているように，視覚よりもやや少ないが他の感覚よりも多い。逆に聴覚形容語は少ない。触覚で代表される皮膚感覚は圧覚，温覚・冷覚，痛覚などに分かれ，種類と数が豊富で，他の様相を表現するのに使われやすい。その理由は，皮膚感覚の受容器は，全身に分布し，すべての感覚受容器と関連をもつからである。たとえば，「暖かい味」「鋭い味」といった表現は，舌における温覚や痛覚に依拠していると考えると感覚器の隣接による換喩ということができる。これは次の5節で述べる。第3に，味覚は触覚とともに，食物摂取や危険回避など進化

8章　味覚の比喩　　109

的に重要な感覚である。すなわち，味覚は触覚同様，刺激対象に密着した近感覚であり，〈快 - 不快〉の判断に大いに依拠している。これは，生物としての食物を〈取り入れる - 取り入れない〉〈安全 - 危険〉に関わり，物や人に対する評価や判断の根本をなしていると考えられる。

5 　まとめ──味覚表現を支える認知の仕組み

本章では，味の言語表現，特に「感覚形容語＋名詞」の共感覚的比喩表現について心理実験に基づく評定データとインターネット上の頻度データを対応させて論じてきた。そして，3節では，感覚形容語の共感覚的な修飾方向に関して，低次感覚から高次感覚へのゆるやかな方向性を示した。一方で，逆方向の用例もあるのも事実である（ただし，逆方向の用例の視覚形容語の中には，次元形容語や触覚形容語に分類できるものもあると思う）。しかし，頻度には理解可能性評定との相関があり，順方向の共感覚的修飾語句は逆方向のそれよりもはるかに頻度が高く，理解可能性も高いという方向性があった。

こうした順方向そして時には逆方向の語句の理解を可能にしているのは，7章図7-3と図8-5に示したように，味を含めた感覚形容語に関する情緒・感覚的意味あるいはイメージが，五感を通して，さらに，気分や性格，記憶などを通して，共通の構造をもつためであった。すなわち，感覚形容語の意味構造は，〈快 - 不快〉〈強 - 弱〉の次元をもっている。したがって，共感覚的比喩「うるさい味」「うるさい色」は〈強 - 弱〉次元で「強く」，〈快 - 不快〉次元で「不快」であることが「うるさい」という感覚形容語の意味から理解できる。こうした感覚形容語の基本的，抽象的意味〈快 - 不快〉〈強 - 弱〉から，さらに，それぞれの感覚形容語がどのように詳細な意味あるいは多義構造をもつかは，図8-6の「甘い」で行ったような言語学的な分析が不可欠であると考える。

こうした慣用性の低い，逆方向の修飾による共感覚的比喩の理解は，情緒・感覚的意味が媒介するという考え方は，特徴比喩理解と同じプロセス（2章2.1）で説明する考え方である（Kusumi, 1987）。一方，こうした慣用性の低い共感覚的表現は，換喩的認識に支えられている（小森，1992；山口，2003a；武藤，2003, 2008）。ここでは，山口（2003a）による共感覚的表現における転義の5つのパタンを，本章での議論に基づいてみていこう。

(a) 　**身体感覚の比喩**：これは，「ある感覚刺激が別の感覚が肉体に与える印象になぞらえて表現する」比喩である。身体感覚の比喩は，私たちの身体

110　　第Ⅱ部　比喩を感じる──その身体的基盤

感覚に依拠しているため，文脈がなくても理解できる。3節で紹介した評定実験の結果は，評定者がもつ身体経験に基づく情緒・感覚的に意味に依拠していると考える。

(b) **感覚器の隣接による換喩**：これは，「感覚器の隣接や重なりがもたらす」換喩である。「触覚的な反応が味覚の印象にすり替わる」表現である。すなわち，味を，味覚受容器に隣接した舌や口，喉の触覚（例：柔らかい味）や，口腔を通してつながった嗅覚（例：香ばしい味）に基づいて表現することである。これらは，現実の食品飲料を口に入れることが，味覚だけでなく，触覚や嗅覚を含めた感覚を喚起し，それらを統合して味を認識しているためである。したがって，これらは，比喩ではなく，字義通りの表現と考えることもできる。

(c) **概念比喩の介在**：これは，「概念比喩が積極的に関与することで共感覚的表現が成立」したものである。「癖のない味」「自己主張の強い味」などは「味は人である」という概念比喩に基づいている。概念比喩とは，味という概念領域を人（性格）という概念領域で理解する概念化のメカニズムを支える比喩的思考である（2章 2.4 参照）。

(d) **同時性の換喩**：これは，「ある感覚経験が，同時に知覚された別の感覚経験によってすり替わる」換喩を指す。「食材が赤いから味も赤いという」文脈に依存した表現である。たとえば，「赤い味」は「（激辛ラーメンの）赤い味」のように，用例はすべて食材も赤いものである。

(e) **連想的な換喩**：これは，「当該の感覚経験をその感覚経験に喚起された別の感覚経験にすり替える」換喩である。たとえば「まん丸なあの子を思い出させるから味もまん丸という」連想に基づく表現である。個人のエピソード記憶に依拠しているため，他者に伝達するためには，連想の文脈もあわせて伝えないと理解は難しい。

ここで，順方向用例は，身体感覚比喩（たとえば，重い味），感覚器の隣接による換喩（たとえば，柔らかい味）を基盤とする表現が多い。一方，逆方向用例は，概念比喩（たとえば，青い未熟な味），同時性の換喩（赤い味），連想的な換喩（たとえば，楽しかった記憶に結びついた明るい味）であった。これらの共感覚的表現の中で，理解可能性の高い表現と低い表現を分けるものは，次の5つの要因があると考える。第1は，表現自体の慣用化度，第2は，身体的基盤をもつ感覚形容語の転用の方向性，第3は情緒・感覚的意味，第4は概念比喩の喚起しやすさがある。さらに，第5は，同時性の換喩や連想的な換喩を支える文

8章　味覚の比喩　111

脈がどれだけ顕在化しているかである。特に本章では，第1と第2については，慣用化度を，通時的，共時的な出現頻度と心理評定（3節）との関連で説明した。第3の情緒・感覚的意味については，特徴比喩理解の際にも喚起され，理解可能性を支えている意味構造として説明した（4節）。これらの第1から第3までの共感覚的表現の慣用化を支える要因は，その身体的・感覚的基盤については，脳科学に基づいて研究することも重要である。たとえば，坂本ら（Sakamoto et al., 2003）は，脳の事象関連電位（ある刺激に時間的に対応した脳波パタン）を用いて，共感覚的表現の理解可能性との関連を検討している。ここでは通常の感覚表現（例：柔らかい手触り，赤い色）と比べて，一方向性仮説に従う順方向の共感覚的表現（例：柔らかい色）と仮説に反する逆方向の共感覚的表現（例：赤い手触り）は，両方とも（意味的逸脱刺激文に対して出現する）N400という事象関連電位成分が出現した。しかし，共感覚的表現でも順方向と逆方向では，事象関連電位成分が出現する場所が異なることから，脳内の処理する場所が違うことを示唆している。これは，共感覚的表現において一方向性仮説を傍証するだけでなく，慣用化した順方向表現と新奇な逆方向表現について異なる処理過程を考える研究と位置づけることができる。

　最後に，まとめとして，図8-7のように，心で味わうための言語表現を支えている3つの階層を考えてみる。

　第1は，身体レベルである。1節で述べたように，食べ物・飲み物に関する情報を，感覚受容器を通して身体内に取り込む段階である。ここでは，味覚，嗅覚，触覚をはじめ，感覚様相を越えた共感覚現象が関与する。

　第2は，認知レベルであり，食べ物・飲み物に関する感覚情報を，統合し，解釈するために，関連する知識や過去経験を利用する段階である。これは，本章が主に取り上げた認知心理学に基づいて考察したレベルである。ここでは，感覚情報に基づいて，〈快－不快〉の判断を行い，情緒・感覚的意味によるイメージを形成する。さらに，概念比喩，たとえば「味は人である」に基づいて，「味へのなじみ深さ」「味の自己主張」を解釈したりする。あわせて視覚などから取り入れた文脈情報において目立つ情報（食べ物や飲み物の色・形や食器など）に着目する換喩的認識も働いている（3章4節）。さらに，過去に同じものを飲食した経験（例：幼いときに食べた味）を思い出したり，関連する出来事（例：祭り）や人（例：母，祖母など）を連想したりする。これらによって統合され解釈された認知内容は，第3の言語レベルでの言語表現に影響するとともに，第1の身体レベルにおいて，特定の感覚情報に選択的に注意を向けることに影響

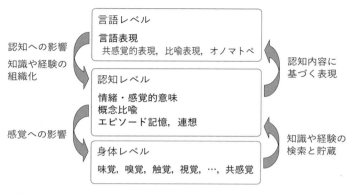

図8-7 味の言語表現を支える階層構造

(出所) 楠見 (2005b)

を及ぼす。

　第3は，言語レベルである。これは，第2レベルの情緒・感覚的意味によるイメージや概念比喩，エピソード記憶や連想に基づいて，言語表現として，共感覚的表現や特徴比喩や換喩表現，オノマトペを生成する段階である。こうした言語表現は，味に関する知識や経験を他者に伝達したり，記憶や知識に貯えたりすることを通して第2レベルに影響を及ぼす。3節で検討した共感覚的表現の理解可能性の評定データは，第3の言語表現レベルを支えている第2レベルの認知的基礎を明らかにするためのものであった。

　味の言語表現の研究は，感覚，身体，言語，学習，記憶，文化など広範な領域に関わる重要なテーマである。そのために，言語学だけでなく，心理学，脳科学，生理学などの学際的研究が不可欠と考える。言語学は，歴史，言語間の比較や対照，文脈を考慮に入れた言語用例の分析に基づいて，仮説を提供することができる。心理学は，それらの研究に基づいて代表性の高い材料や文脈を考慮した材料によって，より適切な心理実験を可能にする。さらに，心理データは言語学的な理論やモデルの検証において重要な役割を果たす。また，脳科学や生理学は，感覚入力と言語を結ぶ処理過程を解明に寄与すると考える。

9 章 聴覚の比喩

　聴覚は外に開いた感覚であり，さまざまな情報が音として入ってくる。しかし，「静か」「うるさい」といった音を表現する聴覚固有の形容語は少なく，そのすべてを言葉通りの（字義的な）使い方だけで表現し尽くすことはできない。そこで本章では，人は聴覚経験の差異を，比喩を駆使して言語化していることについて述べる。

1　聴覚の記憶情報処理

　私たちは，感覚器官を通して外界を認識している。その中で，聴覚を通して「聞くこと」は，視覚を通して「見ること」と並んで重要な感覚である。それは，①事象の認知（何であるかの同定や，状態の判断など）をしたり，②言語情報（音声）によるコミュニケーションを支えているためである。さらに，歌や演奏などの音楽を鑑賞することにも関わる。

　聴覚情報は，音素の時系列情報が中心である。時系列情報は逐次的に消失していくため，情報を記憶において一時的に保持しながら，処理することが重要になる。一方，視覚情報は，光点の空間配列情報が中心である。そこで，聴覚情報と視覚情報の記憶処理過程を比較してみる（図 9-1）。

(a)　**感覚記憶**：最初に，音響情報は，聴覚受容器のエコイックメモリ，視覚情報は網膜の受容器におけるアイコニックメモリにそのまま一瞬保持される。その時間は音響情報（3〜4 秒）のほうが，視覚情報（100〜300 ミリ秒）よりも長い。たとえば，ヒアリング問題に答える場合は，音響情報が忠実なコピーとして感覚記憶内に保持されている 5 秒ほどの間に判断しなければ，情報が急速に崩壊して判断できなくなってしまう。

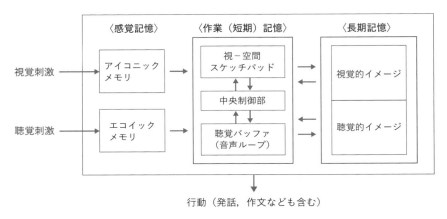

図 9-1　視覚情報・聴覚情報の記憶情報処理

(出所) 楠見 (1996a)

(b) **作業（短期）記憶**：感覚記憶の情報は，脳内の作業記憶に転送される。作業記憶内では，一般に言語情報は，聴覚バッファ（音声ループ）において，内的に反復されながら保持される。ここで，保持容量（意味のまとまりで約 7 チャンク）と保持時間（およそ 30 秒）の限界がある。また，情報は聴覚的干渉によって崩壊しやすい。たとえば，電話番号を調べてかけるときは，番号を音響的に頭の中で繰り返しながら，番号をかけ終わるまで作業記憶内に維持する必要がある。その最中に，そばにいる人の話しかけに答えたりすると，音声ループが妨げられて，番号の記憶は崩壊してしまう。一方，視覚的空間的情報は，視空間スケッチパッド（メモ帳）において，短期的に保持，形成，走査される。中央制御部は，短期記憶だけでなく（言語理解や文生成などの）認知的活動をコントロールする。その結果を，（発話や作文などの）行動として出力する (e.g., Baddeley, 2000)。

(c) **長期記憶**：作業記憶の情報は，意味処理を経て，長期記憶に保存される。長期記憶には，聴覚的イメージと視覚的イメージが，保持容量と保持時間の限界なしに貯蔵されている。たとえば，「もしもし」という声だけで，相手が昔の友人だとわかるのは，相手に固有な声質や話し方に関する聴覚的イメージが長期記憶内に保存されているためである。さらに，相手の話を理解するには，主情報として，音素を解析して言語情報を抽出して意味内容を理解する（音声認識）とともに，副次情報として，話し方（高さ，強

さ，リズム，アクセント，イントネーションなどのプロソディ情報）から，話し手の意図や感情状態を理解する必要がある。これらは，長期記憶の知識を用いて，聴覚情報を作業記憶において処理している（たとえば，寺西，1988）。

なお，長期記憶において，聴覚的に記憶された内容（聴覚的イメージ）は，聴覚的形式で思い出しやすい。たとえば，詩歌はリズムをつけて覚えて（符号化して）いるために，リズムをつけないと思い出しにくい。

2　聴覚形容語の意味構造——共感覚的比喩

音は，大きさ（主に音圧），高さ（主に周波数），音色の3要素に分けることができる。特に，音色は，①対象（音源）の同定を導く。人は音が聞こえると，まずカテゴリ化知覚によって，声や音楽，物音などに識別する。たとえば，「声」と識別したならば，「女声」，さらに「Rさんの声」というように話者（音源）を特定することになる。②さらに，音色的印象は，聞き手に印象や感情を喚起する（たとえば，難波，1993）。こうした印象を，書き言葉で表現するために，小説や詩，音楽評論などは，**感覚形容語**と比喩を駆使している。

音色を表現する感覚形容語を分類語彙表などで集めた（楠見，1988b）。図9-2に示すように，聴覚の言語表現は，下記の(1)のような聴覚固有の形容語は少ない。その理由は，音の基本次元である〈大きい−小さい〉，〈高い−低い〉という客観的な特徴が，音の特徴の言語表現で大きな位置を占めるためであると考えられる。特に，前者は，〈うるさい−静かな〉と強い関連性をもち，程度を表す形容詞（例：とても）をつけて連続的次元として表現されるためと考える（図9-2）。そこで，音色などの要素の質的な差異を表現するために，(2)〜(5)のような聴覚以外の感覚形容語を用いた**共感覚的比喩**が使われる。

(1) 静かな音／うるさい音　　（聴覚形容語）
(2) 高い音／緻密な音　　　　（次元形容語）
(3) 丸い音／黄色い声　　　　（視覚形容語）
(4) 甘い声／しつこい音　　　（味覚形容語）
(5) 柔らかい音／重い音　　　（触覚形容語）

ここで，「甘い声」と表現しても，耳を通して感じる音の感覚は，舌を通して生じる味の感覚とは異なる。なぜならば，感覚は，感覚器官に対応した特殊

図9-2 聴覚形容語の意味空間

共感覚的比喩（感覚形容語＋音）の類似性判断に基づく多次元尺度解析の結果

(注) ベクトルの括弧内の数値は評定次元〈快-不快〉〈強-弱〉〈高-低〉への適合度（重相関係数）を示す。
(出所) 楠見（1996a, 1988b）より作成。

性と独立性をもつからである。すなわち，各感覚器官は，受け入れることのできる刺激（**適刺激**）をもつ（たとえば耳であれば音波）。適刺激が感覚器官（感覚記憶）を通じて中央制御部にいたる感覚入力系は，感覚器官ごとに独立した特殊性をもつ（図9-1）。ここで，視覚，聴覚，味覚，嗅覚，触覚は，**感覚モダリティ**（様相）が異なる。**共感覚**は，（音を聞くと色が見える）**色聴**のように，刺激モダリティとは別のモダリティにおける感覚経験が生じる現象をいう。こうした色聴を経験できる人は少ないが，(2)〜(5)のような言語表現としての共感覚的比喩は，誰でも程度の差はあるが理解できる。

(2)〜(5)の共感覚的比喩で示したように，聴覚を表現する形容語には，視覚，味覚，触覚における形容語が転用されている。こうした**感覚形容語の転用**について，Ullmann（1959）による詩の用例の分析や，Williams（1976）による辞書用例の分析によって，「触覚」→「味覚→嗅覚」→「視覚→聴覚」といった転用の方向性が明らかになっている（7章2節参照）。

さらに，楠見（1988a）は，60の感覚形容語と9つの**感覚モダリティ表示名詞**（色，音，におい，味，感触，気分，記憶，考え，性格）を組み合わせて，(2)〜(5)の

ような共感覚比喩を構成した場合の**理解可能性**を，6段階の評定で58名の参加者に求めた。その結果，評定値が中点3.5を超える，理解可能性が高い共感覚的比喩がどのようにモダリティ表示名詞をまたぐかを検討したところ，近感覚「触覚・味覚」→遠感覚「視覚・聴覚」→心的状態「気分・記憶・考え・性格」という転用の方向が明らかになった（7章，**図7-2b**参照）。たとえば，触覚形容語は，「音」に最も転用されやすい（例：柔らかい音，暖かい音，鋭い音など）。さらに，「色」「考え」や「性格」などに転用できた。その理由は，触覚形容語は，圧覚，痛覚，温覚など多様な感覚形容語をもち，対象物に接した近感覚であるため，さまざまな具体的なイメージを喚起する力をもつためと考える。したがって，聴覚のように固有の語彙が少ない，抽象的な感覚領域に転用されやすい。そのほか「音」には，味覚形容詞からも転用がある（例：甘い音）。また，空間などに関わる「次元」形容詞である，〈高－低〉〈大－小〉は音の基本次元でもあるため理解可能性が高く，〈太い－細い〉〈緻密な－うつろな〉も音の表現に用いられる。なお，「記憶」を形容するときは，〈明るい／暗い，鮮やかな／ぼんやりした〉などの視覚形容語の理解可能性尺度（平均評定値が5点）で4.1と，聴覚形容詞の3.6よりも高い。これは，記憶の主観的経験世界は視覚的な世界が聴覚的世界よりも優位であることを示している。Conway（2009）がエピソード記憶の特徴として，8割以上が，視覚的なイメージの形で表現されているという指摘と対応している。

　こうした感覚形容語の他の感覚への転用を支えているのは，五感それぞれの感覚形容語の意味空間が，〈快－不快〉〈強－弱〉という共通の次元をもっているためである。これは，共感覚比喩間の類似性評定や〈快－不快〉〈強い－弱い〉の尺度評定によって明らかになった（7章の**図7-3**は表現する形容語を4つの多次元空間内に示したもの，本章**図9-2**は，聴覚を表現する形容語を多次元空間内に示したものである）。

3　感覚間協応を支える4つのメカニズム

　2節で述べた感覚形容語の他の感覚への転用は，異なるモダリティ間で次元が対応する**感覚間協応**（7章参照）に支えられている。それを，以下の4つのメカニズム（Deroy & Spence, 2013；Spence, 2011）に基づいて考える（**表9-1**）。

　第1には，「甘い音」は，味覚の「甘さ」そのものというよりも，〈快〉で強度が〈やや弱い〉という共通する次元上の意味で解釈することができる。これ

表 9-1　感覚間協応に支えられた聴覚に関わる共感覚的比喩

タイプ	聴覚との感覚間協応の例	生得・学習の説明	メカニズム	共感覚的比喩の例
構造的協応	音の大きさ‐明るさ 音の長短‐線分の長短	おそらく生得的だが，刺激符号化の神経構造の成熟に依存する可能性も	共通の神経基盤の一般的マグニチュードシステム	大きい音を「明るい光」，小さい音を「暗い光」（強‐弱次元）
統計的協応	音程高さ‐高さ 音程高さ‐大きさ 音の大きさ‐大きさ	学習：環境の規則性を伴う経験に基づく結合	統計情報の蓄積と高共起頻度対の内在化	地面に落ちた物の音を「低い音」（高‐低次元），小さい石の跳ねた「小さい音」（大‐小次元）
意味的協応	音程高さ‐高さ 音程高さ‐空間周波数	学習：言語発達に伴い，特定用語が複数の知覚連続体に関連づけられて出現	音程の高‐低に言語ラベル「高‐低」を対応づけ	音程の「高い音」（高‐低次元）
ヘドニック協応	味の甘さ‐音の心地よさ 感触の柔らかさ‐音の心地よさ	学習：快‐不快感情を媒介として結合	モダリティを共通するヘドニック感情による媒介	「甘い音」「柔らかい音」（快‐不快次元）

（出所）Spence（2011, Table 2）に基づいて聴覚との感覚間協応の例と共感覚比喩の列を加筆修正。

は，表 9-1 で示すように，感覚間協応を支える要因の 1 つである**ヘドニック**（hedonic）**協応**を基盤としている。ヘドニック協応とは，快‐不快感情を媒介として，味の甘さが音の心地よさに，感触の柔らかさが音の心地よさと結合していると考えることである。

　第 2 の**統計的協応**は，振動周波数の多い音を，多くの言語で「高い」と表現するのは，音の高さを弁別するとき，高い音は頭の中に，低い音は胸の中に感じるような主観的経験や，音源の位置などの身体経験が基盤にあるからと考える。特に後者は，感覚間協応を支える要因の 1 つである統計的協応を基盤としている。環境の規則性を伴う経験に基づく結合であり，先に述べた身体的経験の反復による統計情報の蓄積と高共起頻度対が内在化したものである。

　第 3 に，**意味的協応**は，言語発達に伴い，〈高い‐低い〉という次元形容詞のラベルを，音程の高さという空間周波数の知覚連続体に対応づけるという言語学習によって獲得されるとする説明である。

　第 4 に，**構造的協応**は，聴覚と他のモダリティの情報が共通の神経基盤で表象されることが原因で生起するという説明である。ここで，共通の神経基盤である一般的マグニチュードシステム（general magnitude system）が，異なるモダ

120　　第Ⅱ部　比喩を感じる——その身体的基盤

リティ（聴覚，視覚，触覚など）の強弱を処理すると考える。たとえば，音の大きさを明るさに対応させて，大きい音 – 明るい光，小さい音 – 暗い光という対応づけである。また，音の長短は線分の長短に対応づけられる。これらは，おそらく生得的だが，刺激符号化対応づけの神経構造の成熟に依存する可能性もある。

　そのほか，聴覚を表現する形容語として，「リンリン」「バタバタ」などの**擬音語**（音喩：オノマトペ）が数多くある。擬音語の成立は，物音や動物の鳴き声などを，その言語の音韻体系に当てはめて，慣用化することによると考える（たとえば，今井・秋田，2023；田守，2002）。さらに，擬音語・擬態語も先に述べた感覚間協応による〈強 – 弱〉，〈快 – 不快〉の 2 次元に基づいた転用（例：キラキラした音）が可能である（楠見，2017）。

4　聴覚世界の比喩

　(6)　甘美な，生への誘惑のような音の波が，ホールの中をきらきらと光りながら走りすぎた。

　(7)　僕と千枝子との二人だけが，音楽の波の無限の繰り返しに揺られて，幸福へと導かれて行きつつあるような気がした。　　　　福永武彦『草の花』

　音色的印象は，(6)のような共感覚的な形容語の利用に加えて，比喩を利用して表現する。音の記録には録音，音楽のメロディの記録には楽譜，発話の記録には文字があるが，人が感じる音色的印象は比喩的に表現せざるをえない。

　そこで，音色的印象の表現を，『比喩表現辞典』（中村，1977a）における「音」と「声」を主題とする比喩 344 例（それぞれ 132 例，212 例）をたとえる語に基づいて分類した。**表 9-2** に示すように，最も多いたとえは，人工物音によるものである。これらは，物音の大きさ（爆竹など），高さ（石など）や音色的印象（糸など）の類似性に基づいている。その中でも「針，綿」など 15 例は触覚に基づく共感的表現である。また，自然音を用いたたとえも多い。たとえば，(7)文のように，「波のような」音の反復や持続を示す表現がある。一方，音を発しない「光」（5 例）や「におい」（2 例）などの視覚や嗅覚に基づく共感覚的表現はやや少ない。また，主題「声」の感情的側面は，動物音や人間音でたとえることが多い。また，楽器音のうち「鈴，笛，太鼓」などよく知っている音は，音や声を表現する慣用的な比喩として用いられる。

表 9-2 音，声に関する比喩のたとえる語の頻度

(N = 344)

カテゴリ	頻度	たとえる語の例（頻度）
人工物	74	糸(5)，石(3)，花火(2)，鞭(2)，氷(2)，紙(2)，針(2)，綿，やすり，花火，爆竹，…
自　然	68	風(7)，波(5)，水(5)，潮(5)，光(5)，雷(3)，怒濤(3)，泡(3)，津波(2)，におい(2)，滴，…
動　物	43	鳥(7)，獣(4)，カラス(4)，虫(3)，蛙(2)，蚊，ガチョウ，セミ，蜂，牛，…
人　間	26	子守歌(2)，咳(2)，歯ぎしり，声，歌声，すすり泣き，あくび，吐息，足音，…
楽　器	26	鈴(4)，音楽(3)，笛(3)，鐘(2)，太鼓，ドラム，法螺貝，琴，コントラバス，…

(注) カッコ内数値は頻度，カッコなしは頻度 1 を示す。
(出所) 楠見（1996a）

　次に，「きく」という感覚動詞自体の比喩的用法である**動詞比喩**を検討する（楠見，2016）。「きくこと」は，音を耳で感じる「聞く」が基本的用法である。さらに，意図的な行為である「音楽を聴く」，相手の発言を共感的に理解し，その言葉を受け入れ，行動する「願いをきく」がある。逆に，積極的な問い尋ねる行動である「住所を訊く」「専門家に訊く」がある。「きく」は，聴覚に基づく認知的活動全般に派生している。さらに，「ワイン／香りをきく」（弁別する）は，非視覚的な統合的・分析的判断への比喩的な派生と考えられる。

　一方，「みること」は，対象に目をとめて知る行為としての「見る」ことを基本的用法とする。さらに，意思的に調べる行為である「答案をみる」「味をみる」，楽しみのため見てまわる「展覧会を観る」，様子をみて世話をする「赤ん坊を看る」，判断を行う「病気を診る」などがある。「みる」の用法は，視覚を中心として，他の感覚も統合した判断，決定といった高次の認知と対処行動に派生している。さらに，高次の認知の結果として「景気は上昇局面とみる」といった予想や判断，仮定の表現もある。

　このように「みる」が視覚への多感覚統合，高次認知への昇華的意味派生があるのに対して，「きく」は視覚と比べると高次認知への派生は限定的で，聴覚と味覚に限定されている。

5　ま　と　め

　聴覚情報を言語表現することは，時間経過によって消失してしまう音に，具体的な形を与え，語ること，記録することを可能にすることである。本章では，

こうした聴覚情報の特徴を，視覚情報と対比して，記憶情報処理のプロセスに基づいてまず説明した。次に，聴覚固有の形容語が少ないことを述べた上で，音色的印象を表現するための，触覚などを主とする共感覚的比喩（例：柔らかい音）や，動詞比喩（例：音を味わう），共感覚オノマトペ（例：キラキラした音）が用いられていることを明らかにした。そして，その背後には感覚間協応メカニズムがあることを示した。さらに人工物や自然物を用いた比喩について検討し，3章で述べた類似性や慣用化によって支えられていることを示した。

　今後の課題として，次の2つが考えられる。

　第1は，熟達者を対象とした研究である。これまでも音楽家や音楽評論家は音に関する豊富な語彙をもつことが知られていた。たとえば，Rosi et al. (2023) の研究では，音響技術者，指揮者，および音の専門家でない人の音の専門知識が，比喩的な音の概念の心的表現に与える影響を検討している。そこでは，比喩的な音響特徴の粗さは熟達の影響にかかわらず共通して評価されたが，明るさの評価は熟達の程度によって異なることが示されている。

　第2は，聴覚と視覚などのクロスモーダルな対応と比喩の関係の検討である。聴覚刺激は厳密な統制がしやすく，さまざまな理論的検討（統計的，構造的，意味的，感情的説明）が行われ，研究の展開が考えられる（e.g., Spence, 2020）。

10 章 痛みの比喩

本章は，痛みの言語表現，その中でも特に比喩表現および擬態語を支える身体的・認知的要因と言語的要因について，計量的データに基づいて，認知心理学的，認知言語学的観点から検討を行う。

1 痛みの主観性と客観性

痛みは，熱いものや尖ったもの等が身体に触れた際に起こる重大な傷害から逃れるための危険信号を発したり，関節の損傷時のように痛みによって身体を動かないようにして身体に休息をとらせたりする働きをもつ（東山他，2000）。また，痛みは医療を施す際に重要な診断基準となる徴候であり，痛みの分類やその発生機構に関するモデル化が行われている。痛みの研究は主として，感覚心理学（たとえば，佐藤他，1991）や医学・看護学（e.g., Jairath, 1999），医療人類学（e.g., Morris, 1991, 1998）の分野で研究されてきたが，その認知的・言語的基盤に関する検討は十分ではない。

痛みは主観的経験であり，その大きさや質を他者に直接伝える手段はない。そのため，図 10-1 に示すように，話し手（左側）痛みの内容は主に言語的表現，そして表情，行動等を通して聞き手に伝達される。一方，聞き手（右側）は，言語表現を解釈して，相手の痛みを判断し，推論する。特に，医療や介護を受ける際には，医療従事者が客観的に痛みの性質を捉えることができるようにすることが必要である。そこで，医療現場では，患者の主観的経験を客観的に捉えるための，言語による尺度と図を用いた痛みの問診票が種々開発されている（たとえば，圓尾ほか，2013）。その問診票を患者が回答する際に，患者が痛みの身体部位や知覚的特性をどのように認知し，言語表現するかを解明するこ

とは，認知心理学において重要なテーマである。

2　痛みを他者に伝えるための言語表現の種類

　痛みを他者に伝える言語表現には大きく3通り考えられる。

　第1は，最も頻繁に用いられる方法として，その痛みが生じるに至った状況を説明することである。「画鋲を踏んでしまいとても痛かった」等の発話がこれに当たる。これは，痛みの原因の具体的記述から，結果である感覚内容を想起させる方法であり，一種の換喩（例：足をぶつけた痛み）でもある。これは，痛みの原因に基づいて医療的対処を行うために，重要な情報である。しかし，痛みはこうした客観的で具体的な状況描写によってのみ，言語的に伝達されるわけではなく，次に述べる比喩表現や擬態語表現によって伝達される。

　第2は，痛みを表すためにさまざまな比喩表現を使うことであり，現在感じている主観的経験としての痛みの強さや種類を伝達する役割を果たしている（e.g., Jairath, 1999；Söderberg & Norberg, 1995）。たとえば「刺すような」，「締めつけられるような」等は，痛みの慣用的表現であり，比喩指標「ような」を含むため，相手にもわかりやすい。ここでは，実際に針で刺されたり，工具で締めつけられたりはしていないため，直喩の一種といえる。

　第3は，日本語において痛みの強度や性質を表現するためにしばしば使われる擬態語表現である。たとえば，連打されるように激しい痛みを表す「がんがん」や針で刺したような痛みを表す「ちくっ」といった表現である（たとえば，山口仲美，2003）。これらの表現は，鈍器による打撃や針状のモノによる刺激といった痛みの原因の表現を土台とした関連表現とみなすことができ，第2に述べた慣用的比喩表現と深く関わる。

　これらの痛みの言語表現は，個人間の伝達のみならず，個人内における痛みや病気に対する解釈や意味づけやそれに伴う対処法の選択等にも影響を与えていると考えられる（Jairath, 1999）。たとえば，Gibbs & Franks（2002）は，がん患者へのインタビューから，痛みに関する比喩ががん経験の意味づけに影響していることを明らかにした。つまり，痛みの言語表現，特に比喩は，自他の痛み認知を支える病気に関する**素朴理論**（folk theory）解明の手がかりともなる。

　このような問題を考えると，痛みの言語表現の特性を明らかにすることは，痛み研究の重要な課題といえる。しかし，さまざまな痛み表現を言語に焦点を当てて，認知心理学的に検討した研究は多いとはいえない。特に，比喩の認知

126　　第Ⅱ部　比喩を感じる──その身体的基盤

心理学的・認知言語学的研究が，比喩と感情の関係を解明してきたこと（たとえば，楠見，1996c；Lakoff, 1987）に比べると，痛みの言語表現の認知的研究は多くはない。

　先に述べた通り，痛みと言語に関する重要な研究としては，痛みの問診票の作成を目的としたものがある（e.g., Satow, Nakatani, & Taniguchi, 1988；Satow, Nakatani, Taniguchi, & Higashiyama, 1990）。Satow et al. の一連の研究は，痛みの言語表現として，使用頻度の高い 30 語を用いているため網羅範囲はあまり広くない。一方，山中（1987），山中・山崎（1989）は，痛み刺激（冷水，輻射熱，電気刺激）を与え，それらの痛みを表現する語句を生成，選択させることによって言語表現の分析を行っている。しかし，取り上げられている語句の範囲はやはり広くはないこと，また実験室で与えられる痛みと実験室外で経験する臨床痛とはさまざまな点で性質が異なっていると考えられることから，痛み表現の性質を一般化するには限界がある。

　言語表現に注目した計量的な研究の中では，自然言語処理の文脈で，竹内・宇津木（1988）が 15 個の痛み表現について調査を行い，痛みの「強さ」と「周期性」，および「けいれん性」で表現を特徴づけられることを示した。しかし，彼らの研究は，類似性評定に基づいた痛みの意味空間の構成が主であり，その身体部位や痛みの知覚的特徴との関連に関する認知心理学的な考察にまでは踏み込んでいない。

　これらの背景をふまえ，本章では，身体的痛みに関する言語表現を，身体内部の客観的感覚を他者に伝える個人間伝達だけでなく，客観的な痛みの個人内伝達（主観的な解釈，意味づけなど）を支えるものとして捉える。特に比喩表現と擬態語は，自他の痛み・感情の認知過程を支える認知的モデル解明の手がかりとして位置づける。そして，痛みの比喩表現，慣用表現には，文化や言語を越えた普遍性として，人類に共通した生理・感覚運動的経験に基づく**身体化**（embodiment）があると考える。一方，特殊性としては，日本における言語の慣習化や文化による影響（例：肩こり）があると考える。

　そこで，**図 10-1** のように，痛みを 3 つのレベルで捉える。**図 10-1** の左側の話し手の心的状態で示すように，痛みの身体部位の生理的反応（身体レベル）に基づいて，痛みの身体感覚的特徴の知覚とその認知的評価（認知レベル）が行われる。さらに，痛みの認知内容に基づいて言語化が行われ，言語表現（言語レベル）が表出される。すなわち，参加者の痛みに関する回答に基づく計量的データと認知心理学的な分析を用いて，3 つのレベルの対応関係を検討する。

図 10-1 痛みの身体／認知／言語表現の階層

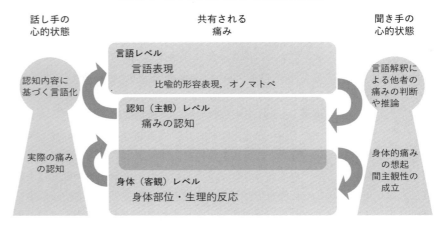

3 認知心理学的な痛みの研究方法

　本章で紹介する研究（楠見・中本・子安，2010；解説として，楠見・中本，2011）は，日常的な痛み経験について調べるために，研究参加者として，首都圏近郊と東北地方の大学生・短大生432（男228，女204）名に評定実験に参加してもらった。
　この研究では，3つの方法で身体的痛みを表現する**慣用比喩**および**擬態語**を収集した。
　①痛みに関する先行研究（Hasegawa et al., 2001；東山他，2000；Melzack, 1975）の主に痛み質問票に使用されている語句を収集した。②苧阪（1999）の擬音語・擬態語研究，および擬音語・擬態語辞典（浅野，1978；山口仲美，2003）から痛み・触覚を表す擬態語を収集した。また，他の感覚などを表す語であっても，痛みを表現する用例がある語は調査対象として選択した。③上記以外の痛みに関する言語表現をインターネット上の掲示板やブログから，「痛み」をキーワードにして検索ツールによって収集した。このように，先行研究や辞典に加えて，インターネット上の用例も収集する手続きをとった理由は，「キヤキヤする」などの造語さえも痛みの言語的伝達に使用されうるという報告（佐藤他，1991）に基づく。本研究では，こうした造語をすべて検討できないが，本来は痛覚以外の感覚を表す擬態語やインターネット上の用例も含めることで，

従来の研究よりも広範囲の表現を扱うことができると考えた。

　痛みの先行研究で用いられてきた語句に，痛みの擬音語・擬態語の研究と辞書用例，およびインターネット上の用例を加えた，比喩表現58例，擬態語40例，計98例を材料に用いた（図10-2参照）。比喩表現には，直喩や隠喩だけでなく，換喩と見られる表現を多数含む。たとえば，「刃物で刺されたような」「ハンマーで殴られたような」は痛み感覚が生じる原因となる出来事を述べることで痛みのイメージを表現する言葉であり，時系列的な近接性に基づく換喩（3章4節）と考えられる。

　評定実験は，質問紙により，授業時間中に集団で実施された。質問紙は，各頁の上部に痛み表現（たとえば「ずきんずきんする痛み」）をあげ，以下の4つの評定項目群が続いた。

(a) **痛みを感じる部位**：それぞれの表現で表される痛みが身体のどの部位で生じるかを16の身体部位（頭，歯，目，耳，のど，肩，背中，胸，腹，胃，腸，腰，手・腕，足・脚，関節，皮膚〔身体の表面〕）およびその他の中から選択させた（複数回答可）。また，「その他」を選択したときには，場所を具体的に記入するよう求めた。選択肢には，シソーラス（NTTコミュニケーション科学研究所，1997；山口翼，2003）の「痛み」の項目に記載された語句（頭痛，足痛，脚痛，腹痛，胃痛，歯痛，耳痛，胸痛，腰痛，背痛）に対応する部位名を用意した。また，改田（2001）の日常的不調，日常的不快症状を表す項目から，上記と重複がなく，痛みに関連する項目（首が痛い，肩が痛い，皮膚が荒れる，目が痛い，手足が痛い，喉が痛い，下痢をする〔"腸"への対応を想定〕）を選択肢に加えた。以上の手続きにより，痛みを感じる代表的な部位を用意し，これに「その他」とそれに伴う自由記述欄を加えることで網羅性を高めた。

(b) **痛みの身体感覚的特徴**：痛みの身体感覚的特徴としては，Satow, Nakatani, & Taniguchi（1988）とSatow et al.（1990）の痛み問診票に準じ，痛みの持続時間（1. 短い～5. 長い），時間間隔（1. 長い（断続的）～5. 短い（連続的）），場所の変化（1. 静止している～5. 移動する），深さ（1. 浅い～5. 深い），面積（1. 狭い～5. 広い），体積（1. 小さい～5. 大きい），強さ（1. 弱い～5. 強い）の7項目について，それぞれ5件法での評定を求めた。

(c) **痛みの認知的評価**（主観的イメージ）：痛み表現に対してどんなイメージが浮かぶかをSD法尺度7項目（鋭い-鈍い，熱い-冷たい，圧迫感が強い-弱い，異物感が強い-弱い，軽い-重苦しい，緩んだ-張り詰めた，柔らか

い - 堅い）について，5件法で評定させた。SD法の項目は，Melzack（1975）の痛みを表現する形容語を組み合わせて構成した。

(d) **痛みの経験頻度**：その表現で表される痛みを実際にどれくらい経験したことがあるかを5件法（1. 全くない，2. 何回か，3. ときどき，4. しばしば，5. とても頻繁に）で評定させた。

4 主な分析と結果

図10-5に示す痛みの98個の言語表現（言語レベル）それぞれに対して，痛みを感じる部位（身体レベル）の選択頻度を評定し，さらに，身体感覚的特徴7項目および認知的評価（認知レベル）7項目について参加者の平均評定値を求めて，相互の関連の分析を行った。

4.1 痛み表現に対する経験頻度

まずそれぞれの痛みの経験頻度を5件法（1. 全くない，2. 何回か，3. ときどき，4. しばしば，5. とても頻繁に）で評定させた。全体的に痛みの経験頻度は平均は2.13と，それほど高くはない。最も高頻度の痛みは「がんがんする」（$M=2.65$）と「ずきんずきんする」（$M=2.65$）であった。続いて，「じんとする」（$M=2.60$），「ちくりとする」（$M=2.55$）の頻度が高かった。逆に，最も低頻度の痛みは，「引っ張られるような」（$M=1.61$）であり，「のこぎりでひかれたような」（$M=1.66$），「切り刻まれるような」（$M=1.67$），「刃物で刺されたような」（$M=1.70$）などがそれに続いて頻度が低い。全体の平均頻度評定値では，40の擬態語で表現される痛み（$M=2.23, SD=0.24$）は，58の比喩で表現される痛み（$M=2.05, SD=0.22$）よりも，経験頻度は有意に高かった（$t(96)=3.16, p<.001$，対応のないt検定）。

4.2 各評定における痛み表現の構造

痛みの身体部位　各部位で典型的な痛みについて概観を得るため，選択頻度が最大の痛み表現を各部位ごとに列挙する（括弧内は98〜122名中の選択者の比率）。頭：がんがんする（98%），歯：しみるような（74%），目：ちかちかする（91%），耳：きーんとする（26%），のど：はれたような（43%），肩：凝ったような（65%），背中：突っ張るような（21%），胸：締めつけられるような（58%），腹：破裂するような（44%），胃：きりきりする（63%），腸：ねじこま

130　第Ⅱ部　比喩を感じる──その身体的基盤

れるような（25％），腰：凝ったような（27％），手・腕：しびれたような（62％），足・脚：しびれたような（76％），関節：きしむような（61％），皮膚（身体の表面）：ひりひりする（70％）。

　10％を超える参加者が「その他」を選択した表現は「つんとした痛み」のみで（98名中37名；37.8％），全員が「鼻」に該当すると記述していた。

　痛み表現と表現が使用される身体部位との関係を規定する次元を明らかにするため，98表現×16身体部位の選択頻度行列を用いて対応分析をした（「その他」は選択頻度が少ないため分析から除外した）。これは質的データの主成分分析とみなせる。その結果，第1次元で23.5％（固有値.25），第2次元で19.4％（.21）の分散説明率が得られた。図10-2では，2次元上に次元の得点に基づいて，痛み表現は○で，身体部位は■で同時に布置した。身体部位の布置と近傍にある痛み表現の関係から，次元1は身体の内部（頭や胸・腹）と表面（皮膚や手足）との対立を示すと解釈できる。前者には {ずきんずきんする，締めつけられる，…} 等が，後者には {ひりひりする，しびれたような，…} などが対応する。次元2は身体の胴体部（胸・腹）と頭部（頭・目）との対立を示すと解釈できる。前者には {締めつけられるような，きゅっとする，…}，後者には {割れるような，ずきんずきんする，…} などの表現が対応する。

身体感覚的特徴　身体感覚的特徴の7項目（持続時間／時間間隔／場所変化／深さ／面積／体積／強さ）は，痛みの感覚成分（次元）を構成する要素に対応すると考える。そこで，痛み感覚を構成する少数個の主要な成分（次元）を求めるため，7項目間の相関係数に基づいて主成分分析を行った。そして，痛みの身体感覚的特徴項目を総合した主成分得点を求めた。その結果，寄与率と固有値は，第1主成分50.5％（固有値3.5），第2主成分20.7％（1.5），第3主成分13.2％（1.1）であった。累積寄与率が80％を超え，固有値が1以上の3つの主成分を採用した。第1主成分で負荷量が高い項目は，体積（負荷量.96），面積（.85），持続時間（.83），深さ（.81），強さ（.67）であり，「全般的な強さ」を表すと解釈した。第2主成分では，場所の変化（.69），深さ（−.49），強さ（−.66）の負荷量が高く，場所が広範囲に変化する「皮膚表面での痛み」を表すと考える。また，第3主成分は，痛みの時間間隔（.95）でのみ高い負荷量を示したため，「断続性」と解釈した。

　図10-3には98の表現を身体感覚の3つの主成分得点に基づいて布置した第1主成分得点では {ずきんずきんする，割れるような，…} が高い正値で強い痛みを表し，{つんとする，つねられたような，…} などは負値で弱い痛みを

図 10-2 痛み表現と身体部位の関係：選択判断に基づく対応分析による布置

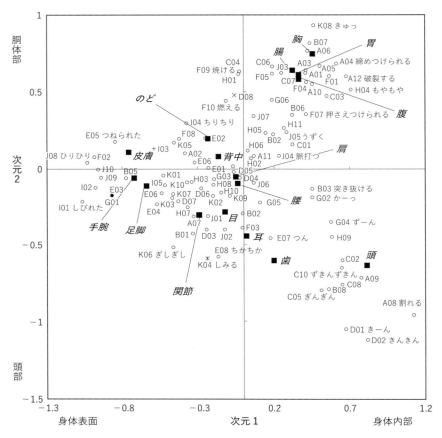

(注) ○に付した記号はアルファベットが図 10-5 のクラスタ記号と表現の番号に対応する。煩雑さを避けるため，周辺に布置する記号にのみ省略形で表現を示した（図 10-3，図 10-4，図 10-5 も同様）。
(出所) 楠見・中本・子安（2010）

表す。第 2 主成分得点は ｛むずむずする，広がるような，しびれた，…｝ が高い正値を示し，皮膚表面の広範囲な痛みを表す。一方，負値の ｛槍で突き通されるような，刃物で刺されたような，針で突かれたような｝ は範囲が狭く身体深くに生じる痛みを表す。また，第 3 主成分得点では ｛膨らんでいくような，…｝ が高い正値を，｛ずきんずきんする，ぴりぴりする，…｝ が負値を示しており，前者は持続的痛みを，後者は断続的痛みを表す。

痛みの認知的評価　認知的評価の 7 項目（鋭さ／熱さ／圧迫感／異物感／重苦

図 10-3 痛み表現の身体感覚的特徴に基づく主成分得点布置

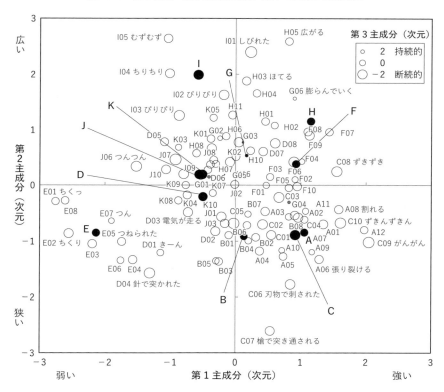

（注）○の直径は第3主成分得点を示す。●は図10-5の各クラスタに属する痛み表現の平均を示す。
（出所）楠見・中本・子安（2010）

しさ／張り詰めた／堅さ）を痛みのイメージを構成する成分と考えて，平均評定値に対して主成分分析を行い，認知的評価の主成分を求めた。固有値1以上の成分を抽出した結果，2つの主成分が得られた。第1主成分では，重苦しい（負荷量 .92），圧迫感が強い（.91），張り詰めた（.78），異物感が強い（.74），堅い（.672）の5項目で正の負荷量が高く，「圧迫痛」を表すと考える。第2主成分では，鋭い（.85），堅い（.62）で正，熱い（−.70）で負の負荷量が得られ，「鋭利痛」を表すと解釈できる。寄与率は第1主成分 48.8%（固有値3.42），第2主成分 30.3%（2.12）であった。図10-4には，認知的評価に関して，各表現がどのような特徴をもつかを示すため，主成分得点に基づいて布置した。図10-4から，第1主成分得点が正の{鉛が埋め込まれたような，がんがんする，

10章 痛みの比喩　133

図 10-4 痛み表現の認知的評価に基づく主成分得点布置

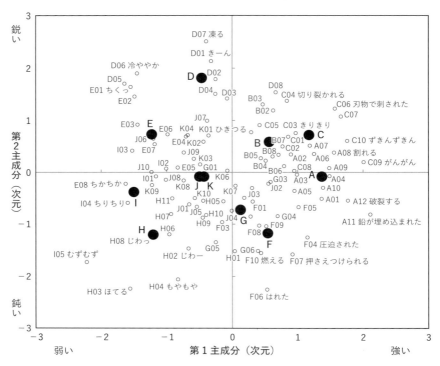

(注) ●は図 10-2 の各クラスタに属する痛み表現の平均を示す。
(出所) 楠見・中本・子安 (2010)

ずきんずきんする, …} は強い痛みとして, 負の {むずむずする, ちかちかする, ちくっとする, …} は弱い痛みとしてイメージされているといえる。また, 第 2 主成分得点が正の {凍るような, きーんとする, 冷ややかな, …} などの表現は鋭く堅いイメージを, 負の {はれたような, ほてるような, もやもやする, じわーとする, …} は熱く重いイメージをもつと考える。

身体感覚的特徴と認知的評価の対応関係　身体感覚的特徴と認知的評価の対応関係を調べるため, 98 の痛み表現の主成分得点を変数として, 相関係数を求めた。表 10-1 に示す通り, 身体感覚的特徴と認知的評価の第 1 主成分 (それぞれ, 全般的強さ, 圧迫痛の成分) とは強度に関連し, 高い正相関を示した。身体感覚的特徴の第 1 主成分と認知的評価の第 2 主成分 (鋭利痛) は中程度の負相関を示した。また, 身体感覚的特徴の第 2 主成分 (皮膚表面の痛み) は, 認知的評価の第 1, 第 2 主成分と中程度の負相関があり, 表面的で広範囲での痛み

表 10-1　痛み表現の主成分得点間の相関係数

認知的評価	身体感覚的特徴		
	主成分 1	2	3
主成分 1	.79**	− .48**	− .04
2	− .32**	− .49**	− .26**

**$p<.01$（$N=98$）
（出所）楠見・中本・子安（2010）

は，鋭さや圧迫感，緊迫感が弱いことがうかがえる。

痛み表現のクラスタ　　痛み表現を身体感覚的特徴と認知的評価に基づいて分類するため，前者は 3 つ，後者は 2 つの主成分得点を用いてクラスタ分析を行った。クラスタの凝集法には Ward 法を，距離の指標にはユークリッド距離を用いた。**図 10-5** には得られた樹形図を示した。クラスタ数が 11 の水準を，結果の解釈がしやすいため痛みの下位分類として採用した（各クラスタの平均主成分得点は**図 10-3**，**図 10-4** の●の布置を参照）。

図 10-5 に示すように，痛み表現は，強い痛みを表すクラスタ A，B，C と比較的弱い痛みを表すクラスタ D〜K に分かれる。前者の表現は，身体感覚的特徴評定値に基づく主成分得点を示す**図 10-3** の第 2 象限に分布し，強く狭く深い部位の痛みである。また，対応分析の結果，**図 10-2** が示すように身体部位と痛み表現クラスタ間にも，ある程度の対応関係がある。身体部位の布置の近傍にどの痛み表現が布置しているかに基づいて，その部位に使用されやすい表現がわかる。胸・腹部にはクラスタ A，B，C，H の表現，手腕，足脚，関節や皮膚には E，I，J，K の表現，頭，歯には A，B，C，D の表現が用いられやすい。また，クラスタ F は胸部，腹部，のど，G は頭部と肩・腰にというように複数部位に対し使用される表現もある。

クラスタ A，B，C はクラスタ A，B とクラスタ C に大きく 2 つに分かれる。クラスタ A と B は，ともに強い痛みを表現する「……のような」という直喩表現が多い。とくに，クラスタ A は，容器としての身体組織を鈍器（のこぎり，ハンマーなど）により破壊する（割れるような）あるいは圧迫する（押しつぶされるような）「身体容器を破壊する比喩」に基づく表現が多い。これらは，頭・胸・腹部等の深く長い痛みを表現している。一方，クラスタ B は，容器としての身体組織を鋭利な凶器（キリでもみこまれるような，刃物で刺されたような）によって，突き刺されたり，切り裂かれたりする「身体容器を突き刺す比喩」による表現で構成される。これらは鋭い痛みを示し，胸・腹部の痛みを表す。

10 章　痛みの比喩　　135

図10-5 痛み表現の身体感覚的特徴と認知的評価に基づくクラスタ分析の樹形図

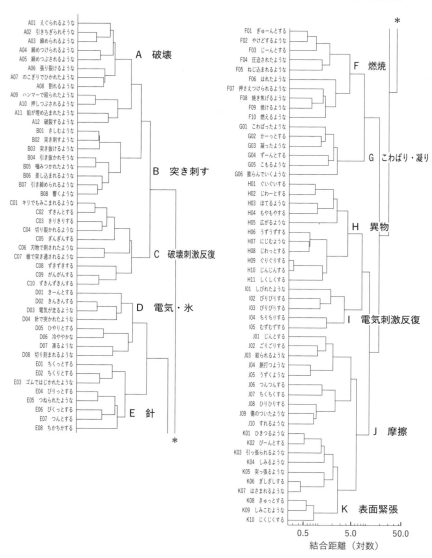

(注) 図は＊で縦につながる。A01〜K10 はクラスタ記号。
(出所) 楠見・中本・子安 (2010)

136 第Ⅱ部 比喩を感じる——その身体的基盤

こうしたクラスタBは，Cとともに，痛みの認知的評価に基づく図10-4では第1象限に布置し，強く鋭いイメージをもつ。クラスタCにはBと同じく，容器としての身体の鋭利な刃物による損傷を表す3つの直喩表現に加えて，擬態語「ずきずき」から派生した「ずきんずきん，ずきん」などを代表とする7つの擬態語が含まれる。これらは「身体容器を破壊するような刺激を反復して加える比喩」に基づく表現である。また図10-2が示すように，これらの表現は，胸・腹部の痛みに加え，頭部や歯の痛みも表す。以上の結果は，頭・胸・腹部，歯とも強い痛みを経験しやすい部位ではあるが，その痛みの身体感覚的特徴および認知的評価は部位ごとに異なっており，それぞれにある程度特化した表現が用いられることを示唆する。

　弱い痛みを表す表現は，クラスタD，Eとそれ以外（F～K）とに分かれる。DとEは，あまり強くはないが鋭い痛みを表す表現群である。クラスタDには，瞬間的な痛みを示す「氷比喩」（ひやりとする）や「電気比喩」（電気が走るような）が含まれる。一方，クラスタEには小さな痛みを針による刺激で表す「針比喩」に基づく「ちくっ，つん，…」などの擬態語が含まれる。クラスタF，Gは，熱や圧迫感を伴うあまり強くない持続する痛みを表現する。Fには「焼けるような」等の「燃焼比喩」が，Gには「こわばりや凝りに関する表現」が含まれる。クラスタH，Iは断続的に続く広範囲での弱い痛みを表す。Hは，広範囲での痛みであり，身体容器内で「ぐりぐりする，じんじんする」，異物が「広がるような」「じわーとする」などの「身体容器の異物比喩」が含まれる。Iはやや狭い範囲の痛みであり，「びりびりする，ぴりぴりする，…」等の弱いしびれを表す「電気刺激を反復する擬態語」で構成される。クラスタJには，身体表面の，断続的で堅く緊迫感を持つ痛みを表す「ちくちく，ひりひり」などの擬態語や「すれるような」といった「摩擦比喩」表現が含まれる。クラスタKは，鈍いしびれやうずきを表す「びーんとする」「しみるような」等の広がるような「身体容器の表面緊張比喩」による表現が含まれている。

5　痛みの比喩・擬態語表現の構造

　本研究では，98の痛みを表す比喩・擬態語表現に関する評定データを分析し，以下のことを明らかにした。

　第1に，痛みの身体感覚的特徴と認知的評価の間には，対応関係が認められた。身体感覚的評価と認知的評価の第1主成分は，「痛みの強さ」次元に対応

10章　痛みの比喩　137

図 10-6　認知的評価に基づくクラスタ：比喩・擬態語と身体部位の対応

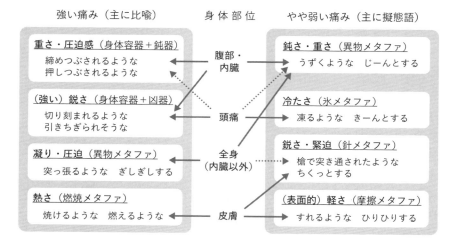

する。身体感覚的評価の第2主成分は，痛みの〈広い-狭い〉次元，認知的評価の第2主成分は，痛みの〈鈍い-鋭い〉であった。両者は痛みが広い範囲の鈍い痛みと，狭い範囲の鋭い痛みという形で対応している。

　第2に，痛みの身体感覚的特徴および認知的評価に基づいて，痛み表現は11のクラスタに分かれた。また，各クラスタに含まれる比喩表現および擬態語にはある程度の一貫性が認められる。この傾向は，感情の比喩研究の結果（たとえば，楠見，1996c；Lakoff, 1987）と一致する。すなわち，図10-5に基づく図10-6に示すように，全般的には，クラスタごとにある程度類似した比喩，擬態語表現が集まっている。しかし，比喩の種類とクラスタとの対応は一意ではない。たとえば，外部からの圧迫に基づく「身体容器＋鈍器」比喩表現は，強度が強いときにはクラスタAに含まれる（締めつけられるような，押しつぶされるような）が，弱いときにはクラスタFに出現する（圧迫されたような，ぎゅーとする）。そして，前者は外部刺激による身体組織の破壊を表す表現（ハンマーで殴られたような，えぐられるなど）と，後者は「燃焼比喩」表現（焼けるような，やけどするようななど）と同じクラスタに入っている。これは，痛みの表現は，部位や身体感覚的特徴，認知的評価と一対一対応ではなく，図10-7に示すようにゆるやかな対応関係をもちながら，柔軟に使用されていることを示唆する。こうした比喩表現に注目した痛み表現の研究は，痛みの主観的なイメージを解明し評価する上で，従来の痛みの感覚心理学（佐藤他，1991）や問診票の研究

図 10-7 痛みの比喩・擬態語：身体部位・感覚特徴・認知的評価の対応関係

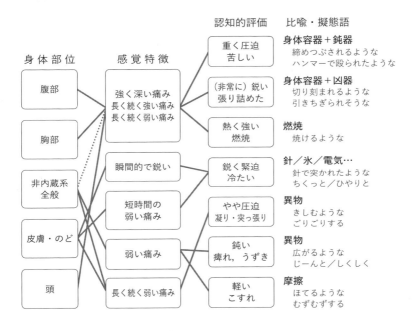

(Satow, Niakatani, & Taniguchi 1988；Satow et al., 1990) を補完すると考える。

第 3 に，痛み表現クラスタと痛みを感じる身体部位の間には図 10-6 で示すように対応関係がみられる。すなわち，あるクラスタの表現は身体の特定部位によく使用される傾向がある。しかし，一貫性は完全ではなく，痛みの部位と強さなどに応じて，特化した比喩表現がある可能性がある。これらは，慣用句として，私たちの知識にあり，それが判断や評定に反映されたとも解釈できる。特に，痛みを感じる部位の判断課題においては，一部の表現は「(部位) が……する」といった慣用句の知識が反映されやすい。一方，痛みの身体的感覚的特徴・認知的評価課題では，表現に対応する過去経験に基づいて評定されると考える。

6 まとめと今後の課題

以上に示したように，痛みの比喩・擬態語表現に関する，部位判断，身体感覚的特徴評価，認知的評価の 3 課題において，次元と身体部位とに対応したク

ラスタが見出されたことは，比喩表現の基盤として身体性が存在しているという認知言語学の主張（Lakoff & Johnson, 1999）を部分的に支持する。しかし，同時に，本研究結果は，痛みを表す言語表現と，実際の身体感覚的特徴や認知的評価との間には詳細な対応づけがあり，「腹部への痛みは圧迫である」といった単純な一般化はできないことも示している。これらの結果は，身体性を重視する認知言語学の主張に反するわけではない。しかし，比喩の基盤が身体にあるという主張だけでは不十分であり，表現ごとにどのような性質をもち，どのような身体性と結びつくかを明らかにする必要があることを示唆する。

最後に，本章で紹介した研究の残された問題と今後の課題について述べる。最大の問題は，本研究の調査参加者が大学生に限られたことである。そのため，痛みの経験頻度は高くなく，重度の痛みを表す表現に対しては的確な反応を得られなかった可能性がある。今後の課題は，本研究結果を，多様な疾病の患者（たとえば，がん患者を対象とした Gibbs & Franks, 2002）を含むより広い範囲の人々に一般化できるかを検討することである。なお，本研究の成果や議論は，その後，腰痛感尺度の開発（大堀・奈良・藤田，2014）や問診支援システム（土斐崎他，2014）にも活かされている。

また，本研究のデータ収集はすべて自己報告に基づいており，実際の痛みの原因と言語表現との対応関係を明確にするには至っていない。実験的手法として痛み刺激を実験参加者に与えたり（たとえば，山中，1987），痛みを感じている患者の臨床的所見を得たりすること（e.g., Jairath, 1999）は研究上，倫理上の制約もあり容易ではないが，身体性と慣用比喩表現の関係を論じるには必要な課題である。さらに，近年，痛みの比喩が，患者の痛みの経験やその理解や治療，介入に影響を与えるという視点から検討が進められている（e.g., Johnson, Hudson, & Ryan, 2023）。

11 章 感情の比喩

1 はじめに

　7章から 10 章までは，感覚や知覚レベルの身体を基盤とする認知による「比喩を感じる」ことを分析してきた。本章から，**感情**に関する比喩の**言語表現**や**概念**の分析を行う。さらに，感情の理解やコントロールを支える知識構造であるより高次の「**認知モデル**」(cognitive model) を明らかにする。さらに，感情に関する知識が，どのように社会や文化の中で形成され，人々に共有される知識である「**文化的モデル**」(cultural model) となるかを検討する。「認知モデル」とは，文化的モデルを含む，構造化された知識を指し，世界を理解，説明し，行動を方向づける機能をもつと考える (Lakoff, 1987)。そこで，本章では，感情概念を「認知モデル」の枠組みで検討していく。

　(1)　ぼくは，気持ちを彼女に打ち明けたとき，不安で胸がどきどきした。彼
　　　　女はつきあってくれると言ったから，喜びで天に昇るような気持ちになっ
　　　　た。しかし，三カ月後，彼女がぼくの友人とつきあっていると知ったとき
　　　　は，怒りで頭に血が上った。そして，愛を失ったことを悟ったぼくは，悲
　　　　しみに沈んでいった。

　(1)のように，私たちは，感情を言語で記述し，説明する。そこでは比喩表現が多く用いられる (Fainsilber & Ortony, 1987)。こうした**感情言語**（emotion language）は，自分や他者の心的状態と外的状況を認知的に評価して，感情にラベルづける役割をもつ。すなわち，感情状態を分節化して，確定することになる。さらに，感情言語は，（解釈，記憶などの）個人内伝達と（会話などの）個人

141

間伝達を支えている。たとえば，(1)で描かれた経験は，相手への「愛」であり，その経過は，それぞれ，「不安」「喜び」「怒り」「悲しみ」という感情概念で捉えることができる。

したがって，言語表現に基づく感情の分析は，感情と認知の問題を包括的に検討する有効な手がかりとなる。もちろん，感情言語は，感情に関する経験や知識をそのまま反映してはいない。しかし，感情言語は，感情処理過程を支える認知モデルの重要な構成要素であると考える。

そこで，本章では第1に，感情言語を，認知心理学の概念研究の観点から捉える。第2に，感情に関する比喩表現や慣用句を，認知言語学研究の観点から捉える。第3に，感情に関する規範や文化的モデルとその獲得について，認識人類学や，感情社会学の研究に基づいて検討する。

2 感情語の構造——認知心理学的アプローチ

2.1 感情概念の構造

感情語（emotion word）に基づいて，**感情概念**（emotion concept）を明らかにする研究は，3つに大きく分けることができる。

第1は，感情の基本次元を，感情語や感情表出写真に対する判断や評価データに基づいて明らかにする研究である（e.g., Russell, 2003）。そして，因子分析や多次元尺度解析の結果，**感情の次元**構造として，多くの研究では，〈快−不快〉（ポジティブ−ネガティブ）の次元と，〈覚醒−睡眠〉（活動性）の次元を見出している。こうした基本次元は，感情語と表情写真で共通し，異なる言語間でもある程度共通している。（e.g., Russell, 1991；Russell & Lemay, 2000；Watson, Clark, & Tellegen 1984）。さらに，近年は，混合感情に注目して，感情の多次元性と柔軟性，**心理的構成主義**を取り入れた研究が展開している（Lindquist, Gendron, & Satpute, 2016；Russell, 2017）。

第2は，**感情語彙の構造**自体に焦点を当てた研究である（近年のレビューとして，塚原，2019）。多くの研究があるが，感情の全体像を捉えようとした初期の研究の一例として，下川・佐々木（1990）を紹介する。彼らは，感情を表す言葉を，感情を喚起する程度の高い70語を分類語彙表などから選んだ。そして，それらの感情語が，材料の詩に対して当てはまる程度の評定を求め，因子分析の結果，次の因子とそれに基づく意味のクラスを見出した。これは，感情語の指示する感情的意味やイメージの類似性に基づくクラスということができる。

第1因子「怒り」（例：怒る，憎い，不満，不快，嫌う，悔しい，恨めしい）

第2因子「喜び」（例：愛情，喜び，好き，満足，楽しい，感謝，うらやむ）

第3因子「悲しみ」（例：寂しい，悲しい，哀れみ，わびしい，苦しい，心配）

第4因子「驚き」（例：驚く，たまげる，おっかない，面白い，おかしい）

一方，Ortony らは，感情そのものだけでなく，感情語の指示する心理的状況（psychological conditions）に基づいて，感情語の語彙構造を明らかにした。彼らは，564 の感情語を，外的条件と内的条件（身体的状態や心的状態）に分類して，さらに心的状態を，感情焦点と認知焦点に分けて，次のような感情語彙のクラスを見出している（Clore, Ortony, & Foss, 1987）。

・外的条件（例：孤独な，あきらめた，良い，悪い，奇妙な，罪悪感，魅力的な）

・身体的状態（例：快適な，眠い，疲れた，めまいのする，熱のある，リフレッシュ）

・情緒的条件（例：怒り，幸福な，悲しい，愛，後悔，嫌悪，憎しみ，恐れ，恥）

・認知的条件（例：確実な，防衛的な，感動した，かわいそうな，好奇心のある）

さらに，**Ortony, Clore, & Collins**（2022）の **OCC モデル**では，感情が主に認知的評価（appraisal），すなわち，人が状況や出来事をどのように知覚し，解釈するかに依存するとして，感情を以下の3つの主要な領域に分類している。

・出来事への反応（例：喜び，悲しみ）

・行為への反応（例：感謝，怒り）

・物体への反応（例：愛，美的感覚）

第3は，**感情のカテゴリ構造**を，Rosch（1973）の自然カテゴリ（動物，家具など）の理論に基づいて検討する研究である。そして，感情概念は，自然カテゴリと同じ構造的特徴をもつことを明らかにした。すなわち，垂直構造としては，階層構造や基礎水準，水平構造としては，典型性，ファジー構造，家族的類似性があった（Shaver et al., 1987）。

たとえば，日常生活における認知活動では，**基礎水準**（basic level）**概念**が頻繁に利用される。すなわち，感情語の多くは，感情の基礎水準概念（恐れ，悲しみ，怒り，喜び，驚き，嫌悪，愛など）と対応する。基本水準概念とは，認知，命名，伝達，記憶などが最も容易な水準であり，子どもの獲得時期も早い概念である。これらの基礎水準概念の下位概念には，たとえば，「怒り」には「激怒」「苛立ち」などがある。こうした概念間の階層関係は，命題形式で知識表現できる。

なお，類似の心理学概念として，「**基本感情**」（basic emotion；Russell, 1991）が

ある。基本感情は，概念として基礎水準にあるだけではなく，その生理学的・進化論的基盤，心理学的基盤との対応が重要となる。

　一方，感情概念の水平構造は，カテゴリにおける典型性のグレイド構造である。すなわち，典型的な概念から，非典型的概念，他のカテゴリとの境界概念まである。たとえば，「怒り」カテゴリにおいて，「立腹」は典型的な概念であるが，「悲憤」は「悲しみ」との境界に近い概念である。感情カテゴリの典型性に着目した研究は，さまざまな感情概念に展開されており，たとえば，愛（楠見，2015；12章参照），ノスタルジア（Hepper & Ritchie, 2012；楠見，2021c），切なさ（溝脇・楠見，2024）などがある。

　また，文化的普遍性が成立するのは，基礎水準の感情や，典型的な感情である。一方，下位水準あるいは周辺的な感情「甘え」「義理」「人情」などは文化的特殊性があると考えられる（e.g., Russell, 1991）。

2.2　感情・感覚的意味の構造

 (2) 明るい／暗い気分　（視覚形容語）

 (3) 静かな気分　　　　（聴覚形容語）

 (4) 甘い気分　　　　　（味覚形容語）

 (5) 重い／軽い気分　　（触覚形容語）

　(2)～(5)で示したように，感情語には，**五感**（視覚，聴覚，嗅覚，味覚，触覚）における形容語が多く含まれている。7章で述べた通り，感覚を表す語は，その感覚が引き起こす感情に転用して使われることが多い。すなわち，感覚形容語の転用の方向性には，「触覚」→「味覚→嗅覚」→「視覚→聴覚」→「気分」「性格特性語」といった方向性がある。たとえば，触覚の〈冷たい‐熱い〉（cool-hot）は，気分（感情）や性格の〈安定性‐不安定性〉に転用できる。このように，五感の形容語は，感情語のソースになっている。こうした感覚形容語の感情語への転用を支えているのは，五感それぞれの感覚形容語の意味空間と気分の意味空間が〈快‐不快〉〈強‐弱（覚醒‐睡眠）〉の次元で同型性をもっているからである（**図7-3**，**図8-5**参照）。すなわち，「甘い気分」は，味覚の「甘さ」そのものというよりも，〈快〉で〈やや弱い〉という次元上の意味で解釈される（楠見，1988a, b）。

　(2)～(5)のような，ある感覚モダリティの**感覚形容語**で，他の感覚モダリティの経験を形容する表現は，共感覚的比喩と呼ぶことができる。こうした共感覚

144　　第Ⅱ部　比喩を感じる——その身体的基盤

を，対象の情緒・感覚的意味を明らかにする方法に適用したものが，Osgood
の SD 法である（第 3 章図 3-3 参照）。すなわち，対象を感覚形容語の対（明る
い‐暗い，強い‐弱いなど）で評定し，因子分析によって，3 因子，「評価」（例：
快‐不快）「力量性」（例：強い‐弱い），「活動性」（例：速い‐遅い）を見出した。
これらの因子は，評定対象や尺度，文化，言語によって多少の差異はあるが，
比較的安定している。また，評価因子と力量性因子は，2.1 で述べた感情の次
元〈快‐不快〉〈強‐弱〉と対応している。こうした SD 法で明らかにした意
味空間を，Osgood は情緒的意味空間（affective meaning space）と呼んだ（3, 8 章
参照）。日本でも，SD 法を用いて，感情語の因子分析的研究が行われてきた
（たとえば，星野，1970）。

　そのほか，日本語には，感覚と感情を表現する形容語として，「おどおど」
「いらいら」などの**擬態語**（擬情語，音喩，オノマトペ）が数多くある。山内
（1978）は，感情を表現する 42 の擬態語を因子分析によって，以下の通り分類
した。

- ・第 1 因子　「不安」「恐れ」（例：ひやひや，どぎまぎ，おどおど，どきどき）
- ・第 2 因子　「喜び」「幸福」（例：うっとり，うきうき，ほっ，わくわく）
- ・第 3 因子　「驚き」（例：ひやっ，ぎょっ，どきっ，びくっ，がーん）
- ・第 4 因子　「悲しみ」（例：しょぼん，がっくり，くよくよ，がくっ）
- ・第 5 因子　「怒り」（例：むらむら，いらいら，つんつん，かっか）
- ・これらは，心拍，息などの身体的変化の音響を言語音に移した擬声語に近
い擬態語（例：どきどき，どきっ，ほっと），心理状態を言語音によって象徴的に
表現した語音象徴に近い擬態語（うきうき，むらむら，かっか）に分けることが
できると考える。

　以上に述べてきた研究は，感情語に対する，典型性評定，事例産出，特徴抽
出，類似性判断，SD 法などに基づいて，概念構造を計量的に明らかにするも
のであった。しかし，文脈から孤立した感情語だけでは，出来事や具体的な経
験を特定できない。感情語に基づく構造は，状況や文脈を抜きにした，単語レ
ベルの静的な分析であるという批判がある（Hoffman, Waggoner, & Palermo, 1991）。

　したがって，感情語を分析するためには，感情を引き起こす出来事，状況な
どの文脈や，心の中の動きや生理的，身体的変化の表現も含めて分析する必要
がある。そこで，3 節では，状況や文脈をある程度特定できるように，少なく
とも語句レベルの言語表現，動詞を含む表現を扱う。さらに，出来事，目標や
感情状態の時系列的変化を表現したシナリオやスクリプトも含めて検討する。

11 章　感情の比喩　　145

3　感情の言語表現の構造——認知言語学的アプローチ

　認知言語学的方法は，感情に関する言語表現，慣用句，比喩を分析することによって，感情概念を支える認知モデルを明らかにしてきた（Kövecses, 1990；Lakoff, 1987）。

　(1)の例のように，自分や他者の，感情の生起過程や状態の変化を記述・説明する場合には，比喩表現がしばしば用いられる（例：頭に血が上る，胸が高鳴る）。

　たとえば，Ortony らは，大学生に対する構造化された面接で，「怒り」「悲しみ」などの感情に関する言語表現を収集した（Fainsilber & Ortony, 1987）。ここで，比喩表現が多く用いられるのは，①行動よりも心的状態を表現するとき，②強い感情を表現するとき——であった。感情の内的状態を，字義通りに表現しようとしても，十分な語彙がないため，難しい。その点，比喩は簡潔で，ビビッドな表現ができるという，コミュニケーション機能をもつ。

　また，(1)の例にもあるように，感情の比喩表現の多くは，身体語彙に基づいた慣用句表現である。従来の言語学的研究では，感情語の成分，特性を分析したり，中心的意味（core meaning）を明らかにすることをめざしてきた。それに対して，認知言語学では，慣用的な言語表現に焦点を当てて，それがどのような概念構造に支えられているのかを明らかにする。たとえば，Kövecses（1990, 2000）は，感情概念が，比喩の体系，概念間の関係，認知モデルなどで構造化されている点を強調している。

　さらに，認知言語学的研究は，感情概念の全体構造よりも，個々の感情に焦点を当てて，言語事例を収集し，その概念構造を詳細に検討する点に特徴がある。そこで，ここでは，感情に関する身体語彙と比喩表現を分析対象にする。「愛」（love）と「怒り」（anger）を例に多く用いるが，その理由は，感情における典型性評定の結果が，それぞれ 1 位，2 位と高いことと，先行研究が豊富なことによる（Kövecses, 1990；Lakoff, 1987；Shaver et al., 1987）。

3.1　感情の比喩表現を支える身体語彙

　感情に関する言語表現の多くは，身体部位に関する語彙（頭，目，胸，腹など）に基づいている。図 11-1 は，『広辞苑（第 4 版）』（岩波書店），『広辞林（新版）』（三省堂），『福武国語辞典（初版）』（福武書店），『慣用句大事典』（東京堂），

『人間装飾語辞典』（PHP 研究所）の用例と先行研究に基づいて，用例を収集したものである（星野，1976；宮地，1982；中村，1985，1993a）。感情の身体語彙表現の用例数は，身体部位によって差異がある。用例数は，顔（例：目，鼻，口）が最も多く，次に内臓（例：胸，腹，肝）で，姿勢（例：手，足，腰）は少ない。その理由は，顔の表情の変化が，感情の微妙な変化を最も表現しやすく，認知しやすいからである。それに比べると，姿勢や身体部位の変化は，感情の強度がある程度大きく，急激な変化や，持続的状態でないと認知しにくい。一方，自分自身の内的，生理的変化は，直接的で敏感に認知できるが，他者のそれは認知できない。そこで，この2つに分けて，**身体語彙**に基づく感情言語をみていく（**図 11-1**）。

　表情や身体部位の変化の記述に基づく感情表現　　感情は，第1に，顔面部位（額，目，頬など）の筋肉や色の変化で表現できる。最も多いのは，「目」である。目の形態は，注目されやすく，また表情が顕著に現れる。たとえば，「目を見張る」（驚き），「目を細める」（喜び），「目に角を立てる」（怒り），「白い目で見る」（軽蔑）。また，「眉」に関しては「眉をしかめる／ひそめる／寄せる」（不快），「眉を開く」（喜び）がある。こうした目と眉に関する言語表現と感情表出の関係は，コンピュータ・グラフィックの表情と感情をマッチングさせる実験結果と対応している。すなわち，①目・眉の傾斜度と〈快−不快〉，②目・眉，口の湾曲（開示）度と「覚醒度・注意活動」が，それぞれ対応する（Yamada, 1993）。

　第2に，感情に伴う身体部位の反応を描写することによって，それを引き起こす感情を表現できる。身体部位の変化には，「手がわななく」（悲しみ），「身の毛もよだつ」（恐怖）などがある。姿勢の変化には，「肩を落とす」（落胆），「胸を張る」（自慢），「腹の皮をよじる」（笑い），「腰を抜かす」（驚き），「足を空にする」（驚き）がある。

　これらの表現の起源は，現実の表情や身体部位，姿勢の変化を字義通りに描写したものである。しかし，実際には，身体変化が現れていなくても比喩的に使われている。すなわち，これらは，3章で説明した換喩表現として，①表情，身体・姿勢（部分）の記述で，感情（全体）を示したり（例：胸を張る→自慢），②表情，身体・姿勢の変化（結果）で，感情（原因）を示す（例：腰を抜かす→驚く）──の2通りがある（楠見，1992a）。こうした表現を支える認知モデルを**換喩モデル**（metonymy model）という（Lakoff, 1987）。

　身体の内的・生理的変化に基づく感情表現　　感情の働く場や源として，内臓

図 11-1 身体語彙に基づく感情表現

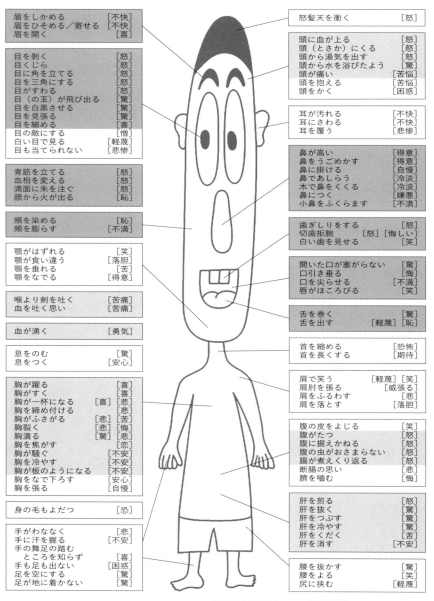

(注) 身体部位の大きさは用例数に対応する。網掛けは 表情 生理的変化 , 無印は 姿勢とその他 を示す。
(出所) 楠見 (1996c)

（胸，腹，肝など）を捉え，その変化で感情を表現できる。

「胸」に関する用例が最も多い理由は，感情喚起による心拍変化が顕著に検出できるためである。したがって，昔から「心」の座として捉えられてきた。そして，さまざまな種類の感情表現に使われている。ここで，「胸」は「心の容器」であり，そのなかの感情という「液体」が「騒ぐ」（不安），「あふれる」（喜び），「熱くなる」（感激）という表現がされる。また，感情を「固体」と捉えて，「焦がす」（恋），「裂く」（悲しみ）という表現もある。

「腹」には，癇癪を起こす「虫」がいて「腹の虫がおさまらない」「腹に据えかねる」「腹がたつ」といった「怒り」の表現が多い。

「肝」は，「抜く／つぶす／冷やす」などの「驚き」の表現が多い。「肝を煎る」（怒り），「肝をくだく」（苦しみ），「肝を消す」（不安）などがある。これらの感情は，「胸」「腹」で表現した感情状態よりも，まれでネガティブな強い感情状態を示すことが多い。

また，「頭」に関わる「頭に血が上る」「頭にくる」といった表現は，「怒り」に伴う血圧の上昇に対応している。

こうした感情による内的状態の変化は，直接見ることができない。また，描写するための固有の語彙は少ない。そこで，**図 11-2** のように，感情の言語表現においては，身体感覚領域の変化（例：体温や血圧の上昇）を物理領域の変化（例：温度や圧力の上昇）で説明する比喩・類推が用いられている。このように，ある基底領域から目標領域に語彙を転用するような認知モデルを**隠喩モデル**（metaphor model）という（Lakoff, 1987）。さらに，隠喩モデルの基底領域において，次に述べるイメージスキーマが，比喩表現の一貫性，体系性を支えている。

3.2 感情の比喩表現を支えるイメージスキーマ・モデル

感情に関する比喩表現は，ばらばらのものではなく，一貫性をもっている。それは，アナログなイメージが，認知モデルとして，感情を示す動詞や形容詞，比喩表現に構造を与えているからである。**イメージスキーマ**は，具体的な視覚的イメージとは異なる。生理的，身体的，知覚的な経験に基づく力動的パタンを抽象化した構造である（Lakoff, 1987；Johnson, 1987）。

こうした考え方に基づいて，認知言語学者 Lakoff らは，慣用的比喩を分析することによって，「怒り」感情に関するイメージスキーマを明らかにしている（Kövecses, 1990；Lakoff, 1987；Lakoff & Kövecses, 1987）。そこで，日本語における「怒り」の比喩の例で考えてみる（e.g., Matsuki, 1995）。**図 11-1** に示したよ

図 11-2 感情の言語表現を支えるイメージスキーマ・モデルと隠喩モデル

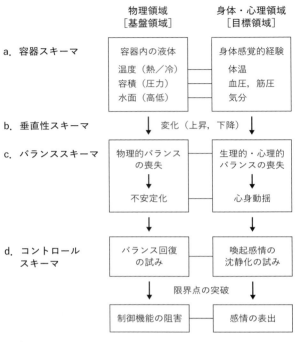

(出所) 楠見 (1996c)

うに，「怒り」による内的，生理的変化に基づく感情表現は，多様である。しかし，その表現を支えているイメージスキーマは，図 11-2 に示すように，4つに大きく分けて考えることにする。

　容器スキーマ　心を「容器」(container) と考え，感情をその中に入った「液体」と考えるスキーマである。「怒り」は，心という容器中の液体温度が上昇し「熱くなり」「怒りに燃え」「煮えくり返り」「ぷんぷん」「ぷりぷり」「かっと」「かんかん」になる。これらは，熱によって圧力が増した状態と想定できる。

　垂直性スキーマ　感情の変化を，空間的な上昇下降の変化方向で構造化するスキーマである。

　「怒り」は，上昇である。「怒り」によって，「感情容器」内の「液体」の水位が上昇し，「怒りがわき上がる（噴き上げる／こみ上げる／燃え上がる）」「憤る」「憤激する」「憤激，憤怒，憤然」「頭（とさか）にくる」「逆上する」「いきり立

つ」「（殺）気立つ」「いらだつ」。これらは，血圧の上昇によって「頭に血が上る」身体的なイメージと対応している。なお，そのほか，上昇イメージには，「喜び」「希望」，一方，下降イメージには，「悲しみ」「絶望」などがある（楠見，1993a）。

バランススキーマ　ふだんの心の状態は，バランスを保った状態である。そして，感情が喚起した状態は，通常の状態から逸脱し，生理的・心理的バランスを失った状態と考えられる。すなわち，心身の動揺は，垂直性スキーマで述べたような「心の容器における感情の液体」の温度や圧力が上昇による物理的バランスの喪失として，記述，説明される。

コントロールスキーマ　感情の喚起によって，心身が動揺すると，感情を沈静化させようと，主体は努力する。たとえば，「怒り」はコントロールされる対象であり，「怒りを抑える／静める」必要がある。しかし，「怒り」が蓄積し，コントロールできる限界点を越えたときには，コントロール機構は正常に働かなくなり，感情が表出される。これが「怒りが爆発する」「癇癪玉が破裂する」「かちっとくる」ときである。これは，容器内の液体の温度や圧力が上昇し，コントロールできる限界点を越えて，爆発することと構造的に対応する。

　以上のイメージスキーマは，関連する認知モデルを生み出す。液体で満たされたタンク（容器）とそれをつなぐパイプ，水圧によるエネルギーからなる水力学モデルである（例：心の中にもやもやがたまる→怒りが爆発する，頭に血が上る）。これは，（水力）機械モデルということもできる。このように，私たちは，身体―心理的世界とその変化（脈拍，心拍，体温，血圧の上昇）を表現するために，物理的モデルを用いて，構造的な記述や説明をしている。フロイトの精神分析理論も心的エネルギーの水力学モデルを用いている。

　さらに，感情を引き起こす典型的な状況や，それによって起こる心理的，身体的変化は，「**プロトタイプ・シナリオ**」の形で構造化されている（Lakoff, 1987）。たとえば，「怒り」に関しては，「欲求の阻止→怒り感情の喚起→バランスの喪失→コントロールの試み→限界点の突破→表出」といった時系列からなるスクリプト構造がある。**図11-2**の左側に示したように，4つのイメージスキーマはその構成要素になっている。こうしたプロトタイプ・シナリオは，自他の感情に関する原因の推論，評価，表出のコントロールにおいて働いている。

　また，感情の比喩表現が，異文化間で共通する。たとえば，怒りによって，「熱くなる」（hot），「破裂する／切れる」（burst a blood vessel）など数多くの比喩表現が，日本語と英語で共通している（Lakoff, 1987）。その理由は，イメー

ジスキーマ・モデルが，広く人々に共有されているためと考えられる。これは，イメージスキーマが，感情に関するヒトに普遍的な生理−身体感覚的経験に依拠しているためである。

しかし，感情に関するイメージスキーマ・モデルやプロトタイプ・シナリオは，感情の生理学理論とは完全には対応しない。むしろ，感情のプロセスに関する「**通俗理論**」（folk theory）である（D'Andrade, 1987）。ここには，各感情がどのような状況において，生起し，また，コントロールすべきものと捉えるかという社会・文化的知識が関与している。すなわち，ヒトという種に普遍的な生理学的な面と，文化に依存した感情**表示規則**（ある場面である感情をどのように表出すべきか）の両方を反映している（e.g., Van Kleef & Côté, 2022）。こうした社会・文化的側面については，次の4節で述べる。

4　感情の文化的モデル——認識人類学的アプローチ

認識人類学者や感情社会学者は，会話分析や面接法に基づいて，日常言語における感情概念を分析した（D'Andrade & Strauss, 1992；岡原，1987）。こうしたアプローチは，（語彙知識や百科事典的知識以上の）規範，価値，信念，常識などを明らかにできる。

たとえば，「怒りを抑える」「悲しみをこらえる」という表現は，怒りを相手にぶつけたり，泣きわめいたりすることは，大人げないという**社会・文化的規範**に基づく，感情コントロールに関する言語表現である。

子どもは，大人になるまでに，こうした社会・文化的に共有された規範や知識を獲得する必要がある。このようにある社会集団の成員に共有されたスキーマ，認知的モデルを「**文化的モデル**」という。文化的モデルは，単なる知識表象ではなく，人が感情を解釈したり，コントロールする枠組みとして働く（D'Andrade, 1987）。

3.2で述べた感情のプロトタイプ・シナリオは，感情エピソードについての経験，期待，規範がスクリプト（日常的出来事に関する時系列的知識）として，構造化したものといえる。しかし，スクリプトを提唱した Schank & Abelson（1977）は，社会・文化的な位置づけはしていなかった。ここでは，文化的モデルの構造と獲得を検討していく。

本節では，感情の文化的モデルを明らかにするために，社会・文化的影響を大きく受けていると考えられる「愛」について検討する。まず規範構造に焦点

を当て，「愛」の概念構造に関しては，次の 12 章で取り上げる。

4.1　感情の規範構造：思春期少女の「恋愛」

　感情の認知モデルは，単なる知識表象ではなく，感情解釈の枠組みとして働き，行動を制約し，方向づける役割をもっている。こうした**感情規範**（feeling norm）は，社会・文化的に形成された共有知識や常識である「文化的モデル」の重要な部分を占める。そして，感情に関する行動の適切性規準として働き，さらに行動を動機づける力（motivational force）をもっている（D'Andrade & Strauss, 1992）。

　ここでは，思春期以降の男女にとって大きな意味をもつ，恋愛感情の規範を検討する。社会学者 Simon らは，恋愛に関する規範を，アメリカの女子中学生に対する会話観察と深層グループ面接によって明らかにした。たとえば，昼休み中の雑談や討論，噂話，時には，対決や，冗談において，どのような恋愛行動が，適切あるいは不適切として語られているかを検討した。そして，次のような規範を見出した（Simon, Eder, & Evans, 1992）。

　(a)　恋愛関係は重要であるが，生活のすべてではない（男子に夢中の者は非難される）。

　(b)　恋愛感情は，異性に対してもつべきである（同性愛は噂になったり，からかわれる）。

　(c)　恋愛感情を，すでに他の人とつきあっている人に対してはもつべきではない（先取権があり，その違反者は非難される）。

　(d)　恋愛感情は，1 人に対してだけもつべきである（複数の相手とつきあう者は非難される。違反しないように，「恋愛」感情を「友情」に変えることもある）。

　(e)　人はいつも恋しているべきである（この規範は「恋愛」の理解の重要な部分を占める。ただし，この規範への違反は他者には影響しない）。

　こうした恋愛規範は，仲良しグループ内で成立している。たとえば，規範(c)に反する行動は強く非難される。規範はグループ内の秩序を維持し，対立と不快な感情を避けるためにある。

　こうした恋愛に関する社会的規範は，普遍的な知識というよりは，社会・文化的に規定された知識である。したがって，社会・文化的な差異がある。たとえば，日本の大学生では，規範(c)を守るべきだと考える者は 2 割弱である（楠見，1995a）。また，テレビドラマなどで描かれる恋愛においても，規範(c)，(d)への違反をテーマとするものが多く，（困難を乗り越えて，愛を成就する）ポジテ

11 章　感情の比喩　153

ィブなモデルとして描かれている。このようにマス・メディアなどから，感情に関する文化的モデルがどのように学習されるかについて，次に述べる。

4.2 感情概念の社会・文化的学習

感情に関する概念，とりわけ文化的モデルの中核をなすプロトタイプ・シナリオ，スクリプトや規範は，社会化，文化的学習によって獲得される。その点で，自然概念の学習とは異なり，情報の利用可能性が社会的に制限されていることがある（Strauss & Quinn, 1992）。

たとえば，「恋愛」に関する情報は，友人からのコミュニケーションやメディア（漫画，テレビ，本など）から獲得している。しかし，「恋愛」に関する文化的情報は，環境に遍在していても，受け取る子どもの年齢によっては，利用できないこともある（また，ある年齢までは，そうした情報に接触することを禁止されることもある）。

ところで，日本の大学生には，「恋愛感情が湧かなくては結婚できない」という態度が，7割弱の人に共有されている（楠見，1995a；1995d）。また，12章図 12-1 で紹介する連想ネットワークでも「恋愛→結婚」のリンクは頻出していた。しかし，こうした「恋愛→結婚」のリンクは，子どもの談話には，ほとんど出現しない（Strauss & Quinn, 1992）。その理由は以下の通りである。「恋愛→結婚」のリンクは，子どもの接する物語やテレビ，映画などに出てくるが，子どもは，愛に関する興味や動機づけをもたないため，結婚と結びつけることができない。また，思春期に達しない子どもでは，恋愛を直接経験したこともない。したがって，大人と同じ「恋愛→結婚」の概念の結びつきを獲得できないのである。

一方，青年期の男女は，恋愛に関するマス・コミュニケーションやパーソナル・コミュニケーションによる豊富な文化的情報に取り囲まれ，恋愛感情を動機づけられている。したがって，「恋愛」に対する高い価値づけや，「いつも恋愛していなければならない」規範(e)が成立しているのである。さらに，恋愛に関する社会・文化的知識は，①（身近な人の）観察からの解釈，推論，演繹，②（友人関係の形成過程からの）類推，③自分の経験とそこからの帰納，などによっても成立する（Strauss & Quinn, 1992）。

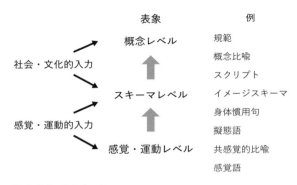

図 11-3　感情言語の階層モデル

(出所) 楠見・米田 (2007)

5　まとめ——感情の認知モデル

本章では，感情概念とその構造を支える認知モデルを，感情言語（感情語，慣用句，比喩表現など）に基づいて検討してきた。そして，感情の認知モデルの構造を，3つのアプローチから検討し，次の種類の認知モデルを明らかにした。
(a) 認知心理学の感情カテゴリ研究：命題モデル
(b) 認知言語学の感情言語研究：イメージスキーマ・モデル，隠喩モデル，換喩モデル
(c) 認識人類学や感情社会学の感情研究：文化的モデル

これらの感情の認知モデルが，感情概念の全体的構造を支えている。そして，日常生活において，自他の感情を理解したり，言語表現したり，説明したり，行動をコントロールしたり，予測したりする働きをもつのである。

本章では，特に，感情の言語表現とそれを支える知識は，感情経験による生理・身体的喚起状態の影響を受けるとともに，社会・文化的に形成された感情に関する言語的知識からも影響を受けて構成される過程であることを検討した。図 11-3 に示すように，感情経験から言語表現を生成するための表象の階層として，主に身体的な感覚・運動的入力の影響を受ける「感覚・運動レベル」，感情に関する知識の影響を受ける「概念レベル」，両者の影響を受けその中間に位置する「スキーマレベル」を設定する。そして，感情経験の言語表現を支える3つの表象レベルの相互関係を扱った。**身体化された認知**（embodied cogni-

11 章　感情の比喩

tion）の考え方に基づけば，感情経験は「感覚・運動レベル」の表象から「ス
キーマレベル」と「概念レベル」の表象を媒介にして言語表現に及ぼす。ここ
で**身体化**（embodiment）とは，生理的あるいは脳活動だけでなく，筋運動や内
受容感覚的活動の反復パタンによって構成されており，それは，主観的経験に
影響するものである（Gibbs, 2005）。これは，「感覚・運動レベル」から「スキ
ーマレベル」の表象への影響に関わる。さらに，身体化された感情の言語が，
どのように，社会文化的影響を受けて構成されるのが「概念レベル」の表象で
ある。

　感情の比喩研究の今後の展開の方向としては，心理的構成主義理論（Barrett,
2017）に基づく検討が考えられる。**図 11-3** の枠組みを心理的構成主義理論に
対応づけると，**内受容感覚**（Barrett, 2017）によって**核心感情**（core affect：快 - 不
快，覚醒 - 睡眠）が形成され，知識内の概念を用いて，カテゴリ化されて，感
情語や感情比喩などを用いて言語表現されると考えられる。たとえば，Otis
（2019）は，心理的構成主義理論に基づいて，比喩が，**抑制される感情**（banned
emotion）を調整する役割を果たすことを論じている。

12 章 愛 の 比 喩

1　はじめに

[愛] という概念は，日本語においては，慕う心（例：恋愛），かわいがる心（例：子どもへの愛），いたわりの心（例：隣人愛），慈しむ心（例：神の愛）など，複数の下位モデルがあり，それぞれにバリエーションが存在すると考えられる（たとえば，[かわいがる心] における，母性愛，溺愛，寵愛など）。これらは，愛の性質，対象や主体などを示す修飾語によって下位モデルとそのバリエーションを明示することができる。

　概念が**カテゴリ**の構造に支えられているという認知心理学の考え方は，4章において紹介した。ここでは，認知言語学における考え方を紹介する。Lakoff (1996) は，人のもつ概念カテゴリにおいて，最もよくある形として**放射状カテゴリ**をあげた。それは，成員を共通特性リストで定義できないカテゴリであり，概念が，中心的下位モデル（プロトタイプ）からのバリエーションとしての複数の下位モデルからなると捉えることができる。放射状カテゴリの例として，[母親] のカテゴリの中心的下位モデルには [出産した人] [遺伝的形質を子に伝えた女性] [養育する人] [父親の結婚相手] がある。[危害] カテゴリの中心的下位モデルとして [身体的危害] とそのバリエーションとしての [社会的危害] [心理的危害] がある。

　これらは，主として認知言語学者によるさまざまな言語事例の収集と分析に基づいて明らかにされているが，人が実際にこのような概念を知識としてもっているのかを明らかにする認知心理学的・実証的な研究データは多くはない。そこで，本章では，[愛] の概念について，その放射状カテゴリを検討する。

157

英語の"love"の概念は，明治時代に，日本語［愛］に翻訳されて，日本語の［愛］の概念に影響している。ここで，［愛］や"love"の概念は，それぞれの文化や社会に根ざした人間関係，規範，信念，人間観，宗教，倫理などの影響を受けているため，両者には差異がある。しかし日本人のもつ［愛］と北米の人のもつ"love"の概念にどのような差異があるのかを，人のデータに基づいて実証的に明らかにした研究は少ない。

2　実験認知言語学的アプローチの提唱

本章では，認知言語学で提起された概念の放射状カテゴリと**概念比喩**（conceptual metaphor；e.g., Lakoff & Johnson, 1999）について，［愛］の概念に関する実験データに基づいて検討する。ここでは，放射状カテゴリ，概念比喩などの認知言語学で明らかにされた成果を，心理学実験を用いて検討するアプローチを「**実験認知言語学的アプローチ**」と呼ぶことにする。これまでも，Gibbs（1994）をはじめとする多くの研究者が，認知言語学の成果を心理学実験に基づいて検討してきた。それらは，認知心理学あるいは認知科学，心理言語学の研究として位置づけられ，「実験認知言語学的アプローチ」と命名されることはなかった。これまで，認知言語学における研究手法は，言語学者の内省や言語直観に基づく用例の分析に加えて，近年は，**大規模コーパス**を用いた統計的手法も用いられるようになっている（e.g., González-Márquez, et al,, 2007）。さらに，コーパスデータだけでなく，実験参加者の言語直観データを収集し統計的手法を用いて分析する方法に関する研究書が日本において出版されている（たとえば，中本・李，2011）。一方，心理学者は，認知言語学の理論的成果から大きな影響を受け，その理論の心理学的実在性を検証しようとする実験や調査を進めていた（たとえば，楠見，2019b；平・楠見，2011）。こうした状況をふまえて，認知言語学におけるデータの客観性や検証可能性を高めるための一手法として，ここでは実験認知言語学的アプローチを提唱する。

本章では，実験認知言語学的アプローチを用いた，［愛］の概念と比喩の検討を行った研究を紹介する。このアプローチでは，同じ参加者に対して，比喩の生成とそれを支える個人差のある信念，規範や経験の測定といった複数の課題を行うことが特徴である。そして，個人差をふまえた統計的解析を行い，認知心理学と認知言語学の理論に基づいた検討を紹介する。

3 概念比喩の認知言語学と認知心理学の研究

3.1 概念比喩の認知言語学の研究

2章でも紹介したが，概念比喩とは1つの経験領域の経験を別の経験領域の経験で捉える認知メカニズムであり，無意識的なものが多い（Lakoff, 1996）。たとえば，[愛]という概念は，「戦い」「旅」などの他の経験領域の概念を用いて，対象となる概念に構造を与えるマッピング，すなわち類推を働かせることによって理解されている。[愛]を「戦い」の経験領域から捉える概念比喩「愛は戦いである」は「アタック」「争い」「略奪」「征服」といった体系的表現によって[愛]についての記述や説明を豊かにし，経験と行動の仕組みに一貫した構造を与えている。すなわち，概念比喩は言語表現と思考に影響するだけでなく，行動に影響をしている。たとえば，LOVE IS A COLLABORATIVE WORK OF ART（愛は芸術作品の共同制作である）という概念比喩は，行動の指針として，人の目標設定，行動の是非の判断やフィードバックに影響を与えている（Lakoff & Johnson, 1980）。ここで，比喩の発話には，発話者の語彙的知識，さらに世界知識，文化的知識，世界観や信念が反映されている。たとえば，Lakoff（1996, p3-6）は *Moral Politics* の冒頭で，認知言語学は「人がどのように世界を捉えるかについて研究する分野であり」「世界観の形成に最も関わりがあるのが認知言語学である」としている。そして，「政府は親である」という概念比喩が，保守的な人々のもつ常識であり，これが保守の政治とモラル哲学に関わるとしている。

このように概念比喩の理解は，単なる慣用的な隠喩（死喩）の理解の仕方とは異なる。概念比喩では，比喩が抽象概念に構造を与えるという概念体系間の**構造写像**（3章3.5参照）によって，比喩的な思考や行動を方向づけている（Lakoff & Johnson, 1980）。特に，[愛]のような社会・文化的概念の比喩は，社会・文化的に共有された知識や規範を含み，単なる知識表象ではなく，人が感情を解釈し，コントロールする役割をもつという文化的モデル（11章参照）に支えられている（Holland & Quinn, 1987）。

3.2 認知心理学の概念比喩と概念研究

認知心理学においては，概念比喩について，概念自体を認知言語学者のように比喩的なものと捉えるか，あるいはより一般的な類似性を基盤とする認知過

程を土台とするかは，研究者によって見解の相違がある。前者の概念比喩仮説に対する Murphy（1996, 1997）の批判と Gibbs（1997）の反論は，概念が比喩的であることを仮定するか，より普遍的な構造写像に基づく類推のメカニズムで比喩を説明するかの論争であった。Murphy は，概念比喩仮説，たとえば，「人生は旅である」という比喩があることによって，「旅としての人生」という比喩的概念の存在を仮定し，一方，「人生は旅である」比喩は「旅としての人生」という比喩的概念に基づいて生成されると述べることは循環論に陥るという指摘をしている。そして，心理学的実証が蓄積され，かつ普遍的な認知能力である類似性・類推に基づいた説明のほうが，比喩的言語を含むより広範な現象を説明できるという利点があると主張をしている。一方，概念比喩仮説については，比喩的概念の成立基盤を，非言語的な証拠や身体的運動感覚的な経験基盤におくことによって，循環論批判を回避することが考えられる（Gibbs, 1996）。その一例が，身体的な経験を基盤とするイメージスキーマに関する認知心理学的な実験的検証である（1 章 2.2 参照；たとえば，感情については，楠見，1993a。「引く」については，杉村・赤堀・楠見，1998。上下については，中本，2000；Richardson et al., 2003）。そして，もう 1 つが，本章で提案した実験認知言語学的アプローチである。

　また，認知心理学における概念研究では，4 章で紹介した通り，概念はカテゴリ（類似した事物・事象の集合）の心的表象であり，知識の構成要素として捉えられている。古典的カテゴリ研究では，カテゴリ成員は定義的特徴リストで定義できること（例：三角形を 3 辺で定義する）を仮定していた。しかし Rosch（1973）にはじまる自然カテゴリの研究は，定義的な特徴リストによって成員であるかどうかを一義的に定義できないこと（例：家具カテゴリにおける傘立て）や，同じカテゴリ成員でも中心的で典型的な成員（例：動物カテゴリにおけるイヌ）から周辺的で非典型的な成員（例：クジラ）までの段階構造（graded structure）があることを指摘している。また，カテゴリは人がもつさまざまな「理論」（theory）によって定義されることもある（Murphy & Medin, 1985）。たとえば，[酔っ払い]カテゴリは，人が酔ったときにどのようになるかという素人理論（lay theory）に基づいて，「千鳥足になっている人」だけでなく「噴水に入る人」「看板を持ち帰る人」も説明することができる。また，一般化された知識のまとまりは**スキーマ**として説明されている（例：イヌのスキーマは，動物スキーマに埋め込まれており，4 本足などの定数とともに，産地，色などの変数がある）。特に，時系列構造の知識は，**スクリプト**（Schank & Abelson, 1977；11 章参照）とし

160　　第Ⅱ部　比喩を感じる――その身体的基盤

て捉えることができる（例：レストランの入店から支払いまでの行為を説明する）。さらに，概念は，自伝的記憶や自己システム，身体性認知との関連も含めた研究も行われている。

3.3 愛の概念比喩の研究法

そこで次の4節の研究1では，概念地図法（Novak, 1990）を用いて放射状の概念カテゴリ構造を検討する。この方法は，参加者に概念と概念をリンクで連結して，上から下に分岐していく階層構造を描いてもらうこと（図12-1参照）で，直接的に概念の構造を明らかにできる利点がある。学習者の知識の表現や理解度の評価のために用いられてきた。ここでは，［愛］という主題に関して，放射状の概念構造やスクリプトの時系列構造を明らかにするために用いた。

さらに，5節の研究2では，比喩生成法と，比喩の背後にある個人差を反映する信念や規範，経験を調べる質問紙法によって，比喩生成を支える信念や規範，経験を明らかにする。ある主題についての比喩を生成させることによって，その背後にあるその人の信念や文化的モデルを明らかにする研究は，たとえば，「教育」という概念を対象とした楠見（1993b），さらに秋田（1996）など，数多く行われている。ここでは，［愛］についての比喩を生成させ，それが**スクリプト的知識**や，どのように行動すべきか，そして，どのような行動が非難されるべきかという適切性判断を支える規範に関する知識とどのように結びついているかを検討する。［愛］という感情は，生殖や配偶，社会的生活を円滑に行うために，進化した感情である。したがって，身体的影響だけでなく，前述した人間関係を規定する社会や文化の影響が大きい。そこで，［愛］の概念構造が，11章でも紹介した**文化的モデル**（知識構造）として，①社会・文化的に共有されたイメージ，知識，素朴理論，規範を含む側面，さらに，②単なる知識表象ではなく，人が出来事を解釈したり，行動をコントロールする枠組みとして働く側面を，比喩生成を支える経験や行動の規範に関するデータと対応づけて検討する（e.g., Holland & Quinn, 1987）。

4 ［愛］概念の放射状カテゴリ（研究1）

人のもつ概念の構造を明らかにする認知心理学の実験法としては，典型性評定，事例産出，特徴抽出，類似性判断，尺度評定などがあり，これらの手法に基づいて実証的なデータが蓄積されている。感情概念に対しても同様の方法が

適用された実証研究が行われている。そして，感情概念においても，自然カテゴリと同じ構造的特徴（典型性，基礎水準など）をもっていることを明らかにしている（11章参照）。しかし，［愛］の事例や特徴を列挙させたり，その事例の典型性を評定させる方法は，個人の経験に基づく概念構造よりも，普遍的な概念構造の解明を目指している。さらに，文脈や状況が概念に及ぼす影響を考慮していない静的な分析にとどまっている。そこで，本研究で用いたのは，実験参加者に概念ネットワークを直接描くことを求めて，概念の事例や特徴だけでなく，経験や文脈，状況も取り出す方法である。この方法は概念地図法を応用したものである。また，本実験で取り上げる［愛］の概念に関して，典型性理論に基づく，Fehr & Russell（1991）の"love"の実験的研究があるため，この結果との比較も行う。

4.1 概念地図法による検討

　実験は関東地区の大学生114（男48，女66）名に対して行われた（楠見，1994a）。はじめに，概念［愛］をA4版の白紙中央に描かせた。次に，［愛］から直接連想される語（第1段階の連想語）をノード（接点）として描き，［愛］からリンク（線）でつなぎ，さらに第1段階の連想語から連想された第2段階の連想語のノードを描き，リンクでつないで，連鎖的に概念構造を描かせた。リンク数，段階数，連想語数，連想語の種類（名詞，形容詞など）や内容（感情語，場面を示す語など）には制約は設けなかった。実験は，「認知心理学」の授業において概念のネットワークモデル（Collins & Quillian, 1969）について説明した後に，授業中に実施した。

4.2 放射状カテゴリの分析結果

　図12-1は，ある女子大学生の記入例である。この女子大学生が描いた全概念数は50個である。［愛］を中心として，右上から［恋人］［結婚］［友情］［愛人］の4つのリンクによって下位カテゴリ（第1段階）が直接結ばれている。［恋人］は，さらに，「彼氏」「デート」「遊園地」「海」などの具体的場面がリンクで結びつき，［恋愛］という経験領域で結びついた連鎖的な構造をもっていた。

　114人のデータをみてみると［愛］と直接リンクで結ばれた第1段階の概念（ノード）数は，範囲が1〜14，第1四分位値3.8，中央値4，第2四分位値6であった。また，直接，間接にリンクで結ばれたすべての概念数は，範囲が1〜

図 12-1　[愛]の概念地図の作成例：放射状カテゴリ

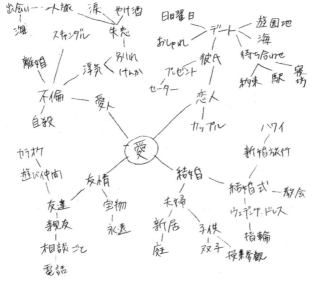

（出所）楠見（2015）

66 個，第 1 四分位値 14 個，中央値 19.5 個，第 3 四分位値 28 個であった。第 1 段階の概念数とすべての概念数の相関は .35 であった。

　以下の分析は，[愛]と直接結ばれた連想語（第 1 段階）と，その連想語から結ばれた連想語（第 2 段階）までを分析の対象とした。各段階で，頻度 2 以上の連想語を集計した。

　[愛]の概念の放射状カテゴリをみるために，[愛]の下位カテゴリ（第 1 段階と第 2 段階）として，どのようなカテゴリの[愛]が産出されたかを見たものが図 12-2 である。頻度が高い順で，[恋愛] 192：第 1 段階 100，第 2 段階 92，以降第 1 と第 2 段階の合計のみを示す）が最も多く，[家族愛]（96），両者と関連する[結婚]（44）が続く。なお，[恋愛]のノードに[結婚]が結びつくケースもあり，2 つの下位カテゴリは，相互排他的ではなく，後で述べるスクリプト構造として，時間的順序で結びつくこともある。一方，[宗教的な愛]や[人類愛]の連想頻度は低い。これらの産出頻度の差は，[愛]の事例としての典型性の段階構造を反映すると考えられる。すなわち，[恋愛]は，[愛]において，典型的で中心的な下位カテゴリである。[友情]（34），[不倫]

12 章　愛の比喩　　163

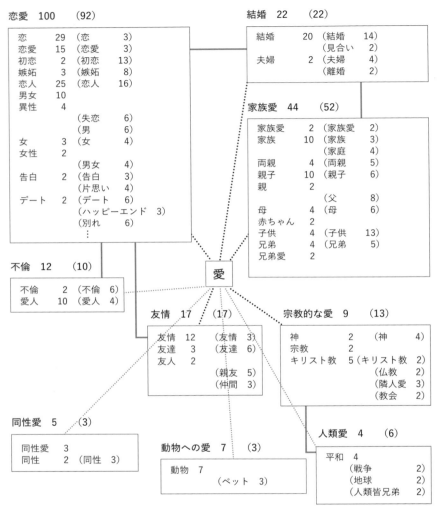

図12-2 ［愛］の下位カテゴリ

(注)［愛］から直接リンクで結ばれた（第1段階での）連想語とノード1つを経て結ばれた（第2段階での）連想語。数値は114名中の第1段階での出現頻度（括弧内は第2段階）を示す（頻度2以上）。
(出所) 楠見 (2015)

(22) はこれらと関連をもつが，頻度が低いことから，周辺的な下位カテゴリである。[同性愛] (8)，[動物への愛] (10)，[宗教的な愛] (22) や [人類愛] (10) は，愛の対象が，同性，動物，神，人類などに向けられたさらに周辺的

な［愛］の下位カテゴリである。このように放射性構造は典型性構造の発生源になっていると考えることができる（Lakoff, 1987）。

なお，Fehr & Russell（1991）の実験1では，カナダの84名の大学生において，"love"のタイプを自由に書かせる事例列挙法によって，1人平均8.69個が列挙された。出現頻度第1位が［友情］（出現率71%）で，2位以下の［性的］（30%），［親子愛］（27%），［恋愛］（23%）を引き離している。実験2では，92名の別の大学生に対して，実験1で求めた20の"love"のタイプに対して，典型性評定値（とても良い例を6点とする6点尺度）では，［母親の愛］（5.4），［親の愛］（5.2），［友情］（5.0），［兄弟愛］（4.8），［恋愛］（4.8）であった。このように，典型的な［愛］を，日本では，［恋愛］と捉えるのに対して，カナダでは"love"における［家族愛］や［友情］の典型性が高いことがわかる。これらのFehr & Russell（1991）の手続きは本実験とは異なるが，事例列挙法による出現頻度と概念地図内の出現頻度は，典型性の指標として比較可能なデータと考える。

また，下位カテゴリの下に結びついた経験領域の連鎖構造は，文化固有の事例がある。たとえば，日本のデータでは，「愛妻弁当」「和歌」「少女マンガ」があがっていた。また，［恋愛］の具体的な事例として，ドラマ（出現数11）や映画（6），小説（2）のタイトルが結びついている。さらに，ドラマのタイトルに，登場人物名，俳優名などをあげているケースもあった。これらは，マスメディアが送り出すフィクションが，理想型として［愛］の概念や信念の形成を支えたり，行動のモデルになっていることが考えられる（e.g., Hefner & Wilson, 2013）。

さらに，参加者ごとに，リンクの構造をみてみると，［恋愛］のノードには，具体的な下位カテゴリ［片思い］両思い［失恋］が結びついていたり，［初恋→告白→デート→結婚］のように，理想的なエピソードの系列がスクリプトとして結びついていることもある。

［愛］の感情としての概念構造をみるために，［愛］に対する第2段階までのリンクの連想語で頻度2以上の感情関連語（全頻度133）をまとめたものが，図12-3である。［恋愛］と主に結びついていた「愛は熱である」の概念比喩に関わる連想語が46例（第1段階22，第2段階24，以降，第1段階と第2段階の合計を示す）例と最も多い。これは，"AFFECTION IS WARMTH"（親愛は暖かさ）という温度の身体経験を基盤にした原初的で普遍的な**プライマリーメタファ**（Grady, 1997；Lakoff & Johnson, 1999）に支えられている。これに関わり頻度が高

12章 愛の比喩 165

図12-3 ［愛］をめぐる感情関連語

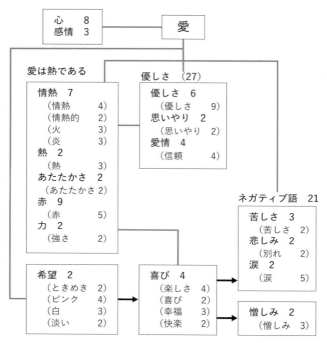

（注）［愛］から直接リンクで結ばれた（第1段階での）連想語とノード1つを経て結ばれた（第2段階での）連想語。数値は114名中の第1段階での出現頻度（括弧内は第2段階）を示す（頻度2以上）。
（出所）楠見（2015）

いのが，「優しさ」(27) であり，［恋愛］だけでなく［友情］や［家族愛］に結びついていた。恋愛感情を時系列的な知識であるスクリプトに対応させれば，初期の「希望」(13)，中期「喜び」(15) で先にあげた「熱」と関わる。そして，末期の「苦しみ」(5)，「悲しみ」(4) や「涙」(7)，「憎しみ」(5) であった。これらのネガティブ語の合計頻度は21であり，ポジティブ語の101に比べて少なかった。

4.3 まとめ：［愛］の概念構造

　［愛］の概念構造は，［恋愛］［家族愛］［人類愛］などの下位カテゴリを中核として，各事例が結びつく放射状構造をしていた。また，下位カテゴリには，「恋愛から結婚」という時間系列や典型的なシーンの記述を主としたスクリプト的な表現が結びついていた。ここでは，恋愛を描いたドラマのタイトル，主

人公名，役者名やマンガなどに関わる連想語も現れていた。参加者が描いたデートや結婚式，結婚生活，不倫などのスクリプトは，自己の直接経験だけでなく，ドラマやマンガなどのさまざまな文化的な学習によって獲得されたと考えられる（e.g., Strauss & Quinn, 1992）。また，［家族］に関する連想頻度は［恋愛］についで高かった。これは，［愛］の概念を子どもから大人になるまでに獲得する際に，親密な人間関係を理解するための基盤となる経験領域として用いられるためと考えられる。一方で，［友情］は，個人的な経験は多く，未知な2人が出会い親しくなる過程は［恋愛］と類似するが，［家族］に比べて連想語の出現頻度は低かった。［友情］は同性間の人間関係を典型とするため，後述の異性案の規範によって，［愛］の概念の基盤となる経験領域としては部分的であると考えられる。このように［愛］のような文化的概念は，自然概念とは異なり，頻度や類似性だけでなく，ドラマなどの文化的入力や規範などが制約として働き，社会的に方向づけられて獲得される（e.g., Strauss & Quinn, 1992）。

5　［愛］の比喩生成を支える経験と信念 （研究2）

研究1では，抽象概念［愛］の概念構造を概念ネットワーク法で検討した。そして，愛の概念構造が，［恋愛］を中心とした放射状の構造をもつことを明らかにできた。しかし，比喩的な概念の構造については残された問題であった。認知言語学においては，［愛］という抽象概念は比喩によって構造が与えられ，思考や行動を方向づけていることが知られている（Kövecses, 1988；Lakoff & Johnson, 1980）。また，書き手の比喩生成は，言語的知識だけでなく，信念や経験にも依拠している（e.g., Lakoff, 1987）。しかし，これまで，比喩を生成させる実験や調査はあるが，あわせて，書き手の経験や信念，規範を調べた研究は少ない。そこで，研究2は，［愛］のなかでも［恋愛］に焦点を絞り，［恋愛］の経験や規範と比喩生成の関係を明らかにする。

5.1　比喩生成法による検討

大学生134名（男性49名，女性85名）に対して，質問紙法を用いて教室で集団実施した。

第1に，［恋愛］に関する信念を明らかにするために，6つの恋愛規範に対して，5件法（1：反対～5：賛成）で賛否の判断を求めた。下記のN1からN5は社会学者 Simon, Eder, & Evans（1992）が会話観察と集団面接で明らかにし

12章　愛の比喩　　167

たものである（N6 は，研究 1 における恋愛と結婚が結びついていた結果をふまえて加えた）。N1：恋愛感情は異性に対してもつべきである（異性愛）。N2：すでに他の人とつきあっている人に対しては恋愛感情をもつべきではない（横恋慕禁止）。N3：一度に 1 人に対してだけ恋愛感情をもつべきである（二股禁止）。N4：恋愛は重要であるが生活のすべてではない（没入回避）。N5：いつも恋をしているべきである（いつでも恋愛）。N6：相手に対する恋愛感情がわかなくては結婚できない（恋愛結婚）。さらに，規範についての支持／不支持についての理由の言語記述を求めた。

恋愛経験は，規範に対応する経験がどの程度当てはまるか 5 件法（1：当てはまらない〜5：当てはまる）で判断を求めた。E1：恋愛感情を同性に対してもつ（同性愛経験），E2：すでに他の人とつきあっている人に対しては恋愛感情をもつ（横恋慕経験），E3：一度に複数の人に対して恋愛感情をもつ（二股経験），E4：恋愛が生活のすべてになる（没入経験），E5：いつも恋をしている（いつでも恋愛），E6：恋人がいる。

第 2 に，［愛］の比喩を生成させた。回答フォームは，「愛は（　　　）のようだ。なぜなら（　　　　）だからだ」の形式で，1 番目の（　　　）内には，たとえる語句を，2 番目の（　　　）内には，比喩の解釈すなわち［愛］とたとえる語句を結ぶ理由や根拠，共通基盤（ground）の記入を求めた。1 人あたり 3 つの比喩の記入を求めた。

5.2　恋愛規範評定と恋愛比喩生成の結果

恋愛規範と恋愛経験　　表 12-1 は，恋愛規範と恋愛経験それぞれの評定平均と相関を示す。表 12-1 の上部の恋愛規範意識については，賛成を示す平均評定値が高い規範は，N4「恋愛への没入の回避」であり，次に N6「恋愛結婚」が続く。一方，反対を示す平均評定値が低い規範は，N3「一度に 1 人の人に対してだけ恋愛感情をもつ」（二股禁止）についてである。

表 12-1 の下部の恋愛経験については，E2「横恋慕経験」や E3「二股経験」の経験評定値が高く，E1「同性愛経験」や E4「没入経験」の経験評定値は低い。

各規範と対応する経験との相関は有意であった。すなわち，「二股禁止規範」が強い人は「二股経験」が少なく（−.39），「没入回避規範」が高い人は「没入経験」が少なく（−.34），異性愛規範をもつ人は同性愛経験がなく（−.26），横恋慕禁止規範をもつ人は横恋慕経験が少ない（−.24）。一方，「いつも恋愛」と

168　　第Ⅱ部　比喩を感じる——その身体的基盤

表 12-1　恋愛規範意識と恋愛経験：評定平均値，因子負荷量，相関

$N = 134$

項目	平均	負荷量	恋愛規範意識						恋愛経験					
			N1	N2	N3	N4	N5	N6	E1	E2	E3	E4	E5	E6
N1 異性愛	2.8	.42		**.31**	.12	.01	.17	.21	−**.26**	−.02	.16	.10	.12	.07
N2 横恋慕禁止	2.9	.67	**.31**		**.35**	−.03	.08	.19	.09	−.24	−.05	.10	.00	−.04
N3 二股禁止	2.1	.51	.12	**.35**		.14	−.03	.15	−.02	−.12	−**.39**	−.04	−.05	.04
N4 恋愛への没入回避	4.1	.05	.01	−.03	.14		−**.25**	−.22	−.05	−.01	−.22	−**.37**	−.24	−.20
N5 いつでも恋愛	2.6	.12	.17	.08	−.03	−**.25**		.20	.02	.19	.24	**.30**	**.34**	.24
N6 恋愛結婚	3.9	.32	.21	.19	.15	−.22	.20		−.08	−.10	.00	.21	.13	.17
E1 同性愛経験	1.6	−.14	−**.26**	.09	−.02	−.05	.02	−.08		.01	.11	−.06	−.08	−.09
E2 横恋慕経験	3.2	.14	−.02	−.24	−.12	−.01	.19	−.10	.01		**.36**	.17	.19	−.04
E3 二股経験	3.1	.25	.16	−.05	−**.39**	−.22	.24	.00	.11	**.36**		.14	**.35**	.03
E4 没入経験	1.6	.58	.10	.10	−.04	−**.37**	**.30**	.21	−.06	.17	.14		**.39**	**.35**
E5 いつでも恋愛	2.6	.70	.12	.00	−.05	−.24	**.34**	.13	−.08	.19	**.35**	**.39**		**.39**
E6 恋人あり	2.8	.60	.07	−.04	.04	−.20	.24	.17	−.09	−.04	.03	**.35**	**.39**	

（注）3列目は因子分析結果の第1因子の負荷量を示す。太字は.25以上。
（出所）楠見（2015）

いう規範をもつ人は「いつでも恋愛」をしており（.34），程度の差はあるが，規範と経験は整合する関連をもっていた。

　規範と経験の項目群がそれぞれ1つのまとまりをもっているかを明らかにするために探索的因子分析（最尤法，プロマックス回転）を行った。その結果，規範に関しては次の2因子が抽出された。第1因子は，**表12-1**の3列目に示すように，［横恋慕禁止］［二股禁止］［異性愛］［恋愛結婚］の負荷量が高く，「恋愛規範意識因子」とした。第2因子は，「恋愛への没入回避」の正の負荷量と「いつでも恋愛」の負の負荷量が高く「恋愛批判」因子とした。前者の4項目の5件法の平均評定値を恋愛規範意識得点とした。一方，恋愛経験については，第1因子は，［いつでも恋愛］［恋人あり］［没入経験］［二股経験］の負荷量が高く，「恋愛経験因子」とした。そして，これら4項目の平均評定値を恋愛経験得点とした。ここで，恋愛規範意識得点と恋愛経験得点の相関は.14で

あった。

愛の比喩生成に及ぼす恋愛規範意識と恋愛経験　第1に，参加者を恋愛規範意識得点5点満点中4.25点以上の強い群（21人）と1.50点以下の弱い群（23人），恋愛経験得点4.50点以上の経験豊富な群（29人）と1.50点以下の乏しい群（31人）に分けて，その生成された比喩と理由を検討した。**表12-2**は，各群のなかで，得点が最も高いあるいは低い3～7名の比喩の産出事例を示す。

表12-2の上から1番目の［規範強群］は，規範得点上位5人の例である。規範が強く経験がない男 S1 は「愛は拷問／鎖のようだ」のように，［愛］を「人を苦しめるもの」として捉えている。一方，規範が強く経験が多い女 S4 は，「愛をテスト／エステである」という「努力を必要とするもの」として捉えていた。

表12-2の上から2番目の［規範弱群］は，規範得点下位3人の例である。規範が弱く経験が少ない女 W1 は，「愛は蜃気楼」のように「本物を見つけることが難しい」と捉え，同じく女 W2 は，「愛は根なし草」のように「根拠がないもの」と否定的に捉えている。一方，規範意識が弱く経験豊富な男 W1 は，「愛は生き物」のように「注意しないと死んでしまう」，「愛は雪の結晶」のように「一つ一つ形が違う」，「愛は自然」のように「時に相手を受容し，時に相手を拒絶する」といった，豊富な経験を基盤とした教訓に基づいて比喩を作っている。

同じく**表12-2**の上から3番目の［経験多群］は，恋愛経験得点の上位の4人の例である。「愛はドリンク剤／若返る薬」のように「エネルギーの源」と捉えたり，「愛は太陽」のように「暖かいもの」，また，「愛は砂山」のように「ちょっとしたことで崩れる」など，身体的経験や教訓が基盤になっていた。

表12-2の一番下部に示す［経験少群］は，恋愛の経験得点の最も低い下位7人である。この中の1人しか3つの比喩を産出できていなかった。1つしか産出できなかった人の比喩は「愛は幻／雲のようだ」のように，「つかめないもの」として捉えられていた。一方，この7人の規範得点は中程度である。類似した比喩である「愛は蜃気楼」（女 W1）は，規範弱群で出現しているが，経験得点も低い。これらのことから，愛を「幻／蜃気楼」とする比喩は，経験が少ないことを土台にしているが，規範の強弱には関連しないと考える。

また，「愛は魔術／魔法のようだ」という比喩は，経験多群（女 M2）と経験少群（女 L1）の両方で現れている。同じたとえ語でもあっても前者は，「かかるのもとけるのも一瞬」として経験に基づいて捉えていたのに対して，後者

表 12-2　恋愛規範意識の強弱群，恋愛経験の多少群別の比喩生成例

ID	規範	経験	比喩1	理由1	比喩2	理由2	比喩3	理由3
	規範強群							
男 S1	4.8	*1.5*	拷問	人を苦しめるから	鎖	人を呪縛するから	目つぶし	人の目を見えなくするから
女 S1	4.8	2.5	天使	明るく幸福になれるから	泥沼	のめり込んでしまうから	炎	めらめらと燃えるから
女 S2	4.8	3.8	お菓子	なくても生きていけるけど，ないと物足りないから	太陽	生活が明るくなるから	—	—
女 S3	4.5	2.5	寿命	一生自分につきまとって，考えても答えが出ないものだから	死	一生自分につきまとって，考えても答えが出ないものだから	ゲーム	ある程度やり直しがきくし，面白いものだから
女 S4	4.5	4.3	テスト	いつも2人の行動を覚えていなくてはいけないから	エステ	きれいになろうと努力するから	笑顔の素	いつも笑っていられるから
	規範弱群							
女 W1	*1.3*	*1.3*	蜃気楼	本物を見つけるのが難しいから	月	日々形を変えていくから	ギプス	支える一方，窮屈だから
女 W2	*1.3*	*1.5*	根なし草	根拠がないから	泥沼	いらいらするから	シナリオ	みんなが同じだから
男 W1	*1.3*	4.8	生き物	注意しないと死んでしまう	雪の結晶	1つひとつ形が違う	自然	時に相手を受容し，時に相手を拒絶する
	経験多群							
男 M1	2.3	5.0	川	永遠に止まることがないから	カメレオン	色々なことが起こるから	太陽	暖かいものだから
男 M2	3.0	5.0	ドリンク剤	いつも体を元気に生き生きとさせるから	—	—	—	—
女 M1	3.8	5.0	砂山	ちょっとしたことで崩れるから	若返る薬	人がうきうきして常に元気になる	先の見えない道	進めるが突然何が起こるか分からない
女 M2	1.8	4.8	魔術	かかるのもとけるのも一瞬だから	—	—	—	—
	経験少群							
女 L1	2.5	*1.0*	魔法	人を変えるので	暗闇	先に何があるか分からないので	雲	掴めそうで掴めないので
女 L2	2.5	*1.0*	—	—	—	—	—	—
男 L1	2.8	*1.0*	底なし井戸	満たされる時を知らない	—	—	—	—
女 L3	2.8	*1.0*	食欲	本能	—	—	—	—
男 L2	3.0	*1.0*	休憩所	休憩所だから	—	—	—	—
男 L3	3.0	*1.0*	杖	自分の生活，立つことを支えてくれる	—	—	—	—
女 L4	3.3	*1.0*	幻	存在しない	—	—	—	—

(注)　数値太字は 4.5 以上，太斜字は 1.5 以下（5 点尺度）。
(出所)　楠見（2015）

表 12-3 ［愛］の主な比喩の生成頻度と恋愛規範，経験の平均得点

比喩	頻度	規範	経験
A1 愛は暖かさ			
太陽	8	3.44	**3.81**
炎	5	3.30	2.80
ホッカイロ	4	2.75	*2.31*
温泉	4	2.69	2.69
日だまり，日なた	5	*2.45*	3.20
A2 愛は力			
魔法	9	*2.19*	2.47
泉	5	3.00	2.60
命，命の素，生命	7	**3.61**	2.96
B1 愛は重要/気づかない			
空気	17	2.88	3.07
水	10	2.60	2.93
B2 愛は大きいもの			
海	15	3.08	2.62
B3 愛は美しいもの			
花	5	2.67	2.78
B4 愛は神聖			
神，神様	6	3.08	3.17
C 愛は消えるもの			
幻，幻覚	4	*2.31*	*1.31*
風	3	2.67	2.83
D 愛はゲーム			
ゲーム	9	3.31	2.78
E 愛は努力			
エステ	6	3.17	3.25
勉強	5	2.90	2.95
F 愛はコントロールの欠如			
沼	9	2.86	3.44
ジェットコースター	8	2.78	3.34
G 愛は束縛			
鎖	6	**3.50**	*2.17*

(注) 数値太字は 3.50 以上，*斜字*は 2.50 以下（5 点尺度）。
(出所) 楠見（2015）

は「人を変える」という側面から捉えている。

次に，生成された 327 個の比喩全体を分析した。**表 12-3** は，これらの比喩について，理由の記述も参照しながら，概念比喩（e.g., Lakoff, & Johnson, 1980）に基づいて，頻度 3 以上の比喩を大きく A から G までの 7 つに分類したものである。第 1 は，A「愛は暖かさ／力」比喩であり，「太陽」「魔法」といった感情やエネルギーに関わる。第 2 は，B「愛は重要／大きい／神聖な」比喩であり，「空気」「海」「花」「神」といった肯定的側面に関わる。第 3 は C「愛は消えるもの」比喩であり，「幻」「風」といった愛のはかなさに関わる。第 4 は D「愛はゲーム」比喩であり，「ゲーム」のもつ交渉，楽しさ，不確実性をたとえるものである。第 5 は E「愛は努力」比喩であり，「エステ」「勉強」といった努力の必要性をたとえるものであった。第 6 は F「愛はコントロールの欠如」比喩であり，「沼」のように引きずり込まれ，「ジェットコースター」のように急展開するような，意志ではコントロールできない側面をあらわす。第 7 は G「愛は束縛」比喩であり，「鎖」のように人を束縛し苦しめるといった否定的側面に関わる。

表 12-4 ［愛］の比喩の生成比率（％）：恋愛規範意識強弱群と恋愛経験多少群ごとの分析

主要な比喩 （産出例）	規範強群 ($n=21$)	規範弱群 ($n=23$)	経験多群 ($n=29$)	経験少群 ($n=31$)
A 愛は暖かい／力（太陽, 魔法, …）	19	30	48	26
B 愛は重要／大きい（空気, 海, …）	10	17	10	10
C 愛は消える／壊れる（幻, 蜃気楼, 風, …）	0	13	3	23
D 愛はゲーム（ゲーム, シーソー, 賭, …）	14	9	21	10
E 愛は努力（エステ, 勉強, …）	14	4	3	3
F 愛はコントロール欠如（沼, 麻薬, …）	10	9	34	19
G 愛は束縛（鎖, 枷, …）	19	0	0	7

（出所）楠見（2015）

右側 2 列には，これらの比喩を生成した人がもつ恋愛規範と恋愛経験の平均値を示している。たとえば，「愛は太陽」比喩を生成した人の恋愛経験平均得点は高く，逆に「愛は幻」比喩を生成した人の恋愛経験平均得点は低い。また，「愛は命」「愛は鎖」比喩を生成した人の恋愛規範平均得点は高く，逆に「愛は魔法」比喩を生成した人の恋愛規範平均得点は低い。

表 12-4 は，恋愛規範意識強／弱群，恋愛経験多／少群の 4 群ごとに，7 つの比喩群がどのくらいの比率で生成されたかを示す（比喩群の生成数／各参加者群の人数）。「愛は暖かい／力」比喩は，どの群でも生成されるが，特に，経験が豊富な群で生成されやすい（48％）。一方，「愛は消える／壊れる」比喩は，他の群よりも経験が乏しい群で生成されやすい（23％）。また，「愛は束縛」比喩は，他の群よりも規範意識が強い群で生成されやすく（19％），規範意識が低い群では生成されなかった（0％）。

以上の結果は，恋愛経験が豊富かどうか，恋愛規範意識が強いか弱いかで，生成される比喩群が異なることを示している。従来の英語圏の愛の比喩研究（Kövecses, 1988；Lakoff & Johnson, 1980）と比較すると［愛］について {熱，力，魔法，ゲーム，コントロール欠如} などの概念比喩を用いる点は共通している。しかし，文脈なしでたとえる語を生成させる今回の実験では，［愛］を「病気」「狂気」「旅」でたとえる用例はなかった。

恋愛規範意識の賛否説明における比喩の使用　6 つの恋愛規範意識に賛成するかどうかは，自他の恋愛経験や行動，信念などに基づく各自の恋愛観，素人理論に基づくと考えられる。そこで，次に，各規範に賛成かどうかを評定させた上で，その理由を記述する際に，どのように比喩が使われているかを検討する。

12 章 愛の比喩　173

各規範「横恋慕禁止」「二股禁止」「いつでも恋愛」の賛成率（5 段階の「賛成」と「やや賛成」の合計）は，17％，34％，27％であり，反対率（5 段階の「反対」と「やや反対」の合計）も 73％，48％，54％と高かった。

　次に各規範の支持不支持についての理由の言語記述の分析を行った。「横恋慕禁止」「二股禁止」について特徴的なことは，他者に対しては規範に従うことを求めるが，自分の恋愛感情はコントロールできないという二重規範があった。横恋慕禁止規範に反対の理由の記述には，「すでに他の人とつきあっている人に恋愛感情をもつべきではないが，恋愛感情はコントロールできない」という記述や「愛しているならば奪うべき」「障害は乗り越えるべき」という「コントロール不能」や「戦い」の概念比喩が使われ，一方で，規範を支持する理由としてはお互いが「傷つく」「人間関係が壊れる」といった比喩によって説明されていた。

　また，「いつでも恋愛」規範については，賛成の記述は，「張りが出る」「活力になる」「生きる支え」といった「愛はエネルギー」の概念比喩が使われていた。一方反対意見では，「他の活動の障害」「冷静になれない」といった理性的な活動を妨害するものとして捉えられていた。

5.3　まとめ：［愛］の概念比喩

　研究 2 では，［愛］の概念比喩を，第 1 に，大学生に比喩生成をさせ，その理由の記述に基づいて，比喩を分類し，{熱，力，魔法，ゲーム，コントロール欠如}などの Lakoff & Johnson（1980）などと対応する概念比喩を明らかにした。第 2 に，これらの比喩群の生成の頻度が，比喩の作り手のもつ恋愛に関する規範意識の強さや恋愛経験の有無によって異なることを明らかにした。第 3 に，恋愛規範の賛否の理由説明において，「恋愛はコントロール不能／戦い」などの概念比喩が用いられていた。このように，［愛］の比喩の生成は，作り手の恋愛経験や恋愛規範の影響を受けていた。また，恋愛行動の是非判断を説明する際には，概念比喩が，その人の世界観や信念を反映する素人理論の一部として用いられていた。

6　ま　と　め

　本章では，認知言語学における諸概念を実験的，計量的に検討する手法として実験認知言語学的アプローチを提起した。そして，［愛］の概念の放射状カ

テゴリと概念比喩を例に取り上げて検討した。

研究1では，114名の大学生に［愛］の概念地図を描かせる課題を用いて，［愛］に関する放射状カテゴリを明らかにした。さらに，連想語の出現頻度の結果を，Fehr & Russell（1991）の北米のデータと比較して，日本における［愛］の文化的モデルとしての概念構造が，［恋愛］を中心に構成され，ドラマやマンガなどの影響を受けていることなどについて考察した。

研究2では，134名の大学生に，［愛］について比喩を3つ生成させ，あわせて，5つの恋愛規範（Simon et al., 1992）に対する賛否とその理由および恋愛経験について評定を求めた。その結果，生成された比喩は，欧米の研究で明らかにされた［愛］の概念比喩と対応がみられた。また，比喩の生成は，作り手の恋愛経験や恋愛規範の影響を受けていた。さらに，恋愛行動の是非の説明には，概念比喩が用いられており，比喩が，出来事の解釈や，人の行動における目標や規範と関連することを示した。

これらの結果をふまえて，本章では，第1に，［愛］の概念が，社会・文化的な学習の影響を受けて構成されていることを，実験参加者のデータに基づいて示した。さらに，今後は，文化の中で歴史的に形成・伝承された文学作品，ことわざ，警句などで表現された感情の内的経験や行動に関する物語，状況，イメージ，素朴理論などを取り上げて，実験認知言語学的に検討することも必要である。また，感情としての［愛］の概念の機能的役割については，自他の感情の理解や行動における実際のコントロールも含めた実験的検討も必要である。

第2に，［愛］の概念構造は，文化・社会の成員が，共通してもつ知識体系であるという観点から，放射状カテゴリ，スクリプト，概念比喩，文化的モデル，素人理論として検討してきた。ここで，本章の新しい点は，［愛］の概念構造は，社会・文化的に共有されている面とともに，個人の経験や信念を基盤とした個人差があることを，データに基づいて示した点である。このことは，これらの結果は，日本の大学生を実験参加者としたデータに基づいており，愛に関する経験や社会・文化的背景が異なる集団を実験参加者とした場合には，異なる結果が出る可能性があることを示している。その点で，異なる集団に対して，同じ手法でデータを収集し，比較を行うことが今後の課題である。

本章で提起した実験認知言語学的アプローチは，認知言語学の知見に基づいて仮説を構築し，よく吟味された用例に基づいて代表性の高い言語材料を用いて，実験的に検証を行う研究手法である。こうした実験によって得られた計量

的データは認知言語学の理論やモデルの検証において重要な役割を果たすと考える。さらに，人工知能研究と連携して，モデルの形式化やシミュレーションを行うことによって，理論の精緻化と応用を進めることができると考える。

13 章 恐怖の比喩

1 はじめに——恐怖の心理

　本章の目的は，認知心理学の観点から，①読者が物語を理解する際に，恐怖が起こる心理的メカニズム，②恐怖を喚起する物語の理解過程，③恐怖の心的状態の慣用句，擬態語，比喩を用いた表現について，検討することである。

1.1　恐怖の心理的メカニズム

　恐怖と物語　　恐怖とは，心理的に人に最もダメージを与えるネガティブな感情である（e.g., Ekman & Friesen, 1975；Öhman, 2000）。それにもかかわらず，人は怪談を読んだり，ホラー映画を観たりすることを好む。こうした怪談には，東西の古典から現代の都市伝説に通じる時代や文化を越えた類似性がある（たとえば，小松，2003）。たとえば，逃走譚（例：山姥の民話，『ヘンゼルとグレーテル』）や一夜の契り（例：『雨月物語』，中国古典『金の枕』）などは，類似した物語をもっている。このことは，怪談への好みは，洋の東西や時代を越えて存在していたことを示唆する。そのほかにも，人が，恐ろしい事故や殺人事件に高い関心をもつことは，これらについてのマス・メディアのセンセーショナルな報道やこれらの視聴率の高さにみてとることができる。

　恐怖の対象　　このように，人が恐怖を引き起こす物語に強い関心をもつことの背後には，生物が危険を回避し，生存するための心理的メカニズムがある。私たちにとって，恐怖の対象となるのは，怪異（例：妖怪，幽霊），危険な状況（例：断崖，高所），人（例：暴漢），動物（例：蛇），物（例：凶器），観念（例：死）などがある。これらは，生命・身体・心理にダメージを起こす対象である。こ

177

うした恐怖の対象は，子どもから大人になるにつれて変化（たとえば，子どもはお化けを恐れるが，大人になると恐れなくなる）し，個人差もある。極端な場合が，恐怖症という神経症の一種である。

　恐怖の時間経過　　恐怖は，不安や驚きを含む時間的な感情の変化を含んでいる（e.g., Apter, 1992；Ekman & Friesen, 1975；Öhman, 2000）。これらの先行研究に基づくと，恐怖には以下の5つの段階がある。

　第1段階は，危険に先立って，不吉な予感や不安が徐々に高まる段階である。

　第2段階は，危険の出現と同時に驚きの感情が生起する段階である。時には，第1段階がなく，恐怖対象の出現が不意打ちで，状況が不明の場合もある。

　第3段階は，逃走や回避を試みる段階である。

　第4段階は，逃走や回避を試みても，身動きがとれず，逃げられない段階である。ここでは，身体が硬直し，恐怖が増大する。

　第5段階は，危険が去った後の段階である。恐怖の対象から逃げたり，危険に対処できたり，危険が去った後には，ほっとし，ある種の幸福感や，高揚感を味わうことがある。時には，恐怖の感情が消失せずに残り，第2段階では十分に理解できなかった状況を理解した上で，怖かった経験を追体験することもある。スリルとしての快感はこのときに起き，そのため，人は，さらに，恐怖を求めて，挑戦することがある（たとえば，登山家がさらに，危険な氷壁に挑むことが当てはまる。怪談であれば，再読したり，他の怪談を読んだりすることになる）。

　恐怖と刺激追求行動　　人が恐怖を味わうことを求める行動は，刺激を求める刺激追求行動（Zuckerman, 1994）として捉えることができる。Zuckerman は，刺激追求尺度の下位尺度として，スリルや冒険の追求，体験追求をあげている。そして，刺激追求傾向の高い人は，ホラー映画を好んで観て，恐怖場面への順応が速いことを報告している。

　ここで，刺激の追求は，危険（リスク）を求める行動としても位置づけることができる。楠見（1994c）は，危険を求める行動として，質問紙調査によって，大きく3類型を明らかにしている。

　第1は，身体的恐怖を引き起こす身体的刺激追求行動である。これは，生命や身体の危険に関わる。たとえば，ジェットコースターに乗ったり，バンジージャンプをしたり，スピードを出して車を運転したりすることが当てはまる。これらを，実際に行うことを好む人もいれば，サーカスの曲芸を見たり，冒険小説を読んだりすることを好む人もいる。

　第2は，心理的恐怖を引き起こす心理的刺激追求行動である。怪談を読んだ

り，お化け屋敷に入ったり，肝試しをしたりして，身体的危険がない心理的スリルを味わうことが当てはまる。万引きなどの犯罪常習者は逮捕されるスリルが快感になっていることも考えられる。

第3は，財産を損失するかもしれない経済的恐怖を引き起こす金銭的リスクテイク行動である。多額のお金を賭けるギャンブルは，利得か損失かの不確定性がスリルを高めている。実際にギャンブルをしない人でも，多額のお金を賭けるクイズ番組を観ることが好きな人は多い。

なお，金銭的リスク志向は，身体的リスクや心理的リスク志向とは，独立している。すなわち，怪談を好む人やバンジージャンプを好む人と，ギャンブルを好む人は，異なることが考えられる。

本章では，第2の心理的刺激追求として，恐怖物語の理解とそれを促進する恐怖の比喩表現について検討していく。

1.2　恐怖物語の理解

怪談を好む理由　1.1 では，人が恐怖に強い関心をもつ背景には，人が安全を求めて危険回避するとともに刺激を追求する傾向があることを示した。そこで，これらの2つの相反する傾向に基づいて，人が怪談を語り，享受する理由を検討する。

第1は，生命の危険を回避するために，代理経験を教訓として生かすことである。体験談に基づく怪談のかたちで，危険な場所や行為をとると危険な目に遭うことを，集団や家族内の年少者に知らせることである。たとえば，「お化けが出る」と噂することで，夜間に危険な場所に入ることを禁じることになる。怪談の一部は，集団内で伝承されてきた禁止に関わる。

第2は，怪談を読むことによって，刺激を得て興奮し，退屈から脱却することである。これは，物語理解全体と共通するが，主人公や他の登場人物と一体化する感情移入（共感など）が自己代償体験において重要な役割を果たしている。特に，怪談の場合，読者は当事者でないので興奮できる。つまり，本を閉じれば現実の安全な世界に戻れるのであって，実際に生命や身体の危険はない（e.g., Apter, 1992）。

読解過程　怪談を含むこうした読書における心理過程を，Apter（1992）の危険に関する理論を適用すると3つの異なる過程に分けて考えることができる。

第1は，先に述べた登場人物への感情移入，没入である。これは，読書中に

13章　恐怖の比喩　179

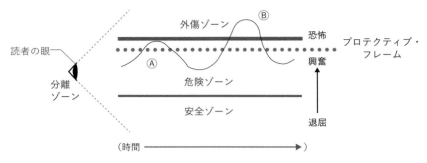

図 13-1 読者の位置と怪談の時間進行

（出所）楠見（2005c）（Apter, 1992 を怪談読解に即して改変）。

起こる過程である。第2は，空想である。これは，読書中または読後に起こる過程である。物語の展開をたどることから離れて現実に起こったらとんでもない恐ろしいことを思い浮かべ，刺激を受けたり，興奮したりすることである。第3は，追想であり，読後に，読んだ物語の怖いシーンを思い出すことである。怖いシーンはいつまでも記憶に残りやすく，繰り返し想起されることがある。

　ここで，第1にあげた登場人物への感情移入によって，読者が，怪談の読解中に興奮を感じる心理過程について，さらに検討する。Apter（1992）の危険のエッジ（淵）の考え方に基づくと，私たちの活動は，図 13-1 で示すように，安全なゾーン，危険なゾーン，そして生命や身体にダメージを受ける外傷ゾーンに分けることができる。そして，外傷ゾーンと危険ゾーンの境界が危険のエッジである。この危険のエッジの手前に，安全柵であるプロテクティブ（防護）・フレームがある。たとえば，人は，観光地の断崖に訪れた際に，断崖から離れた安全ゾーンでは退屈である。断崖に近づくと興奮が高まるが転落の危険が高まるため，恐怖の感情が起こる。しかし，安全柵があればその内側からは安心して危険な淵まで近づいてスリルを味わうことができる。怪談の理解の場合に当てはめると，図 13-1 のⒶは，登場人物が危険ゾーンから，お化けが出そうな外傷ゾーンに近づき，不安を感じ，その危険を避けたことで興奮を感じる。さらに，図 13-1 のⒷでは，登場人物は外傷ゾーンに入って，お化けに襲われて，恐怖を味わい，危険ゾーンに戻って，興奮を感じるプロセスを示している。ここで読者は，分離ゾーンの中にいる。3つのゾーンとプロテクティブ・フレームが現実世界のものであったのに対し，分離ゾーンは，現実世界から切り離された読者や視聴者，観客の心理的状態である。読者は，分離ゾーン

において，登場人物と一体化し，感情移入して，恐怖を味わうことになる。

すなわち，怪談を読むことは**擬似的感情**（parapathic emotion）であり，読者は現実の恐怖でないというフィクションとして認識することが重要である。しかしこれは，偽の感情ではなく，主人公が恐怖を感じているときには，本当に恐ろしさを感じている。読者は，主人公への共感をもつため，同じような気持ちになり，何か変だという違和感や何かが起きそうだという予感や不安を感じたりする。特に，怪談の特徴として，不確定性やサスペンス（未決感）が，違和感や予感を高めると考えられる（Gerring, 1989；水藤，2005）。そのプロセスについて，次に実験データに基づいて検討していく。

2　恐怖物語の理解過程

ここでは，恐怖を引き起こす物語として，ミステリーを取り上げてその理解過程を検討する。以下では，米田他（2010）で報告した，読み手がどのように恐怖物語から感情を遷移させていくかについての認知心理学実験の概要を示す。

2.1　読 解 実 験

読解における**感情**の役割として，Miall（1989）は3つをあげている。

第1に，感情は領域横断的（cross-domain）である。1つのスキーマで理解できないときは**違和感**が生じ，別の解釈をしようとする。第2は，感情は予測的であり，読者は**予感**によって先の展開を予測する。第3に，感情は自己準拠的（self referential）である。つまり読者は，登場人物に感情移入をし，**共感**が生じる。実験では，これらの3つの感情の役割と恐怖などの感情がどのように起こるかについて検討した。

読解実験では，実験参加者の大学生に，短編ミステリー『逢いびき』（石川喬司著）を一部改変した材料を読んでもらった。文の数は，94文である。

まず29名の大学生には，物語を一文ずつ読みながら，各文にどのくらい共感したか（10名），どのくらい先の展開の予感を感じたか（10名），どのくらい文に違和感を感じたか（9名）をそれぞれ5段階（1：当てはまらない〜5：当てはまる）で評定を求めた。また，物語の前半を読み終えたときと，後半を読み終えたときに，7種類の感情（怒り，嫌悪，不安，喜び，悲しみ，恐怖，驚き）について7件法（1：まったくあてはまらない〜7：非常にあてはまる）で評定を求めた。

『逢いびき』のあらすじは，次の通りである。「逢いびきにはもってこいの静

かな場所」で「ぼくの膝には，紀子さんが坐っている」場面からはじまる。そこで，長身の青年が現れ，主人公が動揺するところで終わる。

後半は，待っても待っても紀子さんは来ず，「ぼくとのデートをすっぽかしつづけた」。そして，最後の場面で紀子さんが男（マフラーを巻いた青年）と現れ，「二人は愛しあう」。そして，男が「享年十七歳」という墓碑銘を読む。最後の段階で，主人公はお墓であり，「逢いびき」の場所が墓地であって，紀子さんはそのお墓にいつも坐っていたことがわかる。

図 13-2a は，ある読者における共感の程度の変化を，初読時と再読時で示している。共感の度合いは，冒頭では低いが，中盤に読み進むにつれて高くなる。これは，再読時にも同じ傾向が見られる。しかし，後半では初読時が高くなるのに対して，再読時は低下した。また，共感評定を行った参加者全体の平均データもほぼ同じ傾向であった。

図 13-2b は，ある読者における予感の程度を示す。初読時，再読時とも，予感の程度は，前半に比べ後半が高くなっている。ただし，全体の平均データでは，前半・後半，初読・再読の差は小さかった。

図 13-2c は，異なる読者における文に対して感じた違和感の程度を示す。初読時は，主人公が墓の中にいることを暗示する伏線の文は，家族関係が論理的でなく（2 歳の姉や同い年の母），唐突に「イヤな匂い」について記述しているため，前半・後半とも一貫して違和感が高い。しかし，再読時には，主人公が墓の中にいることがわかったため，姉や母が早世したことや線香の匂いであることがわかり違和感は解消している。全体の平均データでは，前半・後半の差は小さいが，初読に比べて，再読では違和感が低下した。

また，前半読了時と後半読了時の感情の平均評定値は，恐怖（それぞれ前半後半で $M = 1.86, 2.86$），驚き（$M = 3.48, 5.41$），悲しみ（$M = 2.10, 4.31$）といずれも後半読了時のほうが有意に高かった。

2.2 読解における感情の役割

以上の結果から得られる，読解における感情の役割についての示唆は以下の 3 つがある。第 1 に，ミステリーの読解において，主人公への共感は，図 13-2a で示すように，物語の展開に伴って高まる。また，共感の評定値は，再読時においても高い。これは，読者が小説を反復して読んでも共感の度合いは低下せず，時には，上昇することを示している。

第 2 に，ミステリーの読解において予感は，図 13-2b で示す読者のように，

図 13-2 ある読者 J における前半と後半における推移

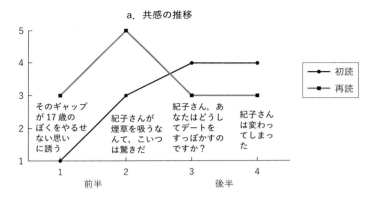

a. 共感の推移

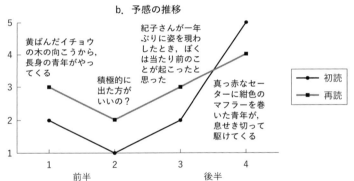

b. 予感の推移

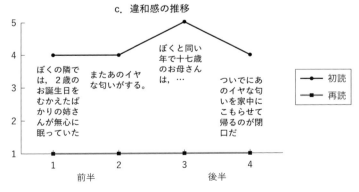

c. 違和感の推移

(出所) 楠見 (2005c)

物語の終盤に向かって高まっていく。ただし，物語全体を通して，コンスタントに高い読者もいる。また，再読時にも予感は低下していなかった。このことは，読者は，再読時には，展開や結末を知っていても，予感を感じつつミステリーを読むことを示している。

第3に，読解における違和感は，主人公が墓の中にいることを暗示する伏線に対して感じる（図13-2c）。読者は，物語を主人公と紀子さんの恋愛小説として読みながら，伏線の文が操り返し現れることによって，何か変だという違和感をもちつつ読解を進める。そして，結末で，主人公が墓であることを知って，伏線が整合的に理解できて，違和感が解消する。したがって，再読時には，主人公が墓であるというスキーマをもって読むため，伏線の意味がよくわかり，違和感は小さい。同じミステリーを用いた別の実験（米田・仁平・楠見，2005）に参加した者の読後の感想では，「はじめはよくわからなかったが，最後まで読んで主人公はお墓にいるのだと思った」と報告したように，このミステリーは結末まで読んで伏線の意味がわかる構成をもっている。

今回実験で取り上げたミステリーでは，前半部に比べて，後半部の読後で，驚き，恐怖，悲しみが高まった。この作品は，主人公の恐怖ではなく，読者自身の恐怖や驚きを喚起する作品であった。したがって，主人公が恐怖を経験する作品についても今後検討の必要がある。

3　恐怖の言語表現

ここでは，物語において登場人物の恐怖の生起過程や心理状態の変化をどのように，記述，説明し，読者に伝えるかについて検討する。ここでは**身体語彙**，**擬音語・擬態語**，比喩の3つに分けて検討する（楠見，1996c；12章参照）。用例は感情心理学文献（Ekman & Friesen, 1975），認知言語学文献（Kövecses, 2000, 2005b），『擬音語擬態語辞典』（飛田・浅田，2002），『感情表現辞典』（中村，1993a）から収集した。

3.1　恐怖の身体語彙

第1は，身体に基づく語彙であり，恐怖による表情，姿勢，内臓，部位の変化を描写した換喩によるものである。多くは慣用句となっている。

恐怖による表情変化は顔の筋肉や色の変化にみられる（e.g., Ekman & Friesen, 1975）。その表現例を(1)に示す。

(1) a. 顔を引きつらせる

b. 目に恐怖の色が漲る，目を見開く

c. 唇がこわばる

d. 固唾をのむ

e. 真っ青な顔，蒼くなる，唇が青ざめる

f. 血の気の失せた顔，顔色を失う，蒼白になる

g. 髪の毛が真っ白になる

恐怖による姿勢の変化は，筋肉の緊張や震えとして(2)のように記述される。これは恐怖による皮膚上の防御反応，筋緊張である。

(2) a. 身をすくめる，足がすくむ

b. 堅くなる

c. 身震いする，わななく

d. 歯の根もあわぬ

恐怖による身体部位の生理的変化としては，(3)のような体温の低下に関わる表現がある。

(3) a. 身の毛がよだつ，鳥肌がたつ

b. 悪寒が走る，戦慄が走る

c. 冷や汗をかく

d. 肝を冷やす

恐怖による興奮に関わる生理的変化，特に呼吸や心拍の増加，さらに一瞬の停止，失神などに関わる表現が(4)である。

(4) a. 心臓，脈が速くなる

b. 息が詰まるような

c. のどを締めつけられるような

d. 血が逆流したかのような

e. 全身の血が止まるような

f. 心臓が止まるような

g. 気絶する

3.2 恐怖の擬音語・擬態語

第2は，恐怖の擬音語・擬態語（擬情語）である。息や心拍などの身体的な

13章　恐怖の比喩　185

音を言語音に移した擬音語に近い表現と，恐怖という心理状態を象徴的に表現した擬態語がある。これらは大きく 4 つに分けることができる。

(5)に示すのは悲鳴や息に関する擬音語である。唇をこわばらせて，息を吐くとき，吸い込むときに出る音である。

(5) a. ひゃー，ひー，ひーっ
    b. ひーひー
    c. ひっ

(6)は震えの擬態語である。身体語彙の(2)に対応する。a〜c は，寒さによる震えと共通する。c そして，特に d は大きな震えを示す。

(6) a. ぶるっ，ぶるぶる，ぞくぞく
    b. びくびく
    c. がたがた，がくがく
    d. わなわな

(7)は冷たさによる体温低下の擬態語である。身体語彙の(3)に対応する。a は「ぞくっと」はやや小さい恐怖で，「ぞーっと」は誇張型である。b は，回想によって恐怖経験を思い出すときによく使う。

(7) a. ぞくっと，ぞっと，ぞーっと
    b. 冷や冷や，ひやり

(8)は興奮による心拍，脈拍の増加や息を止めることを示す表現である。身体語彙の(4)に対応する。a は心臓の鼓動を示している。「どきり」などは 1 回強く鼓動したことを示し，驚きも示す。「どきどき」は強い鼓動の反復であり，緊張や興奮や不安も示す，b は悪いことの予感に基づく恐れであり，不安を示す。c と d は緊張や驚きも表す。とくに d は一瞬息が止まるような緊張を示す。

(8) a. どきり，どきっ，どきん，どきどき
    b. はらはら
    c. びくっ
    d. はっ

これらの擬態語表現では，「ぞくっ」「どきっ」などが瞬間的な驚きを伴う恐怖を示すのに対して，「ぞくぞく」「どきどき」などの反復型は，持続的な恐怖

やその予感や回想を示す。

3.3 恐怖の比喩

恐怖の比喩は，恐怖に固有の比喩と感情一般に共通する比喩がある（Kövecses, 2000, 2005b）。さらに，恐怖を引き起こす状況を想起させる類推による比喩がある。

第1の恐怖に固有の表現は，恐怖を隠れた敵あるいは超自然的対象でたとえて，恐怖を襲ってくるもの，闘って克服するものとして捉える。

(9) 恐怖は隠れた敵／超自然的対象である
FEAR IS A HIDDEN ENEMY／SUPERNATURAL BEING
- a. 恐怖が忍び寄ってきた
- b. Fear slowly crept up on him.
- c. 恐怖と闘う／を克服する
- d. 恐怖が私を捉えた
- e. He was haunted by fear.
- f. 恐怖に飲み込まれる
- g. 恐怖が襲う

第2の感情一般に共通する恐怖の概念比喩には以下のものがある。

(10) 恐怖は人を苦しめるものである
FEAR IS A TORMENTOR
- a. 恐怖に苛まれる
- b. My mother was tormented by fear.
(11) 恐怖は狂気である
FEAR IS INSANITY
- a. 怖くて狂いそうだ
- b. Jack was insane with fear.
(12) 恐怖は重荷である
FEAR IS A BURDEN
- a. 恐怖がのしかかる
- b. Fear weighed heavily on them.
(13) 恐怖は乖離である
THE SUBJECT OF FEAR IS A DIVIDED SELF

a. 恐怖で生きた心地がしなかった

b. I was beside myself with fear.

⒁ 恐怖は容器内の液体である

FEAR IS A FLUID IN A CONTAINER

a. 恐怖で一杯になった

b. The sight filled her with fear.

⒁は，「怒り」や「悲しみ」などにも用いることができる。感情を身体容器における液体と捉え，その液体があふれたり，温度が下がることで示す。

Kövecses（2000, 2005a）があげた(9)〜⒁の恐怖の比喩は，日本語にも類似の表現があり，身体を基盤とした感情比喩の文化や言語を越えた普遍性を示唆している。

第3のタイプの恐怖の比喩は，恐怖を引き起こす状況を記述して，読者にその身体経験を類推的に想起させる方法である。これらは，「のような」と比喩指標で明示的に状況を表現した直喩である。一方，(9)〜⒁は比喩指標がない隠喩である。

恐怖に類似した身体経験を引き起こす状況として，⒂は落下の恐怖，⒃は体温を低下させる出来事を記述している。

⒂ 落下

a. 崖縁に足を踏み出すような

b. 深い井戸へ落下していくような

⒃ 体温低下

a. 総身に冷水をあびせられたような

b. みぞおちのあたりをすっと氷の棒でも通るような

⒄は，悪魔や怪物，お化け，妖怪に襲われる場面をたとえとして用いる表現である。

⒄ 悪魔や怪物による恐怖

a. 悪魔の息づかいが聞こえるような

b. 得体の知れない怪物が闇に潜んでいるような

以上でみてきたように，恐怖の心的状態は，身体に関わる慣用句，擬態語，比喩で表現される。これらの理解を支えているのは，3.4で述べる生理的変化を基盤とする感情に関する知識である。

3.4 感情の知識と素人理論

恐怖表現の理解は，心の中の感情の動きに関する知識によって支えられている。この知識は，感情の生理学というよりは，個人の経験に基づいて形成された素人理論，通俗理論，素朴理論である。こうした知識は，物語に記述された他者の感情を理解し，その行為を予測する際に重要な役割を果たしている。また，自分の感情を他者に，表現し，説明する際にも働いている（楠見，1996c；12章参照）。

感情に関する知識は，恐怖を引き起こす出来事に関する知識と生理的変化に関する知識に分かれる。

恐怖を引き起こす出来事に関する知識は，1.1 で述べた恐怖の対象と時間経過に対応する。これは，スクリプト（台本）のような典型的なシナリオをもっている。Lakoff（1987）は怒りのシナリオとして，5 段階（不愉快な出来事，怒り，統制の試み，統制喪失，報復行動）をあげている。さらに，Kövecses（2005b）は恐怖の典型的なシナリオとして，怒りと類似した 5 段階（危険，恐怖生起，統制の試み，統制喪失，脱却）をあげている。しかし，恐怖のシナリオには 1.1 で述べたように，予感の段階や回避の成功や失敗による段階を含める必要がある。したがってそのシナリオは下記のように考えることができる。

Ⅰ．危険予感

Ⅱ．危険発見

Ⅲ．回避，克服の試み

Ⅳ．回避失敗→恐怖喚起

Ⅴ．回避成功→安心，高揚感

人がもつ恐怖のシナリオの各段階には，以下のような生理的な変化や心理的変化が起こるかという知識も含まれる。

Ⅰ．危険の予感によって，不安が高まり心拍数が上昇し（(4)a），身体の震えがはじまる（(2)c，(6)a〜c）。

Ⅱ．恐怖を引き起こす危険な出来事が出現し，驚きとともに，戦慄が走り（(3)b），心臓が大きく鼓動し（(8)a），一瞬息や姿勢が止まる（(4)b〜f，(8)c，d）。

ⅢとⅣ．逃げようとするが，身体が硬直して対処できないと，表情も硬直し（(1)a〜e），失神する（(4)f，g）。

Ⅴ．回避できた場合や恐ろしい出来事が過ぎ去ったときは，恐怖が低減し，安心する。

こうした恐怖による身体的変化に関する知識は，自分の直接経験と物語やマス・メディアなどから得た間接経験に基づいている。これらは，生理学的事実と対応していることが多い。しかし，恐怖で「髪の毛が一晩で真白になる」((1)g) などは，生理学的事実とは対応しない，物語を通して得た誇張された知識である。

4　ま と め

本章では，物語理解において恐怖が起こるメカニズムと恐怖を引き起こす比喩などの言語表現について，以下の2点を明らかにした。

第1に，怪談やミステリーは擬似的恐怖として，読者を刺激する。読者は，ミステリーを読み進むにつれて主人公への共感，物語展開への予感が上昇し，一方で伏線に対して違和感があり，結末の恐怖事態によって違和感は解消した。

第2に，恐怖の心的状態は，身体に関わる慣用句，擬態語，比喩で記述される。これらは，身体的な生理的変化を基盤として構成された知識や経験に依拠している。

第2の恐怖の比喩については，稲益（2015）が，現代日本語書き言葉均衡コーパス（BCCWJ）を用いて，実証的な検討を行っている。その結果，3.3で指摘した通り，「恐怖を引き起こす状況」には直喩が多いこと，「恐怖によって起こる肉体的・精神的変化」についても直喩のほうが多く，「恐怖そのものの様相」は隠喩が多いことを明らかにしている。さらに，「恐怖」を表す語彙と文の骨組みとの関係にも着目して，「恐怖によって起こる肉体的・精神的変化」と「恐怖そのものの様相」とは一緒に用いられるが，「恐怖を引き起こす状況」とは用いられにくいという「隠喩との二重構造」を見出している。

また，恐怖の比喩研究の展開として，新型コロナ禍における新型コロナに対する恐怖の比喩を用いた概念化についての新聞記事を用いた分析（Sadeghi, Dabirmoghaddam, & Rahbar, 2024）がある。また，恐怖に対する集団レベルの感情（集合的感情）を解明するために，半構造化面接において現れた比喩の分析（Stanley et al., 2021）が行われている。

第 **III** 部

比喩で
学習・思考する

その機能

14 章　知識獲得と比喩

15 章　記憶の比喩と心のモデル

16 章　比喩とデジャビュ

17 章　比喩と思考

18 章　比喩的思考と批判的思考

14章 知識獲得と比喩

類似性と近接性の認知の働き

1 はじめに

　第Ⅲ部ではメタフォリカル・マインド（比喩的な心）という視点から，比喩が知識獲得や思考をどのように支えているのかについて検討する。第Ⅰ部では，類似性の認知が，直喩・隠喩の処理を可能にし，近接性の認知が換喩の処理を支えていることを述べたが，本章では，**類似性と近接性の認知**が，人の認知過程や**知識の獲得**と**表象**において重要な役割を果たしていることについて論じる。類似性は，これまでも知覚の群化，条件づけにおける般化，学習の転移や干渉，連想，カテゴリ化，比喩，類推，帰納推論，意思決定などの心理学研究において，重要な要因として研究されてきた（Gentner et al., 2001；Vosniadou & Ortony, 1989）。また，類似性を多次元空間上の距離に変換する手法（多次元尺度解析）の研究が心理測定論において進められてきた（高根, 1980）。ここでは，類似性と近接性は変換可能なものとして扱われている。

　類似性と近接性の認知は，アリストテレスが**連合の法則**として提唱して以来，イギリスの経験論の哲学者にいたるまで，心の現象を説明するための基本原理であった。それを心理学は実験的に検証してきた。そこで，本章では類似性とともに，近接性が認知過程をどのように支えているかについてもあわせて検討する。

　本章では，第1に類似性を認知過程に基づいて分類し，第2に類似性の主要なモデルについて概観し，第3に近接性の認知過程を類似性と対応づけて分類し，第4に，知識の獲得・構造・利用に関する一貫した説明原理としての類似性と近接性について論じる。そして，最後に，仕事の場面などの実践的な知識

の獲得と継承において，類似性と近接性が果たす役割について述べる。

2　類似性と人間の認知

類似性認知は，知覚に依拠した低次過程から概念に依拠した高次過程において働いている。大きく3つに分けて説明する（**表 14-1**）。

2.1　知覚的類似性
知覚的類似性は，視覚においては，色や形，動き，聴覚においては，音の高さや音色，大きさなどの知覚的属性の共通性に基づく類似性である。知覚的類似性は，ある対象が，異なる時間や場所で出現したときに，同一の対象として，認識することを支えている。さらに，時間や場所を共有する知覚空間においては，共通特徴をもつ対象どうしは，知覚的なまとまりをつくる。そうした現象を**知覚群化**（perceptual grouping）の**類同要因**（factor of similarity）と呼ぶ（増田，1994）。

2.2　刺激や手がかりの類似性
刺激や手がかりの類似性は，学習の般化，転移（3章 3.5 参照），干渉，記憶における（虚）再認，検索（6章 3.1 参照）に影響を及ぼす。

刺激一反応般化とは，条件づけなどによって，ある刺激と特定の反応が連合しているときに，その刺激と類似した刺激に対してもその類似度に応じて，反応が起こることである。

また，類似した材料刺激や手続きで継時的に学習することによって，学習が促進されることを正の**転移**，抑制されることを負の転移と呼ぶ。正の転移には，**3.3** で述べる**類推**がある。一方，**干渉**には先行学習が後続学習の成績を低下させる順向干渉（抑制）と，後続の学習が先行する学習の成績を低下させる逆向抑制（干渉）がある。これは，刺激間の類似性によ

表 14-1　認知における類似性と近接性

類　似　性	近　接　性
特徴・関係・構造の比較処理	主題的統合処理
共有特徴に基づく知覚群化	時空間的知覚群化
共有特徴に基づく連想	主題関連性に基づく連想
学習転移，干渉	学習文脈
（虚）再認，再生	検索手がかり
刺激般化	条件づけ，随伴性
カテゴリ化	因果
直喩・隠喩，共感覚	換喩，間接照応
類感呪術（類似）	感染呪術（接触）

（出所）楠見（2002d）

194　第Ⅲ部　比喩で学習・思考する――その機能

る記憶痕跡の弁別性の低下や，複数の刺激が手がかりを共有することによる手がかりの過剰負荷によって説明できる（Osgood, 1949）。

また，類似性は虚再認を引き起こす。たとえば，デジャビュ（既視感）は，初めて訪れた場所や出会った人に，強い既知感を感じる現象であるが，これは，初めての場所（人）と既知の場所（人）との刺激や手がかりの類似性が高いほど生起しやすいと考えられる（16章参照）。

2.3 概念的類似性

概念的類似性は，連想，カテゴリ化，比喩の理解や生成，帰納推論や類推を支えている。ある刺激語に対する反応語として連想される確率が高いほど，刺激語―反応語間の類似性は高い（たとえば，ナシに対するリンゴ）。こうした連想は主に，音韻よりも意味的類似性に基づいている。さらに，概念的類似性は連想構造だけでなく，知識や推論を支える要因として検討されている。

概念学習（カテゴリ学習）や**カテゴリ化**は，対象と知識内に貯蔵された知識表象との類似性判断に依拠していると考えることができる。たとえば，**プロトタイプモデル**では，カテゴリ成員の平均的な属性値をもつ単一の表象としてプロトタイプを仮定する（Rosch, 1975）。さらに，対象とプロトタイプとの類似性（たとえば，特徴の数や重み）が，カテゴリに属するかどうかという成員性判断やその程度である典型性を決めることになる（たとえば，リンゴは果物としての典型性は高いが，イチジクは低い；4章参照）。一方，事例モデルではカテゴリにおける特定のメンバ（群）が表象されていると仮定して，対象と事例（群）との類似性でカテゴリの成員性が決まると考える。しかし，カテゴリのメンバシップは，類似性や典型性判断とは異なり，対象が，因果的・説明的な構造（理論）にどのくらいで適合するかで決まるという指摘がある。たとえば，「服を着たまま池に飛び込む人」を「酔っぱらい」と判断するのは，人が「酔っぱらい」の行動に対してもつ「理論」への適合度が重要な役割を果たしている（Murphy & Medin, 1985）。

また，カテゴリに基づく帰納推論に関して，**Osherson et al.**（1990）は，前提事例と結論事例の類似性が結論の論証の強さに影響を及ぼすことを主張している。たとえば，「タカは種子骨をもつ」に対しては，「ワシは種子骨をもつ」という命題が，「ニワトリは種子骨をもつ」という命題よりも結論の論証の強度は強い。

以上に述べたこれらの類似性は，階層的構造として考えることができる。知

覚的類似性がベースにあり，それが刺激や手がかり類似性として，学習・記憶過程に影響を及ぼし，シンボリックに表象された知識において，概念的類似性として高次認知に働くという階層的構造があると考える。

3　心理学における類似性認知と知識のモデル

2節で述べたように，心理学における類似性研究は，知覚や学習の要因としての研究が盛んであった。1970年代後半からは，認知心理学的な研究がはじまり，類似性認知を支えるプロセスと知識のモデル化がされるようになった。ここでは，3つのモデルを通して比喩的な心の基盤を検討する。

3.1　幾何学的空間モデル

類似性の幾何学的空間モデルは個々の対象を，多次元尺度空間内の点で表現し，点の間の距離を非類似性とする。すなわち，類似性は知識表象に直接貯えられているのではなく，空間内の「心理的距離」から算出されることになる。最も一般的な Minkowski のパワー距離 $D(i,j)$ は対象 i,j 間の距離，n は空間の次元数として，式(1)のように定義できる。

$$D(i,j) = \left[\sum_{k=1}^{n} (x_{ik} - x_{jk})^p \right]^{1/p} \tag{1}$$

ユークリッド距離は $p=2$ で全体的類似性の評価データに当てはまりが良く，市街地距離は $p=1$ で，分離した次元をもつ対象間の評価データに当てはまる（高根，1980）。

式(1)は，距離の公理系の1つである対称性 $D(i,j) = D(j, i)$ を前提としているが，心理データでは，満たされないことが多い（たとえば，「心から沼への類似性」は「沼から心への類似性」に比べて高い）。そこで，こうした非対称の類似性を説明する幾何学的間モデルを展開した距離密度モデルも提案されている（Krumhansl, 1978）。

幾何学的空間モデルを使った研究には，**4項類推**研究（Rumelhart & Abrahamson, 1973）や，さらに分類，系列化，比喩などの帰納推論に適用した研究（Sternberg & Gardner, 1983）の一連の研究がある。ここでは，幾何図形や単語の各項目を多次元空間内に表現する。そして，「眼（a）と心（b）の関係は窓（c）と家（d）の関係性に等しい」という4項類推の場合には，a から b への空間上

196　　第Ⅲ部　比喩で学習・思考する──その機能

の距離と方向の関係と等しい関係を c に写像（2 章 2.3 参照）することによって理想解 d を求めるモデルを提案し，心理実験によって検証した。また，「眼は心の窓である」のような 4 項類推に基づく比喩の適切さについての実験的検証も行っている（Tourangeau & Sternberg, 1981）。さらに，**Kusumi**（1987）は，比喩構成語をカテゴリ的意味と情緒・感覚的意味の入れ子構造の意味空間で表現した。そして，主題とたとえる語がカテゴリ的にかけ離れていると斬新さが高まり，情緒・感覚的意味が類似していると理解容易性が高まり，その結果として，**比喩の良さ**が定まることを見出した（3 章参照）。

また，**幾何学的空間モデル**は，特徴間相関に基づいて，抽象的次元を抽出したものと考えることができる。たとえば，感覚形容語を実際の感覚とは異なる領域に転移する共感覚的比喩（例：柔らかい音，柔らかい色）は，形容語の意味空間が異なる感覚間で構造的同型性をもつためである。たとえば，「柔らかさ」は，刺激が〈快〉で，〈弱い〉という次元上で，触覚，聴覚，視覚領域において共通しているため，転用が可能であると考えられる（楠見，1988a：7 章参照）。こうした抽象的次元における類似性は，計量的に扱える利点はあるが，**意味の豊かさ**を捉えることは難しいと考えられていた。

しかし，高次元の幾何学的空間モデルとして大規模コーパスを利用した**潜在意味分析**（LSA：latent semantic analysis）などの手法はこうした問題を越える試みと捉えることができる。LSA では，単語の共出現頻度などの行列データ（例えば 50000 行）を用いて特異値分解を行い，上位の特異値（例えば 200）を用いて行列を復元し，単語間の類似度をベクトル間の余弦 cos $(v(a), v(b))$ で表現することになる（Landauer & Dumais, 1997）。さらに，ベクトル間の余弦を概念間の連合の学習とみなして，コネクショニストモデルによる展開も行われている（猪原・楠見，2011 参照）。

たとえば，**Kintsch**（2001）の Prediction（予測）アルゴリズムは予測の一般的モデルとして，人の知識のモデルを LSA で，テキスト理解を構築 – 統合（CI：construction integration）モデルで表現する[*]。これは，記号処理的アルゴリズムとコネクショニストモデルのアルゴリズムを融合した**シンボリック（記号的）・コネクショニストモデル**である。Kintsch（2000）では比喩理解に関する実験結

---

[*]　ここでは文の Predicate のベクトル $v(P)$，Argument のベクトル $v(a)$ を特定し，P の近傍ベクトル $v(Nm)$ を m 個抽出する。そして，P，A，Nm をノードとするネットワークを構成し，各ノードの活性値拡散が，ネットワークが安定するまで反復した結果，Nm 内で，活性度の高い k 個のベクトルを選択する。そして，$v(P)$，(a)，$v(Nk)$ の重心ベクトルとして，文の意味ベクトルを計算する。

果（主題とたとえる語の異なる役割，プライミングによる読解時間の変化）が，字義通りの文と同様にこのモデルに基づいてシミュレーションできることを示している。

幾何学的空間モデルとシンボリック・コネクショニストモデルの融合は，高次元空間上の近傍の検索に限られるという限界はあるが，類似性と連合という人間がもつシンプルで強力な学習メカニズムを説明する有効なモデルといえる。

次に紹介する特徴集合モデルは，多次元空間上の座標ではなく，意味特徴のレベルで類似性を計量的に捉えようとしたモデルである。

3.2　特徴集合モデル

3章2節で説明した Tversky（1977）の類似性認知に関する**コントラスト（対比）モデル**は，対象を特徴集合 A と B として，その類似性を，共有特徴集合（$A \cap B$）と2つの示差特徴集合（$A - B$）と（$B - A$）の測度の線形結合式によって表現した（3章2節(1)式）。そして，類似性認知に及ぼす文脈依存性や視点の影響を説明した。これらは，幾何学的空間モデルでは説明のできなかったことがらである。彼のモデルは，その後，多くの類似性認知研究に大きな影響を与え，カテゴリ（対象とプロトタイプの類似性に基づくプロトタイプ），意思決定（選択肢間の類似性）などの領域に展開されている。

しかし，比喩のような言葉通りでない類似性では，共有特徴は非常に少ないにもかかわらず，類似性は高く認知され，また，非対称性は大きい。たとえば「心は沼だ」という比喩における類似性は認知しやすいが，両者の共有特徴は{深い，ドロドロした…}など少ない。そこで，Ortony は比喩的類似性認知を説明する改訂モデルを提案した（Ortony, 1979a）。彼の**顕著性落差モデル**では，共有特徴の顕著性 $f(A \cap B)$ が B のたとえる語に依拠するとした（3章2節(2)式）。したがって，主題とたとえる語の共有特徴が少なくても，比喩の共有特徴はたとえる語において顕著なため，類似性が高く認知される。そして共有特徴顕著性の不均衡（落差）が，比喩的類似性を支えていると主張している。たとえば，共有特徴 {深い，ドロドロした，…} は「沼」においては非常に顕著であるが，「心」においては顕著ではない。

こうした Tversky や Ortony のモデルは属性をいかに定め，顕著性を算出するかという難しさがあった（3章参照）。そこで，**性状語連想**（性質を示す形容語による制限連想）によって特徴を抽出し，その連想頻度によって顕著性を定義した（楠見，1985a）。そして，重回帰分析の結果，比喩的類似性には Ortony の

モデルのほうが，Tversky のモデルよりも当てはまりが良いことを見出した。

これらの特徴集合に基づく類似性理論は，属性が明確な実験材料を用いたデータや，共有特徴に基づく特徴比喩（2 章 2.1 参照）の分析に適していた。特に，類似性の非対称性，文脈による変化を特徴の顕著性で説明できる点で優れていた。しかし，対応づけの方法，対応と非対応の決定，属性における知覚的属性・理論的属性・抽象的属性の区別，属性間関係の対応など，未解決の問題もあった。3.3 の構造写像モデルは，これらの類似性の問題を類推の理論の一部として検討した。

3.3 構造写像モデルと類推

Gentner らは，類似性認知と**類推**には，特徴や関係の整列と構造写像過程が含まれていることを主張している（Gentner & Markman, 1997）。Gentner らの主張は「類似性認知は類推のよう」であり，**構造写像理論**によって類似性認知過程を説明している（3 章 3 節参照）。

一方，Holyoak らの一連の類推研究は，目標や文脈が類似性認知を方向づけることを指摘している（Holyoak & Thagard, 1997）。そして，対象レベルの表面的（属性）類似性と，関係や構造の類似性に加えて，目標レベルのプラグマティック類似性の制約をあげている。これらの多重制約が，多くの基底領域から適切な候補を絞り込み，複数の可能な対応づけから適切な対応づけを行うことを支えている。

これらの類似性認知の対応づけ過程における制約は，類似性判断の下位過程で異なる役割を果たしている。第 1 に，表面的（属性）類似性は検索において有効な手がかりとなり，属性の共有の程度が高い「透明な」場合は，転移が起こりやすい。第 2 に，関係や構造の類似性は，対応づけの評価において，第 3 に，目標の類似性は，適切な解を導くのに重要な役割を果たしている。さらに，近年の Holyoak グループの研究（Ichien et al., 2024）では，類似性と非類似性の処理は，前者が関係処理を重視することから非対称性が生じることを心理実験と計算モデルで明らかにしている。

4　近接性と人間の認知

類似性は，幾何学的モデルにおいては近接性として表現されたように，両者は同じ表象で表現されることがある。ここでは，2 節で述べた類似性の区分に

対応させて，近接性と認知との関係を検討する。

4.1　知覚的近接性

知覚的近接性は，知覚空間における空間的あるいは，時間的近接性である。視覚空間においては，空間的に隣接した対象がグループをつくり，聴覚においても時間的に隣接した音は，まとまった音，さらに，リズムのようなグループとして認識される（知覚群化における近接の要因）（増田，1994）。

さらに，知覚的シーンにおける顕著な共起関係や隣接関係が用いられる言語表現には換喩がある。たとえば，目立つ部分で全体を示す（例：「赤シャツ」でそれを身に着けている人を指す）ことは，そのシーンにおいて，弁別性が高い特徴をもつためである。すなわち，換喩は，知覚的に顕著な参照点（弁別特徴）で隣接物を間接的指示（特に現場指示）することが多い。たとえば，「メガネ」といって誰を指したかを特定するには，その場にメガネをかけた人が1人だけいることが大切である。

4.2　刺激や手がかりの近接性

学習の成立には，刺激と反応が，空間的・時間的に接近して生起することによって，両者の連合ができることが必要である。こうした考えに基づく行動主義の心理学は，イギリス連合主義における「観念の連合」を，「刺激－反応の連合」に置き換え，実験的分析を進めてきた。その典型は1950年代のガスリーの接近説に見ることができる。一方，スキナーのオペラント条件づけ理論においては，反応と強化刺激の随伴性がキー概念であった（佐藤，1976）。

また，記憶においては，符号化時とテスト時において，学習対象をとりまく文脈は，手がかりとして働き，学習時に貯蔵された手がかりと検索時の手がかりが一致したときは，検索成績が高いという符号化特殊性原理も提唱されている（Tulving & Thomson, 1973）。これらの理論は，学習文脈を支える豊富な近接情報が，検索時にも提供されていれば，脳神経の複数の記憶手がかりのアクセス経路を利用して，学習内容にアクセスできるという点で一致する考え方である。

4.3　概念的近接性

概念的近接性は，現実の知覚的シーンや出来事に関する経験が一般化されたスクリプトや常識や文化的・社会的経験に基づく世界知識における空間的・時

間的近接性として捉えることができる。

　連想においては，世界知識内の空間的近接性に関わるものとしては，容器－中身（ボトル→洋酒），材料－製品（アルコール→酒），地名－産物（大島→紬），地名－機関（虎ノ門→文部科学省），建物－機関（官邸→政府）などがある。これらは，換喩として言語表現に用いられている（2章3節参照）。たとえば，容器でその中身を示す（ボトルを空ける）などはその例である。世界知識における空間的近接性を利用する場合は，類似対象が多くて近接性の弁別性が高い場合（例：親戚は同姓が多いため地名で区別する）や，指示対象自体が漠然としているため，地名が指示物を包含する場合（例：永田町で政界を示す）がある。

　一方，世界知識内の時間的近接性には，現実世界における共起関係や随伴性，因果性，行為系列に依拠するものが多い。たとえば，換喩として言語表現で使われる「ハンドルを握る」（原因）で「自動車を運転する」（結果）を示す表現は，知識としての行為や出来事のスクリプトに依拠している。また「三島を読む」のように，作者で作品を示すのは，作者によって作品が生まれ，その個性があるという知識内の因果関係による（山梨，2000）。

　世界知識においては，対象に近接している対象は多いため，言語における指示のためには，文脈によって適切な近接関係を焦点化（選択的活性化）する**文脈的調整**（contextual modulation）が必要である。たとえば，「やかんが沸く」においては，「沸く」は液体を対象とする選択制限があるために，「水」ということが特定される。また，「電話（受話器）をとる」「電話（ベル）が鳴る」では，行為を示す動詞によって異なる対象物が顕在化する（楠見，1995c；3章4節参照）。

　このように，近接性の原理は，現実のシーンの知覚や記憶のみならず，出来事を基底領域にしたスクリプトの形成や換喩処理，文脈要因などが関わる。5節では近接性と類似性はどのように相互に関わり，人の知識形成を支えているかについて述べる。

5　知識形成を支える類似性と近接性認知

5.1　類似性と近接性に基づく知識形成と利用

　類似性と近接性は，人の認知，特に知識の獲得，構造，利用に関する一貫した説明原理として考えることができる。すなわち，人の認知において，対象間の類似性と近接性は，対象の群化，同定，カテゴリ化，検索において重要な役割を果たしている。特に，類似性については，共有特徴の発見はカテゴリの形

14章　知識獲得と比喩　201

成に，さらに，関係や構造の発見はパタンや規則の生成に関わる。一方，近接性については，学習時の符号化手がかりやインデックスの形成に寄与し，それは，検索時において，有効な手がかりとなる。

さらに，類似性認知と近接性認知に基づいて，知識の形成と利用を考えることは，2つの利点がある。

第1は，学習の一般的メカニズムと合致する点である。類似性の認知は，類似性による時空を隔てた刺激－反応の連合を可能にし，より広範な事態への般化を支えている。さらに，特徴類似性，関係類似性に基づいて典型例やパタンを帰納して，ルールを形成することを支えている。一方，近接性の要因は，反復による刺激－反応間の結合強度を増強させている。さらに，近接する文脈情報を手がかりとして，自動的にインデックスがつくられ，それが後の検索で一致することが検索可能性を高めている。特に，新奇な事態で，手がかりが一致する過去経験を検索することは進化的にみても適応価が高い。

第2は，類似性と近接性は事例検索と推論において利点をもっている。類似性は，文脈，目標に対して，柔軟である。それは，学習や熟達化によって，重要特徴や関係への敏感性を高めることによって，より適応的になる。一方，時間的・空間的近接性情報は，豊富でかつ環境が安定していれば利用可能性が高い。

5.2 知識の抽象化水準と推論

そこで，人の知識の抽象化水準として，図14-1のような階層的な水準を仮定した（e.g., Rips, 1989）。これは，ⓐ事例ベース推論やプロトタイプベース推論のように類似性の役割の大きい推論と，ⓑルールベース推論やモデルベース推論のように抽象的な意味関係を重視する推論を対立させるのではなく，知識形成プロセスに基づいて統合する試みである。

事例ベースの知識と推論　第1の水準は，過去経験に依拠した事例のレベルである。過去経験は個別の経験が詳細な知覚的情報による文脈や手がかり情報とともに貯蔵されている具体的記憶である。たとえば，「ホームパーティ」の知識表象として，ある日時と場所で行われた過去経験が時間経過によって，詳細な文脈情報が忘却されて，事例として貯蔵される。こうした原経験や事例は，手がかりや特徴の一致（類似性）の関数として検索されやすくなる。直観的推論や意思決定における**利用可能性ヒューリスティック**（Tversky & Kahnenman, 1973）は，事例の想起しやすさに基づいて，カテゴリの頻度や確率を判断する。

図 14-1　知識の抽象化水準と推論

抽象化の水準	原理と構造	推論
モデル	構造 （理論）	MBR（モデルベース）
↑ 統合，体系化		
ルール	関係 （統計情報）	RBR（ルールベース）
↑ 帰納		
典型例	因果とカテゴリ （スクリプト，パタン，スキーマ）	PBR（プロトタイプベース）
↑ 帰納		
事例（過去経験）	近接性と類似性 （手がかり，文脈，知覚的特徴）	CBR（事例ベース）

（出所）楠見（2002b）

こうした推論は，類似性または**事例ベース推論**（case base reasoning：CBR）である。比喩や類推が抽象化されないで，具体的事例や事物を基底領域として用いる推論はこの事例ベースの推論にあたる。

　プロトタイプベースの知識と推論　　第 2 の水準は，典型例としてのプロトタイプである。ある場面における空間的隣接性は，典型的なシーンとして，出来事の時間的連続性の情報はスクリプトとして，帰納され，表象される。ここでは，時間関係が表現される変数を含む。一方，類似事例はカテゴリを形成する。たとえば，ホームパーティは，繰り返し参加することによって，個々の事例の詳細や特異な要素は捨象されて，それらの共通性から形成された典型的なホームパーティに関する知識が形成される。これは，出来事の知識としてのスクリプトやスキーマに対応する。

　こうしたカテゴリのプロトタイプは，ある事例の頻度や確率を推定するときの簡便方略として用いられる。**代表性ヒューリスティック**は，事例がカテゴリを代表している程度に基づいて，カテゴリの頻度や確率を判断する（Kahneman & Tversky, 1972）。これらの推論は**プロトタイプベースの推論**（prototype base reasoning：PBR）である。

　この水準の知識は，準抽象的な知識であり，対象や関係が目標達成のために意味的・機能的に結びついている（鈴木，1996）。そして，類推や学習などを支えている。また，比喩においても，3 章で述べた類包含モデルのカテゴリや慣用化されたたとえる語は準抽象化された知識であり，プロトタイプベースの推論と考えることができる。

　ルールベースの知識と推論　　第 3 の水準のルールは **if-then** のプロダクショ

ンルールのような明示的な心的手続きをもつ。これは抽象性と論理性をもち，変数を含む。したがって，少数のルールで多くの事例を整合的に説明する体系性や新たな事例を生成する可能性をもつ。**ルールベース推論**（rule base reasoning：RBR）は，プロダクションシステムで実現でき，明示的で有限な要素に対して，適用しやすく，また説明がしやすい。

モデルベースの知識と推論　さらに，第4の水準の知識は，複数のルールを統合した体系性をもつモデルである。これは，世界を説明するために人がもつ「理論」に対応する。ここでは，具体的な事例や典型例，ルールといった知識も含まれている。このような異なる水準は，人の知識において並列的に存在していると考える。これらを含むモデルを利用して，**モデルベース推論**（model base reasoning：MBR）が行われる。

5.3　人の知識の形成と推論の特徴

　このように，知識の形成は，具体的経験が類似性や近接性の認知を原理として，ボトムアップに**抽象化**される。一方で，教育による抽象度の高い知識の学習によって，トップダウンで高い階層の知識から具体例が形成される。

　ここで，類似性と近接性は，個々の経験や事例を節約的に，かつ検索しやすい形で貯えるための基本構造として考えることができる。つまり，人の記憶において，類似した事例をまとめておき，一緒に起こったことも貯えておいたほうが，後で同時に引き出して活用することができる。コンピュータに情報を蓄えるときは，後で引き出すための適切なインデックスをつけることが大切であり，工学的には難しい問題であった。しかし，人の記憶では，手がかりとなる見出しは，類似性（共通する知覚的特徴など）や近接性（共起したこと，文脈など），カテゴリの上位 - 下位関係などに基づいて自動的につけることができると考える。さらに，こうして貯えられた知識があるために，代表性や利用可能性のヒューリスティックスに基づいて，素早い推論が可能である（17章参照）。

6　実践知の獲得と継承──類似性と近接性の認知が果たす役割

6.1　実践知の獲得を支える類似性と近接性の認知

　前節で述べたように，知識の形成において，類似性と近接性の認知は重要な役割を果たしていた。そこで本節では，学習者が現実の仕事の場面で，経験を通して学習し，**実践知**をどのように獲得し，若手に継承するかを検討する。こ

こで実践知とは，**熟達者**（expert）のもつ知性として捉える。実践知の性質には，①個人の経験によって獲得される，②目標指向的，③手続き的，④実践場面で役立つなどがある（楠見，2012a）。仕事の場面における実践知獲得のための学習にはさまざまな形があるが，ここでは大きく4つに分けて説明する（楠見，2012b）。

経験の反復　仕事の場におけるスキルの獲得には，経験の意図的反復による練習と経験の無意図的反復によるものがある。初心者の練習においては，指導者が，望ましい行動をほめたり，（目標の達成度などの）結果の知識や目標との（非）類似性に焦点を当てた行動修正のアドバイスなどのフィードバックを与えることが重要である。一方，指導者がいない練習では，学習者自身が自分の行動をモニターし，コントロールすることになる。

　一方で，無意図的な経験反復による学習は**潜在学習**（implicit learning）と呼ばれる。潜在学習とは，学習したという意識なしで複雑な情報を偶発的に学習することである。したがって，潜在記憶は，学習したときの出来事を思い出すことなしに利用される情報の記憶である。これは言語的な知識ではなく，次項6.2で述べる**暗黙知**に対応すると考えられる。熟達者が発揮する高度な技や直観には，質の高い経験を反復する中で自然に会得されるものもある。そのメカニズムの背後には，膨大な質の高い経験による類似性と近接性の認知に基づく知識の形成と検索の自動化があると考えられる（図14-1の事例の水準）。

経験からの帰納と類推　経験の反復による学習がスキルや知識の蓄積であるのに対して，**帰納**は，蓄積したスキルや知識，事例を類似性に基づいてカテゴリ化し，その共通性やルールを抽出（帰納）することである（5節参照）。ここでは，類似性だけでなく，空間的・時間的近接性，すなわち周囲の状況や時間的に前後して起こった出来事の情報も利用して，カテゴリ化やパタン，規則を帰納する（図14-1の事例から典型例の水準）。このように，さまざまな仕事の達成によって得た経験を，これまでの経験や知識を用いて意味づけることによって，類似したより難しい状況に**転移**（**類推**）できる知識となる（17章2節参照）。

　棋士，スポーツや音楽の熟達化には，比較的狭い領域における特定の概念的知識や知覚・運動的な手続き的知識（スキル）の獲得や優れた記憶能力が関わる。それに対して，仕事，とくにホワイトカラーの管理職は，複数の職場での経験によって，複数領域の概念的知識やスキルを必要とするジェネラリストとして熟達化する必要がある。そのためには，異なる領域に，既有の知識やスキルを転移して活用する類推による学習が重要な役割を果たしている。

観察学習　観察（社会的）学習は，スキルや態度などの獲得に関わる。初心者は，仕事場において，意図的にモデルとなる先輩，熟達者を選択し，そこに注意を向け，その行動を記憶内に保持し，適切な時に，動機づけによって，実行することである。ここでは，モデルとして，学習者と類似した他者が選択されたり，モデルとの類似性が高くなるように行動したりする。

他者との相互作用　仕事における実践知は，職場の同僚や上司，顧客など他者との相互作用における対話や教えあい，情報のやりとりによっても学習される。学習者は，仕事場の実践コミュニティに参加することを通して，他者，道具などのリソースを利用し，スキルや知識を獲得していく（Brown, Collins, & Duguid, 1989）。ここで，学習が特定の社会的・文化的文脈で行われるとする状況的学習理論の考え方は，学習が状況や文脈という近接性の手がかりに支えられていることを示している。

6.2　実践知の獲得と継承における類推

実践知は，経験から実践の中に埋め込まれた**暗黙知**（tacit knowledge）を獲得し，仕事における課題解決にその知識を適用する能力を支えている。ここで暗黙知とは，仕事の中で経験から直接獲得された知識であり，仕事上のコツやノウハウなどである（Sternberg & Wagner, 1992；Wagner, 1987）。こうした暗黙知を獲得する場合には，言語化された**形式知**を講義や文書から体系的に学んだ上で，現場での経験を通して，暗黙知に変換するという知識の変換が重要である。一方，他の人に継承する場合には，暗黙知を言語化して伝えることが必要になる。こうした変換のプロセスは**組織的知識創造理論**（野中・竹内，1996）として，次の4つの段階で説明できる。

(a)　**共同化**：働く人は，仕事の場において，共通の実践経験の反復を通して，暗黙知を獲得し，共有する（前項「経験の反復」と「他者との相互作用」参照）。

(b)　**表出化**：暗黙知を他者に伝えるときには，形式知に変換して表出化する必要がある。ここでは，比喩や類推が用いられる。

(c)　**連結化**：形式知同士は，帰納や類推によって連結化され，あらたな知識が生まれる（前項「経験からの帰納と類推」参照）。

(d)　**内面化**：学校，研修や本で体系的に学んだ形式知は，現場での経験と省察を通して，内面化し，暗黙知に変換するという知識の変換が重要である。

そして，このように仕事の熟達化を支える実践知は，暗黙知から形式知への変換を通して，若手へと継承されている（楠見，2020a）。

経験学習と継承における類推の利用については，新しい状況の問題解決においては，過去の類似経験を検索し，利用する側面と，部下や同僚に類似した状況の過去経験を伝達する側面がある。

楠見（2014）はある事務機器メーカー 153 人の調査において，30 代で昇進が期待されている人は，困難な事態に直面したときに，過去の類似経験を想起して利用したり，部下が困難な課題に直面しているときに，類似経験を伝達しようとする傾向が高かった。また，こうした類推の利用や伝達の傾向は，仕事における柔軟性，無難志向でなく挑戦する態度との相関が高かった。このように，働く人にとって，類似経験を利用し，伝えようとする態度は，知識獲得と伝達において重要な役割を果たしていた。

7　ま　と　め

本章は，比喩的思考の土台となる類似性と近接性を人の認知の基本的メカニズムとして検討した。今後の課題としては，異なる階層の知識を矢印でつないだ図 14-1 のように，類似性と近接性からルールが生成するプロセスを心理学的に検証することである。たとえば，対象間の類似性や近接性に関する入力情報に基づく分類やルールの形成過程は，コネクショニストモデル（楠見，2001），さらに，関係や構造を表現するシンボリック・コネクショニストモデルにより説明ができ，その後も研究が展開している（e.g., Hummel & Holyoak, 1997；Doumas et al., 2022）。また，**カテゴリ抽象化学習**（category abstraction learning：CAL）モデルは，知識形成を支えるカテゴリ学習について類似性と非類似性認知のプロセスをルールベースの注意機能メカニズムと統合している。そして，ルール形成はこれらのプロセス間の相互作用，文脈調節と記憶メカニズムを通じて現れることを提案している（Schlegelmilch, Wills, & von Helversen, 2022）。これらは，特徴レベルの類似性からどのようにして，関係や構造レベルの類似性やルールを生成できるようになるのかを明らかにする手がかりとなると考える。また，**LLM**（**大規模言語モデル**）は，膨大なテキストにおける単語間の意味的類似性や近接性に依拠している点で，今後の比喩研究の新たな展開をもたらす可能性となると考える。

14 章　知識獲得と比喩　　207

15 章 記憶の比喩と心のモデル

1 日常言語における記憶の比喩と素朴心理学

　私たちは，心の働きを言葉で表現するときに，比喩をよく用いる。記憶，思考，感情といった心理現象は，10 章で述べた痛みと同様に，個人の主観的経験であって，他者には直接見たり，触れたりすることはできない。そこで，言語によって伝えることが重要である。しかも，心の働きを表現する固有の語彙は少ない。そこで，表現の道具としての比喩が重要な役割を果たしている。

　Lakoff & Johnson（1980）は，比喩が，思考や感情などの心に関わる抽象概念に構造を与えることを指摘した。彼らのあげた 3 つの基本的な**概念比喩**は，以下の通り，日常言語における**記憶**に関する表現にもあてはまる。

- **方位比喩**（例：再生〔意識〕は上→思い浮かぶ，記憶の底に沈む）
- **存在比喩**（例：心は入れ物，記憶は内容物→記憶にある／ない）
- **構造比喩**（例：記憶は出し入れする内容物→記憶にしまう／取り出す）

　方位比喩（orientational metaphor）は，空間の方向性（上下，前後，内外など）を概念に与える。

　たとえば，意識／無意識を水面の「上下」で示したり，アイデアや記憶内容を，「浮かぶ」と表現する。これは，身体的経験に依拠しているため理解しやすい。また，通文化的共通性がある。

　存在比喩（ontological metaphor）は，物理的には存在しないものを，物（entity），内容物（substance）とみなすことによって，言及や数量化を容易にしたものである。たとえば，「楽しい思い出がたくさんある」という言い方ができる。

　構造比喩（structural metaphor）は，ある活動を，他の種類の経験や活動を用

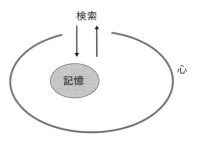

図 15-1 「記憶」の空間比喩

(出所) 楠見 (1992b)

いて構造化したものである。ここでは、目に見えない心的活動を、「物の出し入れ」で記述、説明することになる。

一方、記憶心理学者の Roediger (1979, 1980) も、記憶に関する基本的比喩として、**空間比喩** (spatial metaphor) があることを指摘した (5.1 参照)。すなわち、図 15-1 にも示すように、

(1) 心は場所・空間である。
(2) 記憶は場所・空間に貯えられた物である。
(3) 検索は場所・空間に貯えられた物を探索するプロセスである。

といった比喩である。

(1)は、心を容器 (container) とみなし、(2)は記憶が、この中に入れた内容物であることを示している。

(3)では、記憶は、出し入れする内容物として捉える。この空間比喩は、Lakoff らのあげた3つの基本的な概念比喩と対応している。空間比喩は、あとで述べるように、日常言語、そして、心理学者の記憶理論に浸透している。

こうした記憶の基本的な概念比喩の起源は、自分の経験をはじめ、会話、小説等で使われる慣用的用法にあると考えられる。なお、Draaisma (2000) は、西欧の古代から現代まで、記憶の比喩がどのように使用されてきたかをたどり、ろう石版や本から写真、コンピュータ、ホログラム、ニューラルネットなどにいたる技術の進歩から生まれた比喩について、広範に検討している。

一般の人たちも、心理学者と同じように、記憶、感情といった心に関わる現象に関心をもっている。そして、自分の心を言葉で表現したり、他者の心を言葉を通して理解している。さらに、素人心理学者として、豊富な日常経験や直観に基づいて、心に関する現象を説明したり予測するための知識を獲得している。こうした知識を常識心理学 (commonsense psychology) あるいは素朴心理学 (folk psychology) という。これらは、心理学者による実証を経た (顕在的) 理論 (explicit theory) と対比して、「隠れた (潜在的) 理論」(implicit theory) と呼ぶこともできる (Roediger, 1979)。また、心理学者が構築した記憶モデルに対して、各個人が構築した「個人的記憶モデル」(personal memory model：Klazky, 1984) とも呼ばれる。

各個人がもつ記憶に関する「理論」や「モデル」は，日常言語，特に比喩で記述，説明することが多い。たとえば，「記憶は，棚に整理してしまっておくようにすると，あとで引き出しやすい」という記憶の比喩は，その人が自分自身の記憶活動を予測したり制御する源泉になっている。つまり，個人的記憶モデルは，メタ認知の一部である**メタ認知的知識**ということができる（Calvalho・楠見，2009；楠見・高橋，1992）。

　そこで，ここでは，記憶を説明するときに用いる比喩を，日常生活と心理学理論において，それぞれ検討する。そして，人が，個人的経験に基づいて獲得した知識である記憶の機能や構造，性質に関する「個人的記憶モデル」を明らかにする。さらに，「個人的記憶モデル」が，心理学の記憶モデルや研究パラダイムにどのように影響を与えているのかを考察する。

2　記憶に関する比喩の分類

　人が，記憶を記述するときに用いる比喩は，人が記憶の活動や状態をどのように捉えているかという個々人がもっている「個人的記憶モデル」を反映している。

　そこで，楠見（1991）は，成人が記憶を語るとき，記憶のどのような側面を取り上げ，どのような比喩を用いるかを検討した。

2.1　記憶に関する比喩の分類

　方法は，質問紙法で実施した。大学生・社会人 366 名に対して，「記憶は，〔　　〕のようだ。なぜなら（　　　　）」という形式で，たとえ（比喩）を作り，簡単に理由を書くことを求めた。

　そして，その回答を，記憶（主題：topic）をたとえる語（vehicle）に基づいて分類した。そして，「記憶のどのような側面がたとえられたか」を，理由の記述に基づいて検討した。

　結果は，**表 15−1** に示すように，記憶をたとえる語は，さまざまであるが，人工物と自然物に大別でき，やや人工物が多い。

　第 1 に，**人工物比喩**は，容器比喩と外部記憶比喩に大別できる。**容器比喩**は，情報の入出力過程を，容器や貯蔵庫への内容物の出し入れのような擬人的な活動で表現することが多い。特に，入力における情報整理（分類）の重要性や，検索困難を「引き出し（にしまう／が開かない／見つからない）」などで表現する

表 15-1　成人が生成した「記憶」に関する主な比喩：たとえる語に基づく分類

A　人工物	149
A1　容器・貯蔵庫［タンス(7)，引出し(6)，ごみ箱(3)，箱(2)，壊れたバケツ(2)　など］	37
A2　外部記憶［コンピュータ(14)，ノート(5)，写真(4)，アルバム(3)，フロッピーディスク 　　　(3)，本(3)，日記(3)，映画(2)，メモ(2)，ファイル(2)，辞書(2)，本棚(2)　など］	51
A3　他の人工物［お金(4)，パズル(4)，シャボン玉(4)，糸(3)，鎖(2)，絵(2)，ビール(2) 　　　など］	61
B　自然物	130
B1　気象・地形［雲(17)，泡(12)，水(11)，風(6)，氷(5)，霧(5)，宇宙(5)，海(4)，しんきろう 　　　(4)，かげろう(4)，波(4)，川(3)，雪(2)，もや(2)，虹(2)，泉(2)　など］	121
B2　生物［生き物，海底の貝，大学生，鬼，蜘蛛の巣，卵　など］	9
C　その他［夢(5)，流行，天気予報，空模様，愛，力，年輪，年齢，自己，記録　など］	25
D　不適切反応［大脳(2)，あいまい(2)，過去(1)，暗記，公式，英単語，音楽　など］	42
E　無反応	20

(注) 数値は，366 名中の人数。（ ）内の数値はたとえる語を産出した頻度（人数）を示す。頻度 2 以上の比喩はすべて記載してある。（数値）なしは 1 人を示す。

(出所) 楠見（1992b）

例が目立った。また，記憶容量の限界を「一杯になる，あふれる」と表現する。

　また，人工物比喩の一種である**外部記憶**（記憶補助道具）**比喩**は，「コンピュータ」と，「日記，本」などの文書類に分類できる。**コンピュータ比喩**は，「データの記録／検索」といった機能面の共通性に基づくたとえが多い。その構成要素であるコンピュータの記憶媒体「**RAM**」などもたとえに用いられる。一方，文書類を用いた比喩は，まず，記憶内容を表現する比喩として用いられる。エピソード記憶は「日記，アルバム」，意味記憶は「辞書，本」といった外部記憶が内化したものとして捉えられている。また，「ノート，メモ」は，「書きとめる」といった機能面に基づいていることもある。

　第 2 に，**自然物比喩**は，記憶状態をたとえるときによく用いられる。特に，自然現象の使用頻度が高い。たとえば，記憶の減退を「泡」「水」「霧」などで表現し，記憶が浮かんだり沈んだりする状態，混沌とした状態や変化を「雲」や「かげろう」などで表現する比喩が多い。

　他の比喩としては，生物（貝など）や抽象概念（夢など）があったが，種類や頻度は比較的少ない。

　この方法を用いた研究は，富髙・中田・向居（2024）により追試が行われ，人工物（外部記憶）のコンピュータ関係の多様な側面の使用による変化が指摘されている。

　また，これらのデータとは別に，共感覚的比喩（7 章参照）の研究として，記憶は，どのような感覚モダリティの形容詞で表現できるかを検討した。その

212　　第Ⅲ部　比喩で学習・思考する──その機能

結果（楠見，1988b）は，「鮮やかな／ぼんやりした／美しい記憶」などのように，視覚形容語で記憶をたとえた場合が，理解可能性評定値が高い。他の感覚領域では，味覚「甘い記憶」以外は，理解可能性評定値が低い（7章図7-2b参照）。こうした結果は，記憶表象が視覚に大きく依存していること，さらに，記憶を，写真や絵のようにたとえる，**写真比喩や絵画比喩**（表15-1参照）が浸透しているためと考えられる。

2.2　記憶の比喩からみた「個人的記憶モデル」の分類

2.1で明らかにした記憶の比喩の分類に基づくと，記憶に関するメタ認知的知識である「個人的記憶モデル」は次の3つにまとめられる。

貯蔵庫としての記憶　　記憶は，「タンス，引出し，整理箱，箱」などでたとえることが多い。こうした頭の中にある貯蔵庫としての記憶モデルは，空間比喩に依拠している。

すなわち，記憶の過程は，情報を自分の頭の中に取り入れ，後で，取り出すものである。すなわち，記憶は，意図的な貯蔵庫への入力や検索の過程として記述される。保持の状態は，記憶に「ある／ない」というように，あたかも記憶空間に存在する内容物のように捉えている。

さらに貯蔵庫比喩は，心理学の記憶理論と次の点が合致する。

(a)　容量限界：引き出し／箱は入る量が決まっている。

　　　（しかし，記憶を，自然物「海」や「宇宙」でたとえて，記憶容量を無限と捉えることもある）。

(b)　情報を取り入れるときの整理（方略）の重要性：引出しは，整理してしまわないと後でわからなくなる。

(c)　検索失敗：引き出しはときどき開かなくなる。古いと開かない。奥に入れると忘れてしまう。

減衰する記憶　　一般人が記憶のたとえを作るときは，その状態を，自然物でたとえることが最も多い。自然物比喩は，記憶のさまざまな状態を表現できる。鮮明な状態「虹」から，時間とともに変化し「雲，川の流れ」，浮かんだり沈んだりしながら「波，泡」，さらに混沌とした状態になり「かげろう，しんきろう」，減衰・消滅する「氷，煙」。記憶の減衰は他の心的事象「夢，愛」で表現することもある。自然物比喩は，主に無意図時忘却過程の表現に用いられ，文学作品でも多用される。文学作品で使われる比喩は，作家の個人的記憶モデルの表現である。また，私たちの忘却に関する個人的記憶モデルも自然比

15章　記憶の比喩と心のモデル　　213

喩に依拠することが多い。

　一方，記憶状態の錯綜を「パズル，迷路，蜘蛛の巣」で表現したり，連鎖的な再生を「鎖」で表現することもある。

　自伝的記憶　　個人の生活史に依拠したエピソードに関する**自伝的記憶**（auto-biographical memory）は，外部記憶である「日記，アルバム，写真」などでとらえられる。たとえば，「記憶は，日記のように，日常的なことは書き込まれず，いつもと違うことが書き込まれている」といったエピソード記憶の性質に言及するものもあった。また，「自分が主人公のドキュメンタリー映画」「生まれてから続いている細長い糸」のように，現在と過去を結びつけ，自己の連続性に言及する記述もあった。

2.3　「個人的記憶モデル」に含まれない記憶

　人の記憶の比喩において，意味記憶への言及は，366人中7人と少なかった（本，辞書，図書館，データバンクなどの知識の貯蔵庫としてたとえた）。また，記憶は，再生が主であり，再認，感覚運動的記憶に言及することはほとんどない。

　また，展望（未来）記憶も入っていない。つまり，人の考える「記憶」とは，過去のエピソードの再生である。したがって，意味記憶や展望（未来）記憶の研究の開始が，エピソード記憶よりも遅れた理由には人の「個人的記憶モデル」に含まれていなかったことが考えられる。

2.4　個人の記憶に関する知識のモデル

　これまで述べた，記憶の比喩に基づく「個人的記憶モデル」における3つの構成要素は，質問紙法による調査においても見出されている。楠見（1991）は，大学生276人から集めた日常生活におけるさまざまな個人的記憶経験に基づいて，30項目の日常記憶質問紙を作成した。そして，各項目がどの程度自分に当てはまるかを評定させた。その結果，記憶の能力の自己評価に基づく日常記憶の因子構造としては，①検索困難（例：テストのとき，覚えたことが思い出せなくて困ることがある），②無意図的忘却（例：よく忘れ物をする），③回想的想起（例：現前しない光景をありありと思い浮かべることができる）——の3因子が見出された（図15-2上段）。つまり，私たちが，日常生活において記憶を意識するのは，①重要なことが思い出せなかったとき，②物忘れや，後から気づいたとき，③過去の出来事が忘れられない／思い出されたとき——であることがわかる。これらは，記憶理論に対応させると，それぞれ，意味記憶，展望記憶，エピソ

図 15-2　一般の人の記憶に関する知識のモデル

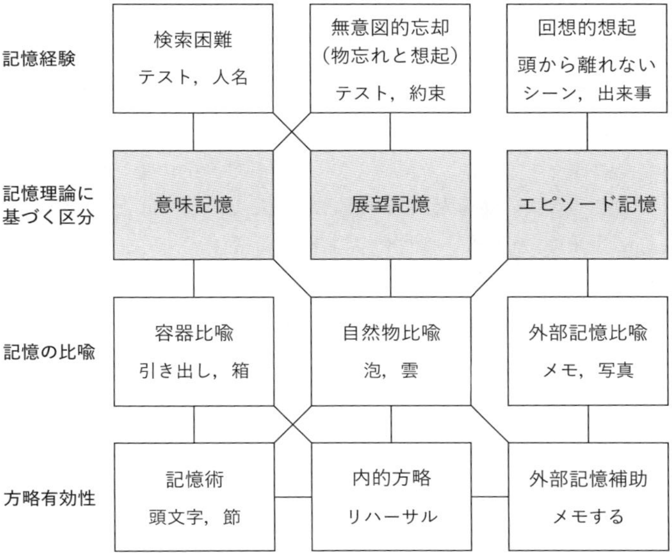

記憶経験	検索困難 テスト，人名	無意図的忘却 （物忘れと想起） テスト，約束	回想的想起 頭から離れない シーン，出来事
記憶理論に 基づく区分	意味記憶	展望記憶	エピソード記憶
記憶の比喩	容器比喩 引き出し，箱	自然物比喩 泡，雲	外部記憶比喩 メモ，写真
方略有効性	記憶術 頭文字，節	内的方略 リハーサル	外部記憶補助 メモする

（出所）Calrvalho・楠見（2009）を改変。

ード記憶と**図 15-2** の 2 段目で示すように対応する。そして，先に述べた記憶
の比喩とは，容器比喩（貯蔵庫としての記憶），自然物比喩（減衰する記憶），外部
記憶比喩（エピソード〔自伝的〕記憶）と**図 15-2** の 3 段目で示すように対応する。
さらに，それぞれに有効な記憶方略として，記憶術，内的方略，外部記憶補助
が対応（**図 15-2** の 4 段目）する。これらの全体を，記憶の比喩に基づく一般の
人の記憶に関する知識として考えることができる（Carvalho・楠見，2009）。

3　心理学における記憶の比喩と理論

Roediger（1979, 1980）は，記憶に関する専門家の理論に用いられた比喩を通
時的に検討した。その結果，最も多いのは，空間比喩であり，{財布，バケツ，
ごみ箱，ビン，図書館，牛の胃，作業台，部屋をもつ家，コンピュータ} など
がある。
　空間比喩は，記憶構造を説明するための豊かな源泉になってきた（例：短
期 - 長期貯蔵庫，記憶容量，アドレスなど）。また，記憶表象モデルとしての樹状

構造やネットワーク構造（ノードとリンク）は，空間比喩のバリエーションとして位置づけることができる。一方，記憶プロセスは，空間内の擬人的活動（動詞）を用いて記述される（例：空間内に貯蔵，探索，検索，照合する）。時には，心の中の小人（ホムンクルス）が想定されることもある。

　また，空間比喩の一種である人工物比喩は，一般人も専門家も同じようによく使う（たとえば，ろう石盤，蓄音機，メモ用紙，辞書，情報カード，テープレコーダ）。これらは，記憶補助道具であり，頭の外にある外部記憶である。これらは，Norman（1991）のいう，**認知的人工物**（cognitive artifact）であり，「表象システムを提供し，知識を維持，操作する人工物」である。

　人工物のなかでも，機械は，デカルトの**動物機械論**をはじめとして，比喩の肥沃な源泉である。**機械比喩**は，当時の最も複雑な機構を比喩として用いる傾向がある。したがって，記憶の比喩は，カメラ，スイッチボード，コンピュータというように，技術革新とともに進歩してきた。

　こうした比喩の進歩は，新しい実験や理論を導いた。特に，機械比喩は，機能を的確に表現するだけではなく，4節で述べるシステムとしての心（**システム比喩**）を精緻に表現できるため，現在の認知心理学においても最も多く用いられている（Gentner & Grudin, 1985）。たとえば，コンピュータシステム比喩は，選択的注意，短期記憶の容量限界，検索手がかりと検索時間など，多くの実験，概念や理論を生み出している。

　したがって，比喩が異なると，異なる実験や理論が導かれる（たとえば，記憶を，痕跡と捉えるか，容器内の内容物と捉えるか）。すなわち，比喩は，科学者共同体が共有するパラダイムの一部となっている（たとえば，精神分析理論，ゲシュタルト理論などは固有の比喩をもっていた）。したがって，科学における発見には，新しい比喩の発見も重要な要因である。そして，豊かな鉱脈となる比喩の発見が，パラダイム変換を生み出すこともある（Hoffman , Cochran, & Nead, 1990）。

　そこで，次に心理学全体の心のモデルと比喩について述べる。

4　心理学における心のモデルと比喩の種類

　心理学における**心のモデル**は，これまで述べた記憶の比喩の場合と同様に，心をたとえるときに用いる比喩が重要な役割を果たしている。ここでまず，心についてのモデルとして比喩がどのように展開してきたかを歴史的にたどる。

日常生活だけでなく，哲学においても，目で見えない心を語るために，比喩や類推を用いてきた。

　心の比喩の代表は，古代ギリシャ哲学以来用いられてきた，「**空白のろう石版（tabula rasa/blank slate）比喩**」である。これが人の心は環境によって書き込まれるとみなす経験論を支える比喩として，今も多くの研究を方向づけ，人々の人間観に影響を与えていることを Pinker（2003）は批判している。哲学者・心理学者は，心の比喩として，鳥かご，家，時計，蒸気機関，ダム，機械，電話交換機など，技術の進歩に伴い，より構造的，体系的な説明ができるものが使われてきた。そして，前節でも述べたが，1960 年代以降は「コンピュータシステム比喩」が使われるようになってきた。特にコンピュータシステム比喩は，情報処理モデルを導入した点で，従来の実験心理学からの大きなパラダイム変換をもたらした。Gentner & Grudin（1985）は，1894 年から 1975 年までの *Psychological Review* 誌の掲載論文のコーパス分析に基づき，256 の比喩を抽出し，空間（61），動物（23），システム（80），神経（16）に分類した。これらの使用頻度は，時代によって変化し，1894〜1915 年の初期の心理学では空間比喩や動物比喩が多い。空間比喩は，一例としては 1 節で述べたように，心を容器と捉え，情報を容器への出し入れと考える（容器比喩）。一方，「動物比喩」は，一例としては，心を小人や小動物にたとえ，そのふるまいで心の特徴を説明する。1925 年以降は，これらの比喩は減少し，数学や物理学をベースにしたシステム比喩（4.2 参照）が増加することを示している。システム比喩とは，心のプロセスを，要素間の相互作用として捉えて，数式やスイッチボードやコンピュータなどの「機械比喩」が用いられる。また，「神経比喩」（4.3 参照）は神経生理的なメカニズムに基づくものであるが，1975 年までは一貫して頻度が少ない。この論文が調査していない 1990 年代以降から現在では，かなり頻度が上昇したと考えられる。

　現在の認知心理学におけるモデルは，前節の記憶の比喩と一部重なるが，空間比喩とシステム比喩，そして近年は，神経比喩の影響を大きく受けている。以下それぞれを検討していく。

4.1 「心」の空間比喩

　空間比喩は，記憶構造（例：短期‐長期貯蔵庫）や処理のスペース（例：作業記憶容量），知識の表象（例：意味空間）を説明するモデルの源になっている。さらに，認知プロセスは，空間に情報という内容物の操作として記述され，擬人

的活動として動詞で記述される（例：空間内への貯蔵，保持，検索，照合，操作）。さらに，認知機能を実行制御するエージェントとして心の中に小人を想定することもある。

4.2 「心」のコンピュータシステム比喩

　システム比喩は，「心」の複雑な認知機能を支える構成要素をいくつかの下位システムに分け，全体として高次のメカニズムを説明するには不可欠の比喩である。認知システムは，情報処理プロセスモデルとして，入力システム→中央処理システム→出力システムに分かれる（1章図1-1参照）。入力分析システムは，複雑に変化する物理的刺激（音，顔）や言語刺激を処理するものと仮定されている。特に，生得的に特殊化された入力システムは，顔認知や危険認知，食物発見などの迅速な処理を支えているモジュールが仮定されている。「心」のモジュールの性質としては，領域特殊的機能をもち，情報がカプセル化され，認知的侵入不可能性，すなわち，ほかの認知システムへの接近可能性をもたないという独立性をもつものと捉えられている。そして，ボトムアップ的で，特殊入力システムから中央システムの普遍的形式への変換が自動的強制的動作として，刺激駆動的に高速に無意識的に行われると仮定されている（Fodor, 1983）。特に言語や顔認知に関わるモジュールは，脳障害，言語障害などの神経心理学研究において検討されている。

　「心」の中央システムに関して，認知心理学が盛んになる前の行動主義心理学と大きく異なる点は，中央システムをブラックボックスとしない点である。そして，中央システムにおける記憶，思考や知識の解明を重視している。特に，膨大な知識をいかに利用しているかは，類推研究の重要なテーマである（Holyoak, 1997；Hummel & Holyoak, 1997；Markman, 1999）。さらに，「心」の中央システムの結果を出力するシステムは，ロボットやコンピュータに比べて自由度の高い運動出力と発話や書字などの言語によって支えられている。

　また，認知システムを，システム1とシステム2に大きく分ける**二重過程モデル**がある。前者はモジュールやヒューリスティックなどに基づく直観的処理，後者は中央システムの制御，そして規則に基づく分析的な処理を行うシステムである（Stanovich, 2004）。このモデルは，認知心理学，社会心理学，特に推論，思考，意思決定分野で有力なモデルである。これについては，18章で述べる。

4.3 「心」の神経比喩

「心」の神経比喩としては，コネクショニストモデル，ニューラルネットワーク・モデルがその典型であり，多くのモデルが生まれている。そして，脳神経科学的アプローチでは，神経は比喩ではなく実在性のあるものとして説明に用いられている（たとえば，守・都築・楠見，2001）。

5　まとめ──記憶と心の比喩の効用と限界

本章では，主に記憶に関する比喩に基づいて，個々人がもつ「個人的記憶モデル」と，心理学者の学問としての記憶モデルを比較検討した。最後にまとめとして，「個人的記憶モデル」と心理学者の記憶モデルの関係を Klatzky (1984) の4分類に基づいて検討しよう。①一般人と心理学者が一致する，②心理学者は，一般人にはない見解をもっている，③一般人は，心理学者とは一致しない信念をもっている，④両者とも知らない──記憶現象である。

①に該当する「空間比喩」は，日常言語における基本的概念比喩が，心理学の記憶理論に影響を及ぼしたと考えられる。②に該当する展望記憶や意味記憶は，一般人には記憶として把握されにくい。しかし，近年になって，心理学者の研究テーマになった記憶である。③に該当するものには，一般人における写真（カメラ）比喩がある。これは，記憶を，カメラやビデオカメラのような，忠実な記録・保持・再現として捉える見方である。しかし，心理学的事実とは合致しない。こうした写真比喩は，目撃者証言に対する過信を生むことになる。④は，発見が難しいテーマである。まずは，②の心理学者による発見が，次の段階だろう。

比喩には，効用とともに誤りを導く危険がある。

比喩の効用としては，第1に，記憶のプロセスや状態，表象を記述，説明する語彙や構造を与える点がある。基本的概念比喩は日常言語だけではなく，心理学理論においても利用されている。第2に，比喩は，パラダイム（科学者共同体のもつ信念体系）として，学問の研究方法や理論を方向づける。第3に，比喩は，ヒューリスティックとしての役割をもち，研究者の思考や発想，研究領域の拡大，深化に重要な役割を果たしている。たとえば，認知心理学は，1章で述べたように，人をコンピュータに見立てる比喩によって人間の情報処理過程に関する研究が進み，逆に，人工知能は，コンピュータを人に見立てる比喩によって，柔軟な処理ができるコンピュータの研究が進み，さらに，両領域の

15章　記憶の比喩と心のモデル　　219

共同研究が生まれるようになった。

　一方，比喩には，誤りを導く危険性がある。第1は，比喩における領域間のある要素の部分対応を全体対応（すべての要素が一対一対応であるかのように）とみなしてしまう誤りである。たとえば，人間の記憶がコンピュータの記憶とすべて一致しているとみなしてしまうことによって，感情や文化・社会・状況といった人間固有の要因を過小評価してしまう危険がある。第2は，比喩を実体化してしまう誤りである。たとえば，短期－長期貯蔵庫といった構成概念があたかも脳内に実在するかのようにみなしてしまう誤りである（心理学の初学者はこのようなイメージを頭に描いていることがある）。第3は，現実（データ）を見るよりも，インパクトのある比喩に注目してしまう誤りである。たとえば，フラッシュバルブ記憶（Brown & Kulik, 1977）という鮮烈なネイミングは，あたかもフラッシュで撮影した写真のような記憶をイメージするという誤りを導きやすい。

　このように，比喩には，効用とともに危険性がある。心や記憶の比喩の効用と限界を認識した上で，心理学研究を進めることが大切である。

16 章 比喩とデジャビュ

1 はじめに

デジャビュ（**既視感**：déjà vu）とは，はじめて訪れた場所なのに，昔に訪れたことがあるような気がしたり，はじめて会った人なのに以前会ったことがあるような気がする現象を指す。フランス語で「すでに見た」の意味である。ここでは，はじめて訪れた場所，はじめて会った人だという**認識**（3 節で述べるソースモニタリング）があるにもかかわらず，過去に経験があるような強い既知感とともに，なつかしさが起こるため，違和感や不思議さを感じる記憶現象である。

デジャビュは，小説などでは生まれ変わりで説明されたり，精神医学ではてんかん（深尾他，2005）や統合失調症患者などの幻覚や妄想，多重人格などの記憶異常の問題とされていた。一方，健常者では，デジャビュは疲労などによって心的緊張が低下した際に，まれに起こる現象と考えてきた。しかし，健常者でも多くの人が，デジャビュを経験しており，それは，未知の対象を既知の対象との類似性を手がかりに理解しようとする比喩や類推と同じ**類似性認知**（14 章参照）の一形態ではないかと考え，1990 年代から研究をはじめた（楠見，1994b，1995c，1996b，2002c，2019a，2021b；Kusumi, 1998, 2006）。その後，2000 年代にはいって，海外においてもデジャビュの認知的研究がはじまり，6 割位の人が経験し，若い世代において経験率が高い正常な記憶現象として研究されるようになった（e.g., Brown, 2003, 2004；Cleary, Ryals, & Nomi, 2009；Cleary & Schwartz, 2020）。そこで，本章では，デジャビュ現象を異常現象ではなく，比喩の認識と共通する類似性認知メカニズムによって支えられている点から検討

221

図 16-1　デジャビュと比喩を支える類似性に基づく検索

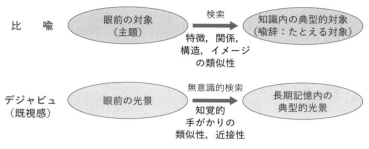

(出所) 楠見 (2002c)

していく。

2　比喩を支える類似性認知

　比喩やデジャビュの生成・理解過程は，2章で述べたように，主題となる対象を表現するために，目の前にない類似物（たとえる対象）を検索して，結びつける過程と考える（図16-1参照）。3章で述べたように，比喩において，主題とたとえる対象を結ぶのは，特徴や関係，構造，イメージなどの類似性である。ただし，主題とたとえる対象が言葉通りに似ている場合には，比喩ではなくなる（例：蜜は砂糖のようだ）。つまり，比喩の主題とたとえる対象の間には，カテゴリの違いなどの非類似性が同時に存在することが大切である（例：誘惑は蜜のようだ）。ここで主題とたとえる対象の類似性は，比喩の理解可能性に影響を及ぼし，非類似性は比喩の斬新さや面白さに影響を及ぼしている。そして類似性と非類似性の両者の緊張が比喩の良さを生み出している。

3　デジャビュ経験を支える類似性認知

　健常の人が経験するデジャビュ（既視感）現象は，記憶異常現象ではなく，2節で述べた比喩を支える類似性認知と同じく，人の認知における類似性認知メカニズムの働きとして考えられる。いま経験していることが，類似した過去経験を自動的に想起させる。これは，比喩において，主題と類似したたとえる対象を長期記憶内から検索するメカニズムと共通する（図16-1下参照）。ここで，デジャビュ現象を支えているのは，現在の経験（眼前の光景）と過去の経験（典

型的光景）の類似性である。また，このデジャビュには（自分の記憶を評価する）メタ記憶である**既知感**が関わる。一般に既知感は検索情報の量に比例して高まり，未知感は逆である（楠見・高橋，1992）。デジャビュ現象は，既知感はあるが，（エピソード記憶や関連知識などに基づいて）未経験の事象であることを同定している点で，現実性識別ができている（したがって虚再認とは異なる）。現実性識別は，検索後の記憶の源（ソース）の現実性（例：はじめて来た場所，会った人かどうか）をモニターし決定する**ソースモニタリング**プロセスにおいて働く。デジャビュの検索過程が無意識的なのに対して，決定過程（現実性識別）は意識的と考えられる。

3.1 デジャビュの経験と類似した過去経験の同定

デジャビュの経験と類似した過去経験を同定できるかを調べるために，大学生・大学院生 202 名に対して，デジャビュについての質問紙調査を実施した（楠見，1994a）。そこでは，以下のようにデジャビュ経験を尋ねた。①場所デジャビュ：はじめての場所にきたのに，周囲の状況を見渡すと，何となく昔，来たことがあるような気がした。②人デジャビュ：はじめて会った人なのに，何となく昔，会ったことがあるような気がした。それぞれのデジャビュ経験に関して，(a)いつ（年・月前，歳のとき），(b)どこで，(c)デジャビュを引き起こしたときの状況や手がかり，(d)デジャビュの源になった過去の経験を思い出せるか，(e)デジャビュの源になった過去の経験はいつ（年・月前，歳のとき），(f)どこでか——について回答を求めた。

結果は，場所あるいは人についてのデジャビュ経験者は 72％ であった。場所に対する経験（63％）が人に対する経験（35％）よりも多かった。さらに，デジャビュ経験報告の詳しさのレベルをみてみると，場所デジャビュ報告では，経験した時，場所および対象を同定できないケースが 39％ あった。一方，人に関するデジャビュ経験は，誰に対して起こったかという同定率が 89％ と高い。これは，（誰であるかの）顔の同定は，場所の同定に比べて，詳細な情報による厳密な照合が必要だからである。さらに，人のデジャビュ経験を同定できた上での（過去の源となった人は誰かという）過去経験の同定率は 57％ である。それに対して，場所のデジャビュ経験を同定した上での（過去の源となった場所はどこかという）過去経験の同定率は，23％ と低い。このように場所のデジャビュは，人のデジャビュに比べて，過去経験が漠然としていて，検索情報が少なくても起こる。また，デジャビュの源となる過去経験は，2 年以上前から 17

年前にわたる長期記憶に貯蔵された経験であった。

　また，別の大学生114人に，デジャビュ経験時の心理状態について尋ねたところ，なつかしさ（経験者の68％）と驚き（87％）を伴っていた。一方，精神的な疲れ（22％）はこれらよりも少なかった。さらに，デジャビュの源になった過去の経験との類似性を5件法で尋ねたところ，全体として似ている（62％）と多く，部分的に似ている（23％）と続き，細部まで似ている（8％）は少なかった（楠見・村井・深尾，2003）。すなわち，全体的な類似性を感じているが，一方では「はじめての経験だ」というソース（現実性）情報があるので正棄却されている点で，虚再認や偽記憶（false memory）と異なる。

3.2　場所デジャビュと起こりやすい場所の典型性

　場所デジャビュが起こる原因を明らかにするために，別の103名の大学生にどの場所において，場所デジャビュが起こったことがあるかを質問紙で尋ねた。その結果，並木道，古い町並み，公園・庭園，校舎，寺社などは，3割以上の人が，デジャビュ経験を報告していた（楠見，1996b）。この調査に基づいて，16～88歳の調査会社モニター1001人に，19の場所をあげて，デジャビュが起こったことがあるかを尋ねたところ，高い順に，古い町並み（回答者の38％），観光地（32％），寺・神社（31％），公園・庭園（30％），住宅街（29％），商店街（28％），海岸（28％），並木道（26％），駅（25％）であった。これらの光景は，しばしば目にし，しかもその光景は相互に類似している。人は，これらの光景を繰り返し見ることによって，その光景は重なり合い，細部は失われた形での典型的光景（たとえば，駅前の広場から広がる並木道や，西洋庭園，校舎など）が記憶内に形成される。そして，新たに目にした光景が記憶内の典型的光景と類似していると，デジャビュが起こりやすいと考えられる。典型的な光景ほど，（見たことがないのに見たことがあると感じる）虚再認を起こしやすいことは，さまざまな寺の写真を用いた実験でも見出されている（Matsuda & Kusumi, 2001）。

3.3　デジャビュの源となる過去経験

　人に関するデジャビュは，初対面の人のように，パーソナルな関係の開始時に起こる。行きずりの人に対して起こることは少ない。デジャビュを引き起こす過去経験は，最近会っていない昔の同級生のように，知人程度の人が多い。そして，デジャビュを引き起こした人と源となった過去経験の人は，外見や雰囲気も含めた全体的，構造的な類似性がある（楠見，1994b）。

表 16-1　人違いと人デジャビュの相違

	人 違 い	人デジャビュ
頻　度 感　情	年 1 回以上の経験率は約 94%，年数回 強い確信度，間違えた恥ずかしさ	年 1 回以上の経験率は約 45%，年 0~1 回 既知感，一方で，初対面だというソース 　情報による違和感
目撃人物／ 現前の人物	行きずりの人，探している人（知ってい 　る人の場合も）	初対面
誤同定人物／ ソース人物	よく知っている人物（最近の知人・友 　人）	少し知っている人物（昔の友人・知人）
類似性	顔，服装，髪型等（顔が主要原因ではな 　い）	全体的類似性（顔，雰囲気など）
個人特性 年齢	失敗傾向質問紙と相関（.18~.48） 加齢による低下	類似性への敏感性と相関 加齢による低下

（出所）楠見（2020b）

　なお，人デジャビュと同様に類似性認知に基づいているが，デジャビュとは
区別できる現象として，人違いと比喩的対人認知の 2 つがある。

　第 1 に，人違いは，髪型・体型・服装などの表面的類似性を知覚的手がかり
とした，部分的照合に基づく性急な誤認知である（表 16-1）。これは，初対面
であるという現実性識別ができていない点で，デジャビュと区別できる。一方，
デジャビュは，顔や雰囲気などの全体的類似性に基づいている。両現象の他の
相違点としては，人違いのほうが経験率が高く，人違いは確信度が高いのに対
して，デジャビュは，既知感と違和感を感じる。人違いは，行きずりや探して
いる人に対してよく知っている人と間違える場合である。一方，デジャビュは
初対面の人に対して，昔，少し知っていた人との類似性で引き起こされる。

　第 2 に，「A さんの恋人はタレントの○○のようだ」といった比喩的対人認
知は，他者を認識（記述，説明，予測）する際に，顕著な特徴が類似した有名人
や知人を，比喩あるいは類推として意図的に利用する点で，デジャビュとは異
なる。

4　デジャビュを支える典型性 – 類似性想起モデル

　デジャビュがなぜ起こるのかについての，類似性に基づく説明としては，
Brown（2003, 2004）が提唱した**ゲシュタルト親近性仮説**がある。これは，現前
の光景が過去の光景と似た空間配置や形状（構造的類似性）をもち，それが無
意識的検索がされるときにデジャビュが生起するという考え方である。Cleary,

Ryals, & Nomi（2009）は，学習段階とテスト段階で，類似した空間配置をもつ光景の線画を用いて実験的に検証している。さらに，Sugimori & Kusumi（2014）はClearyと同じ材料を用いて，学習した光景と類似した光景に対して親近性（親しみ）を感じるかの評定が，日常生活のデジャビュ経験頻度（3.1参照）と.66の相関，日常生活における類似性への敏感さ（例：はじめて聴いた曲から，似ている曲を思い出す）の評定値と.56という高い相関をもつことを示している。

　それに対して，Kusumi（2006）は，エピソード記憶における典型的光景の形成とその類似性認知からデジャビュの生起を説明している。3.2で述べたように，人は，寺などの光景に反復接触することによって，その光景は重なり合い，細部は失われた形での典型的光景（例：山門から本堂に続く石畳の寺の風景など）が記憶内に形成される（図16-2）。そして，新たに目にした光景が記憶内の典型的光景と類似していると，デジャビュが起こると考えられる。典型的な光景ほど（はじめて見たのに見たことがあると感じる）虚再認を起こしやすいことは，典型性（高中低）の異なる寺の写真を用いた実験でも見出されている（松田・楠見，2014）。さらに，デジャビュを起こした光景と過去経験の結びつきは，近接的な知覚的手がかり，雰囲気，天気，気分などの全体的な印象の類似性によって支えられている。これらは，記銘時と検索時の物理的環境（光景の類似性など）や心理的環境（見たときの気分の類似性など）の一致が検索可能性を高める環境的文脈依存記憶現象，感情的状態依存記憶現象として説明できる。図16-2のモデルは，デジャビュにおける反復接触による記憶内における典型的表象の形成過程の第1段階と，現前の光景と記憶内表象とのマッチングによる全体的類似性の認知が既知感を高める第2段階からなる「デジャビュの**典型性－類似性想起モデル**」とよぶ（Kusumi, 2006）。

　なお，デジャビュの説明としては，他に脳機能障害（前頭葉におけるてんかんなどの軽い発作，神経回路網の伝達の一時的障害），分離知覚（ある知覚経験が2通りの処理で保持される）などがある（Brown, 2003, 2004）。

5　まとめ──比喩とデジャビュを支える類似性認知

　以上述べてきたように，デジャビュ現象は，比喩の認知同様，人の認知機構の重要なメカニズムである類似性認知に基づくと考えることができる。すなわち，ある新しい経験は，類似した過去経験を長期記憶から無意識的に想起させ

図 16-2 デジャビュの典型性 - 類似性想起モデル

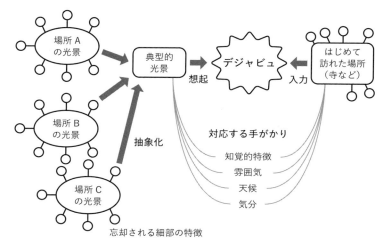

(出所) Kusumi (1998)

る。そのことが，新しい経験に対処するために役立つ。たとえば，場所であれば，どの方向に行けば何があるかを予期したり，人であれば，その人とどのようにつきあえばよいかを予測したりする。こうした予測は当たることもあるが，はずれることもある。それは，現在の経験と過去の経験は類似しているが同一ではないからである。このことは，比喩や類推に基づく推論が必ずしも正解を導かないことと共通している。

　最後に，比喩認知とデジャビュ現象は，人が記憶内の事例にアクセスする際の類似性の働きにおいて共通することを，再検討する。人の認識において，類似性は近接性と並んで，世界をカテゴリ化し，記憶や知識を形成し，それを利用する上で大切な働きをしている（14 章参照）。2 章で述べた，3 つの主要な比喩を取り上げて考えてみると，直喩・隠喩は類似性に，換喩は近接性に，提喩はカテゴリに支えられている（瀬戸，1986）。すなわち，3 つの主要な比喩は，知識構造に依拠し，類似性，近接性とカテゴリ化の働きを示している。

　デジャビュ現象は，事象間の類似性だけでなく，事象の近接情報（天候や雰囲気など）の一致が重要な記憶検索手がかりとなっていた。さらに，長期記憶において（事象に基づくカテゴリ構造である）典型的な光景（例：典型的な寺の山門）が形成されているため，新しい光景を見たときに，類似した典型的光景が検索されやすい。このようにデジャビュ現象も，比喩と同様に，類似性を中心

16 章　比喩とデジャビュ　227

に，近接性，そしてカテゴリの構造に支えられている。

　比喩とデジャビュは，一見似ていない事象が，時間や空間を超えて結びつくことで，作家の創造性をかき立て，作品に生かされてきた。一方，認知心理学者としては，比喩とデジャビュの研究は，人の柔軟な類似性認知メカニズムと記憶や知識の構造の解明に結びつくものであると考えられる。

17 章 比喩と思考

1 はじめに——ヒューリスティックとしての比喩的思考

比喩は，単なる言葉の綾ではなく，日常生活における**認識**や**推論**において，しばしば用いられる。たとえば，未知の事象を既知の事象でたとえたり（例：A 国の社会は昭和 40 年代の日本のようだ：直喩に基づく推論），部分に関する情報に基づいて複雑な事象の推論を行ったり（例：朝鮮半島を南北に分断する非武装地帯の動向に基づいて南北関係を推論する：換喩に基づく推論），ある成員に関する情報に基づいて所属集団の推論を行う（例：B 社の社長の行動に基づいて社員全体の行動を推論する：提喩に基づく推論）ことがある。

このように，人は，複雑であいまいな事象に関する判断において，比喩に基づく推論をしばしば用いる。すなわち，比喩は，**直観的推論**を支える**ヒューリスティックス**（heuristics：簡便な方略，発見法）として位置づけることができる。

経済学においては，人は，合理的決定者であり，規範的規則（確率・統計・論理）に基づいて，判断・決定を行うことを想定していた。しかし，**Tversky & Kahneman**（1974）にはじまる一連の研究は，人の判断がしばしば，規範的規則ではなく，限られた数のヒューリスティックスに基づいていること，さらにこれらのヒューリスティックスは複雑な状況を簡便な発見法で解決するという点で有効なこともあるが，ときには，重大で系統的な誤りを引き起こすこともあることを指摘している。

本章では，まず第 1 に，こうした直観的推論の形式を，3 つの主要な比喩形式（直喩・隠喩，換喩，提喩）に対応させて検討する。第 2 に，**社会的推論**の過程（特にカテゴリの推論や責任の帰属過程）を，換喩や提喩に基づいて検討する。

第3に，直観的推論のヒューリスティックスの研究に基づいて，換喩・提喩に基づく推論の基盤を検討する。

2　直喩・隠喩の理解を支える知識構造と推論

2.1　直喩・隠喩に基づく推論：類推

　直喩・隠喩は，異なるカテゴリ間の事物を類似関係に基づいて結びつけた比喩である（例：心臓はポンプのようだ）。

　直喩・隠喩に基づく推論には，類似性に基づく推論である類推研究をはじめとして，多くの研究がある。**類推**とは，新しい問題状況に直面したとき，過去の類似経験や**既有知識**を利用して，説明をしたり，問題を解くことである。

　類推は，**目標領域**と**基底領域**の2つの対象で構成される。目標領域（ターゲット）は，たとえば新しい問題（例：建築物を設計するのであれば，建築しようとするもの）。基底領域（ベース）は，たとえば過去の類似経験，類似物である。言語表現においては，「横浜国際会議場（目標領域）は貝（の形）（基底領域）のようだ」といった直喩で表現できる。

　類推には，大きく分けて3つの働きがある。第1は，目標領域の記述や説明である。たとえば，建築物の印象を表現するには，「城」「海底」といった比喩を用いる。これらは，対象（目標領域）を記述・説明する際に，「城」で {豪華さ，大きさ，…} などの情報を，「海底」ならば {低さ，暗さ，…} といったイメージに関する情報を，同時に，簡潔に表現できる。第2は，目標領域の予測や問題の解決である。すでに熟知している基底領域の知識を，未知の領域に**写像**することによって，予測したり，問題を解決することである。たとえば，原子の構造やふるまい（目標領域）を予測するために，既知の太陽系の構造（基底領域）をモデルにすることがある。第3は，**創造**である。創造とは，既有知識に基づいて，ある制約条件を満たす，新しいものを生み出すことである。

　このように類推は，既有知識の構造を写像したり統合したりすることによって，単なる想起や組み合わせではないものを生み出すことになる。

2.2　類推の認知プロセス

　類推の認知プロセスは，3段階に大きく分けることができる。第1段階は，検索過程である。目標領域（イメージ，構造，ゴールなど）との類似性に基づいて，既有知識から基底領域を活性化する。知識内の基底領域の検索は，連想作

用が支えている。この段階では，視覚的イメージの類似性が検索の重要な手がかりになっている。特に，芸術作品における比喩は，情緒・感覚的類似性が重要な役割を果たしている。第2段階は，精緻化過程である。目標領域を，基底領域と詳細にマッチングして，知識を写像する。ここでは，両者の構造的な類似性が重要である。実際の問題解決においては，1つの基底領域に基づく類推では，目標領域のすべての現象に関して説明できず，行き詰まってしまうことがある。こういうときは，類推を変形したり，複数の類推を組み合わせたりする。第3段階は，統合の過程である。課題のゴールに収束するように，複数の類推を統合して，目標領域に関する1つのメンタルモデルを構成する。ここでは，課題のゴール，文脈，状況が重要な役割を果たしている。

こうした類推の認知プロセスは，心理学実験やコンピュータ・シミュレーションに基づいて検討されてきた。そして，人が類推を自発的に発見することが実際には難しいこともあること（特に，目標領域と基底領域の間に非類似性がある場合），また，コンピュータ・シミュレーションでは，基底領域の検索や目標領域とのマッチングなどにおける計算量の爆発が，現代でも完全には解決されていない課題である（たとえば，目標領域のラベル付データが乏しい場合）（楠見・松原，1993；Rakotomamonjy et al., 2020）。

2.3 類推の基底領域の特徴

類推の認知プロセスにおいて，どの基底領域を選択するかは重要な問題である。選択される基底領域は，知識や経験が豊富で，構造化された領域であることが多い。

基底領域として人間を用いる**擬人化**は頻繁に使われる。その理由は，私たちが，自分の身体の構造や機能についての知識や経験を豊富にもっているためと考えられる。したがって，擬人化は，幼児から大人まで，しかも時代や文化を問わず自発的に利用される傾向がある。

他にも，類推の基底領域としての利用頻度が高い領域は，動物，植物といった私たちがよく知っている身近な対象である。また，基底領域は，テクノロジーの進歩の影響も受ける。他類推に用いる基底領域は，自然物から人工物へ，さらに機械やコンピュータへ，単一なものからシステマティックなものに進歩してきた（15章参照）。

2.4 意思決定課題における類推

意思決定は日常生活において頻繁に行われる重要な行為であり，しかも，知識が十分ないまま決定をしなければならないことも多い。そのため決定においては，問題に応じて複数の**ヒューリスティックス**を用いている（Todd & Gigerenzer, 1999）。ここでは，シミュレーション・ヒューリスティックにおける類推の役割について述べる。**シミュレーション・ヒューリスティック**とは，過去の類似事例を土台としたメンタル・シミュレーションによって，（心の中の）シナリオを構成し，頭の中で帰結を想像し，その起承転結のもっともらしさの程度に基づいて，確率判断，リスク判断，意思決定などを行うことである。

類推的意思決定は以下のプロセスを経ると考えられる（6章3節も参照）。

① 表象：当該の決定状況（目標領域）を理解し，それを内的に表現する。

② 検索：類似した過去事例（基底領域）を検索する。ここでは，現在の決定状況と過去の状況の類似性を，決定状況の要素や関係（目標，制約条件など）に基づいて評価して，適切な事例を選択する。

③ 写像：選択肢，効用，確率などを過去の状況から現在の状況に対応づけ，転移する。

④ 適用：意思決定

以上をふまえて，高校生の進路決定において，どのような意思決定方略と類推が利用されているかを検討した。栗山ら（2001）は，359名の高校3年生の進路決定における類推，意思決定方略，それらの因果関係などを明らかにしている。類推については，「高校受験の経験（自己の経験）」はほとんど影響がなく「体験談（他者の経験）」が少しながらも影響していることが明らかになった。さらに，追跡調査の結果（楠見他，2008）は，ⓐ進学動機（得意分野を伸ばす，エンジョイする，社会的地位を得る）によって体験談の利用の仕方が異なる。ⓑ体験談を利用する生徒のほうが長期的展望をもって意思決定を行っていることが明らかになった。

3 換喩の理解を支える部分‐全体関係

ここでは換喩のなかでも，「赤ずきん」で「赤ずきんをかぶった少女」を指すような，現実場面における**部分‐全体関係**に依拠した表現について扱う（図17-1）。また，「ペンをとる」という換喩は，「書く」行為における主要な原因「ペンをとる」で結果「書く」を示す表現である。このように，換喩における

図 17-1　換喩理解を支える部分 - 全体関係

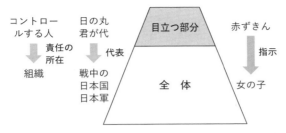

(注)　灰色部分は顕著性が高く代表性や利用可能性が高い領域．白い部分はあいまいで捉えにくい領域を示す．
(出所)　楠見 (1990)

　たとえる事象 A とたとえられる事象 B には，部分 - 全体関係がある．こうした関係は，(一連の出来事を表象した) スクリプトやその部分である場面として，知識の中にたくわえられていたり，これらから推論によって導出される．ここで，一般に，たとえる事象 A はたとえられる事象 B よりも認知しやすい (例：「メガネ」という最も目立つ部分で「メガネをかけた人」全体を示す)．さらに，文脈や目的が加われば，A から B への指示関係の一義性は高まる．

　また，換喩表現は，5.2 で述べる**責任の所在**を示している．換喩は，コントロールする人 (部分) で組織 (全体) を代表する．次の例文のカッコ内が部分によって代表される組織である．

(1)　淵田美津雄 (真珠湾攻撃空襲部隊) が真珠湾を攻撃した．
(2)　山本五十六 (連合艦隊) が真珠湾を攻撃した．
(3)　東條英機 (日本軍，日本国) が真珠湾を攻撃した．

真珠湾攻撃 (部分) について詳しい知識をもつ人は，(1)，(2) のように理解しているが，多くの人は(3)のような理解の仕方をするだろう．なぜならば，首相は，攻撃自体には加わっていないが，最終決定を行い，日本国や日本軍を換喩的に代表しているからである (図 17-1)．これについては 5.2 で詳しく述べる．

4　提喩理解を支える上位 - 下位カテゴリ関係

　提喩は，同じカテゴリの上位 - 下位カテゴリ関係に基づく比喩である．たとえば，「彼はドンキホーテだ」は，**典型的成員**「ドンキホーテ」で [空想的理

図17-2 提喩理解を支える上位‐下位カテゴリ関係

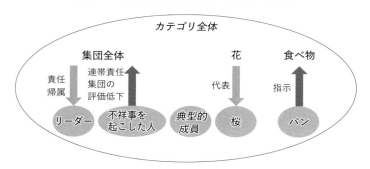

(注) 灰色円は典型的成員などの代表性や利用可能性が高い領域，白い円はカテゴリ全体などのあいまいで捉えにくい領域を示す。
(出所) 楠見 (1990) を改変。

想家］カテゴリを示す提喩である。このように典型的な人物で，同じ特徴をもつ人を表現する例は，伝説や歴史上の人物（徳川家康のような武将）や，現存の人物（トランプのような政治家）など数多くある。このようなたとえに用いられる人物を**パラゴン**（paragon）という（Lakoff, 1987）。また，パラダイムもパラゴンによって特徴づけられる（例：生成変形文法理論をチョムスキーの理論といい，その学派に属する人をチョムスキアンと呼ぶ）。このように，知名度の高い人物（パラゴン）で，同じ特徴をもつ人物集団を表現するのは，典型的成員（事例）でカテゴリを表現する提喩である。これは，5.1で述べるカテゴリと成員間の社会的推論に支えられている。

以上述べたように，提喩は，図17-1に示したようにカテゴリのもつ上位‐下位の包含関係と**典型性**に支えられた比喩である。すなわち，図17-2のように典型的な下位カテゴリや成員（パン）を用いて，上位カテゴリ（食べ物）を代表したり，逆に，上位カテゴリ（花）で典型的な下位カテゴリや成員（桜）を指示する。提喩は，カテゴリの構造に依拠しているため，**慣用化**されている。したがって，その生成や理解は自動的である（2，18章参照）。

このように，提喩や換喩は，慣用的に用いられ，表現や伝達の効率を高める。比喩を用いている修辞意識は，直喩・隠喩に比べると小さい。すなわち，換喩・提喩は，省略による表現の経済性に基づく比喩形式である。したがって，「赤ずきん」のようにあだなとして用いられる。それだけではなく，換喩・提喩には，認知の経済性も働いている。すなわち，部分，成員や下位カテゴリに関する情報に基づいて，カテゴリや全体に関する理解や推論を行う。これは，

情報処理のスピードを増し，認知的負荷を軽減する（理解や記憶がしやすくなる）。このことは，5節と6節でさらに検討する。

5 換喩・提喩に基づく社会的推論

社会的事象は，物理的事象に比べて，複雑で，不明確，不確定であることが多い（例：楠見，1994c）。たとえば，物理現象の原因は一義的に決定できることが多いが，戦争の原因は錯綜しており一義的に決めることはできない。しかし，人は，こうした社会的事象に関しても推論を行い，判断を下している。このとき，人は部分情報を用いて，事象全体に関する推論や判断を行う傾向がある。ここでは，こうした社会的事象に関する直観的推論である**社会的推論**を，換喩・提喩の枠組みに基づいて分析する。そして，社会的推論の内容として，Hastie（1983）があげた4領域（カテゴリと成員，因果，道徳，構造的均衡）のうちの前二者を取り上げる。

5.1 カテゴリと成員間の推論

カテゴリと成員間の推論は，4節で述べた提喩に依拠する推論にあたる。この推論には，カテゴリ（集団全体）から成員（メンバー）への推論と，成員からカテゴリへの推論の2方向がある（図17-2）。カテゴリから成員への推論の代表例には，**ステレオタイプ**に基づく**直観的推論**がある。ステレオタイプは，社会的知識の一部である（その中には，性や職業などの役割スキーマがある）。たとえば，私たちが，初対面の人の職業や出身校といった所属集団に関する情報を求めようとするのは，ステレオタイプに基づいて推論を行うためである（例：教師は真面目だ。A大学出身者は秀才だ）。逆に，成員からカテゴリへの推論は，ステレオタイプの形成過程にあたる（例：B大学のある学生に関する情報に基づいてB大学生全体の評価をする）。

こうしたステレオタイプは，直観的推論にしばしば用いられ，個々の成員の独自性を無視した**過剰一般化**や，飛躍した結論，**バイアス**のある結論を導くことがある。ステレオタイプは，文化的期待を反映した社会的に共有された知識であり，信念として保持されているため，気づきにくく，変わりにくい。

また，「結婚」などの**社会的概念**は，**理想例**（ideals）に基づいて理解されることがある（Lakoff，1987）。特に，未婚の若者は，実際の経験をもたないため，「結婚」や「家庭」を，理想例に基づいて考えがちである。それは典型的でも

ないし，ステレオタイプ的でもない。たとえば，住宅に関するテレビ CM にあらわれる家は広く，そこに暮らす夫婦や子どもは幸福そうである。しかし，住宅は狭いことも多く，そこに住む夫や妻が美男美女か，幸福かはさまざまである。しかし，（結婚，家庭，仕事などの）社会的概念の多くは，理想例に基づいて構成されている。そして，私たちが，良さの判断や未来の目標設定をするときは，理想例に依拠することが多い。

5.2 因 果 推 論

　因果推論に関する初期の研究では，人を科学者のような合理的情報処理者として想定していた（例：Kelley, 1967 の ANOVA モデル）。しかし，近年の研究では，人を非合理的な直観的科学者，素朴心理学者として捉えている。たとえば，人は，目立つ対象に原因を帰属する傾向があり，この傾向がバイアスを生むことが見出されている。(Taylor & Fiske, 1975)。

　同じように，組織や集団で起こった（が行った）行為に関する原因の帰属も，目立つ対象に帰属されやすい。この過程は，因果の推論と，5.1 で述べたカテゴリと成員間の推論に支えられている。

　判断者は，出来事の原因を判断する際に，原因を人に帰属した場合，さらに責任をその人に帰属する傾向がある。責任は人（成員）に帰属されるだけでなく，所属集団，組織に拡散する。このように責任の帰属対象が拡散する現象は，Heider（1958）があげた**責任帰属**の 5 つの水準の第 1 水準「**連合性**」に該当する。すなわち，「連合性」とは，因果的役割を直接果たしていなくても，何らかの関連性によって，責任を問われることをいう。ここでは，責任帰属対象の拡散が，当事者が所属する集団のリーダーに及ぶ類型 1 と他の成員に及ぶ類型 2 に分けた（富田，1986 は，新聞の投書や社会面の記事に基づいて，責任帰属対象の拡散を，さらに細かく 6 つの類型に分けて分析している）。

　類型 1　成員→集団のリーダー（監督責任）（例：警官の不祥事→署長辞任）
　類型 2　成員→集団成員全員（連帯責任）（例：野球部員の不祥事→大会出場辞退）

　こうした責任帰属対象の拡散を促進する要因としては 3 つ考えられる。①事象の引き起こした結果の重大性や社会的影響の大きさ：これらが大きいほど，帰属対象は拡散する。②組織や集団の特徴：公務員のような官僚組織，運動部のような集団特性をもつ集団は，責任の拡散範囲がほぼ決まっている（類型 1 の署長辞任，類型 2 の大会出場辞退などの定型的な責任のとり方がある）。以上は富

田が指摘した要因であるが，次の判断者側の認知的要因も重要である。③判断者が，当該事象や組織・集団についてもつ情報量：判断者がもつ情報が乏しい場合には，目立つ成員や全員に，責任が拡散しやすい。逆に，判断者が豊富な情報をもち，責任の所在を特定できる場合には，責任が当事者から他の人へ拡散しにくい。こうした直観的推論における責任帰属対象の拡散は，（部分−全体関係に依拠した）換喩的推論（図17-1），（成員−集団関係に依拠した）提喩的推論（図17-2）に支えられている。そこで，組織責任の判断を支える換喩的・提喩的推論を詳しくみてみよう。

　組織において不祥事が起きた場合の責任は，当事者とその直属の上司にある。しかし，現実には，社長や署長などの最高責任者が責任をとることが多い。これは，組織を代表する程度が高いほど直観的責任の重みが増すからである。たとえば，一警察官が不祥事を起こしたとき，部外者が直観的に判断する責任の重みは，警察署長のほうがその警官の直属の上司よりも大きい。

　すなわち，組織で起こった（が行った）行為の責任を，部外者が直観的に推論する場合は，ヒエラルキーの頂点に帰属しやすい。その理由は，部外者は，複雑な組織の責任の所在を特定するための知識をもっていないからである。また，責任をとるという目的のためには，最高責任者で代表するのが，対社会的にもっともわかりやすく，世間を納得させやすい。

　社長や署長のように，組織を換喩的に代表したり，集団を提喩的に代表する人は，その組織や集団における行為の結果に対する責任を帰属されやすい。それは，次の例において顕著である。

　また，君が代，日の丸，日章旗に対する感情は，換喩的推論に支えられている。人によっては，君が代や日の丸がネガティブな感情を引き起こすのは，それらが単なる歌や旗ではなく，［戦時中の忌まわしき生活，国家体制］カテゴリ全体を代表する部分になっているからである（図17-1）。

6　直観的推論のヒューリスティックス

　5節では，換喩や提喩に基づく推論が社会的推論においてしばしば用いられることを示した。そこで，ここでは，なぜ人は，部分や成員に関する情報を用いて，全体やカテゴリに関する推論を行うのかを，直観的推論の**ヒューリスティックス**に基づいて検討する。Tversky & Kahneman（1974）は，主要なヒューリスティックスとして，代表性（representativeness）と利用可能性（availability）

17章　比喩と思考　　237

をあげている。この2つのヒューリスティックスが比喩的推論の基盤としてどのように働いているかを検討する。

6.1 代表性ヒューリスティック

代表性ヒューリスティックとは，ある事例（標本）の確率や頻度を判断する場合に，この事例がカテゴリ（母集団）を代表する（と認知した）程度に基づいて判断することである。

たとえば，硬貨を6回投げたときに，「表裏表表裏裏」と「表表表表表表」のどちらが起こりやすいと思うか。大部分の人は前者と考える。すなわち不規則な系列のほうが母集団のランダム性を代表しているので，規則的な系列よりも起こりやすいと判断する傾向がある（賭博者の錯誤）。しかし，実際には，両者の生起確率は同じである。

あるいは，未来予測を行う場合，政策立案者がそのシナリオを詳細にするほど，その内的整合性やもっともらしさが高まり，代表性が高まる。したがって，人は，そのシナリオが実現する確率を高く見積もる（連言事象の過大評価）。しかし，そのシナリオがすべて実現する（連言事象の）確率は，実際には，単独事象に比べて著しく低い。

次に，複雑なシステム（たとえば，原子力発電所）のリスクを評価する場合を考えてみる。システムの各部分における故障発生率は非常に低いとする。人は，部分の故障率は，複雑なシステム全体の故障率を代表すると考えるため，システム全体においても，何らかの故障が発生する確率（選言事象）も低いと考えがちである（選言事象の過小評価）。しかし，システムが巨大で，多くの部分から構成されているほど，（どこかで故障が起きる）全体としての故障率は，実際には高くなるにもかかわらずである。このこれらの過大／過小評価の推論は，（代表しやすい）部分に関する情報で全体を推論する換喩に基づく推論である。

このように，人は，不確定な事象を判断する際に，代表性ヒューリスティックをしばしば用いる。その理由として，**Tversky & Kahneman**（1982）は，①事象の代表性を判断するほうが，母集団全体や（事象の複雑な組み合わせである）条件付確率を判断するよりも容易である，②高確率事例は，低確率事例よりも代表的な場合が多い，③標本は母集団を代表するという信念があるため——の3つをあげている。

判断者側のもつこれらの認知的要因が，換喩や提喩に基づく推論を支えている。

238　第Ⅲ部　比喩で学習・思考する——その機能

6.2 利用可能性ヒューリスティック

利用可能性ヒューリスティックとは，事例の検索・走査・想起のしやすさに基づいて，その事例の確率・頻度などを判断することである（Toversky & Kahneman, 1973）。

たとえば，英語の語彙において，「r」からはじまる語（例：road）と「r」が3番目の語（例：car）のどちらが多いだろうか。前者のほうが記憶から検索しやすいため，大部分の人は，前者が多いと答える。しかし，実際には，後者のほうが3倍多い。

また，飛行機の墜落事故が起きた直後に，飛行機事故の確率を評価させると，人は，事故を想起しやすいために，飛行機事故全体の確率を過大評価する。これは，一事例（標本）に基づいて，母集団全体に関する推論を行う提喩的推論である。

このように人は，利用可能性（想起しやすさ）を手がかりにして，頻度や確率判断を行うことが多い。それは，一般に，高頻度・高確率の事例は，他の事例よりも想起しやすい（利用可能性が高い）からである。しかし，利用可能性は，頻度や確率以外の要因（目立ちやすさなど）の影響も受けるため，系統的なバイアスが入る可能性がある。

以上述べたように，代表性と利用可能性のヒューリスティックスは，換喩や提喩に基づく推論を支えている。すなわち，利用可能性や代表性が高い目立つ「部分」や典型的な「成員」に関する情報で，「カテゴリ」や「全体」を判断することが，直観的推論の基盤になっている。

7 ま と め

直喩・隠喩，換喩や提喩は，私たちの知識のもつ認知的構造が，言語表現として顕在化したものである。

人の知識には，柔軟な水平関係（類似関係），強固な垂直関係（部分-全体関係と上位-下位関係）がある。後者の固定的な知識の階層構造に依拠した換喩・提喩は，慣用表現として用いられる（2章参照）。その構造は，直観的推論のヒューリスティックスの基盤でもある。したがって，本章では，比喩形式に基づいて，直観的推論の分類や規則の明確化を試みた。そして，換喩・提喩は，特殊な言語表現ではなく，知識構造が換喩的・提喩的であり，推論もその構造に依拠していることを示した。

社会的事象は，対象が不確定，不明確で，かつ複雑な場合が多い。そこで，社会的推論においては，部分-全体関係に基づく換喩的推論，上位-下位カテゴリ関係に基づく提喩的推論がヒューリスティックスとして用いられることがある。ここで，下位カテゴリや部分に関する情報が用いられやすい理由は，代表性や利用可能性のヒューリスティックスが働いているからである。したがって，あいまいな事象の直観的推論は，判断対象群（判断対象の上位-下位カテゴリや全体-部分）を代表性や利用可能性の程度で順序づけ，推論規則を記述できれば，説明や予測が可能であると考えられる。

　換喩や提喩に基づく推論は，すばやく実行でき，また知識体系や信念体系と合致するため，もっともらしいという利点がある。そのため，日常生活において，しばしば用いられる。しかし，系統的なバイアスを生む危険もあることには注意が必要である。

18 章 比喩的思考と批判的思考

レトリックとロゴス

1 はじめに

　本書は**レトリック**（修辞）に基づく**比喩的な思考**を取り上げてきた。一方で，対極にあると考えられる**ロゴス**（**論理**）に基づく批判的思考も重要な働きをもつ。つまり，人々が日常を生きるうえでは，比喩的な思考と批判的思考を身につけることが必要となる。

　本章は，最終章として，主に認知心理学とレトリック研究の観点から，比喩的思考と批判的思考について，過去から現在までの研究の歴史と課題をふまえ，研究と教育の両面から考察する。

　レトリックは古代ギリシャのアリストテレス以来の考え方によれば，「人を**説得**するスキル」として捉えることができる。それは，大衆を説得する**弁論術**（**レトリケー**）と学問的に論証する**弁証術**（**ディアレクティケー**）に大別できる。アリストテレス（戸田訳，1992）は『弁論術』のなかで，説得の方法を，ロゴス（論理），エートス（語り手の人格），パトス（聞き手の感情喚起）の3つに分けている。さらに，ローマ共和制末期のキケロの頃には，レトリックは5部門（発想，配置，修辞，記憶，発表）に大別されるようになった（波多野，1973）。このレトリックの5部門は，認知心理学の起源ともいえるテーマ，すなわち人の発想から発表までの認知プロセスに関する考察ともいえる。

1.1 レトリックの認知的研究

　レトリックに関する認知的研究の特徴は，1章で述べたように，海外では，心理学者 Ortony（1979b）が編集した *Metaphor & thought* が契機となり，比喩，

241

類推などの比喩的思考の認知プロセスと効果，それを支える知識の構造を，心理学実験や調査，言語の分析によって解明してきた。特に，1990年代に入ると認知言語学，2000年代以降には身体化理論や社会認知神経科学，大規模データベースなどの理論・手法の影響を受けて展開している。レトリック研究の関心の中心は，修辞に関する比喩，類推，アイロニーといった個別の現象であった。そして，レトリックを支える論理，コミュニケーションと説得などの研究は，レトリックの体系としてではなく，思考研究や説得研究として個別に研究されてきた（その他の展開については，1章，5章1節参照）。

　国内におけるレトリックの認知研究としては，5章においても述べたが，心理学者の波多野完治は『文章心理学』（1935年）から展開した『現代レトリック』（1973年）において，古代ギリシャのレトリックから1970年代の欧米のレトリック研究を心理学的に考察している。一方，記号論学者佐藤信夫による『レトリック感覚』（1978年），『レトリック認識』（1981年）などの一連の著作は，直喩，隠喩，換喩，提喩などの多様な文彩のもつ認知的機能に着目したものである。さらに瀬戸賢一の『レトリックの宇宙』（1986年），『メタファー思考』（1995年）では，隠喩・換喩・提喩からなる認識の三角形を提唱している。また，菅野盾樹の『メタファーの記号論』（1985年），『新修辞学』（2003年）は，古代から1970年代以降の記号論の展開をふまえて，レトリックと認識を体系的に記述したものである。

1.2　レトリックの教育

　大学教養教育において，「レトリック」という名のもとでの教育は，欧米に比べて日本では盛んとはいえない。しかし，大学生が卒業時に身につけるべきジェネリック（汎用的）なスキルとして，ライティングやプレゼンテーションなどのコミュニケーション能力を支える**批判的思考力**（critical thinking）に関わるスキルの重要性が指摘されるようになってきた（たとえば，楠見，2010，2018a，2018c；鈴木・大井・竹前，2006）。ここでの批判的思考力は，批判的な読解や理解を経て，証拠に基づいて主張する（書く・話す）ことが重視されており，レトリックに関わる論理と誤謬，コミュニケーションと説得といった諸研究が基盤になっている（楠見，2010）。これらは，人を説得するスキルの理論体系であるレトリックの教育と考えることができる。これは，イソクラテスのレトリケーを中心とした教養教育，特に思慮を伴う言論の教育として捉え直すことができる。

ここでは，レトリック研究の現状と課題を認知心理学的に捉える手がかりとして，ロゴスに基づく批判的思考と，類似性やプロトタイプ，近接性に基づく比喩的思考に焦点を当て，それぞれの特徴と相互関係を考察し，レトリック研究と教育実践における位置づけを行いたい。

2　比喩的思考

2.1　比喩的思考の種類

　人は，比喩的思考を行うことによって，効率的そして時には創造的な**コミュニケーション**を行うことができる。ここでは，比喩的思考について考えるために，比喩的思考を言語で表現した主な3種の比喩（直喩・隠喩，換喩，提喩；2章参照）に分けて考えていく。そして，**図2-1**のように3種の比喩を3つの意味関係（類似性，近接性，上位-下位関係）に対応づけて考える（瀬戸，1986）。

　類似関係に基づく比喩的思考：直喩・隠喩　　直喩や隠喩は，2つの対象（概念，スキーマ，事例，問題，理論，物語など）を類似性に基づいて結びつける比喩的思考に支えられている。直喩や隠喩を支える思考は，2つの異なる対象を比較しながら，既知の対象を別の既知の対象との類似性を発見したり，未知の対象を既知の対象に基づいて理解・伝達したりする類推による知識獲得の働きをもつ。人の認知は，類似性を迅速に，柔軟に発見するメカニズムがある。これは，未知の情報を既有の知識に基づいて解釈することを助ける。たとえば，戦争や国際関係などの複雑な状況を説明するときには，比喩を体系的に用いることによって，読み手が直観的に理解できるようにし，読み手を誘導することもある。こうした視点からLakoff（1991, 2008）は湾岸戦争の比喩を分析している。

　　(1)　対イラク戦争は対ナチス戦争だ

　(1)の隠喩は，**図18-1**のように，対ナチス戦争から対イラク戦争に，悪者としての「ヒットラー→フセイン」と「旧ドイツ→イラク」，犠牲者としての「オーストリア→クウェート」が対応づけられることによって，対ナチス戦争の｛正義，救援，…｝といったベース（基底領域）には存在するが，ターゲット（目標領域）に存在しない特徴が「対イラク戦争」にキャリーオーバー（carry over）（コピー）される類推のプロセスを土台としている（3章3節参照）。その結果，「正当な戦争」の部分が強調され，他の部分は隠蔽される。比喩はコミュニケーションの効率上，わかりやすい利点がある。しかし，2つの対象が

18章　比喩的思考と批判的思考　　243

図 18-1　湾岸戦争の比喩的思考における対応づけ（写像）

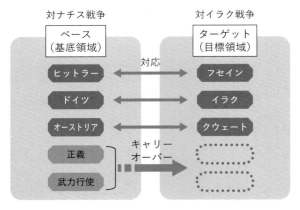

（出所）楠見（2011）

本当に対応しているのか，**部分的対応**を**全体の対応**に拡張するようキャリーオーバーしてよいのか，比喩によって強調される面と隠蔽される面は何か，別の比喩があるのではないか（たとえば，「湾岸戦争はベトナム戦争だ」は別の特徴が強調される）といった検討が必要である。さらに，こうした比喩が政治的ディスコースをフレーミングして，わかりやすいコミュニケーションにして，人の思考や行動に影響を与えることは，英国のEU離脱や新型コロナをトピックにして分析がされている（e.g., Musolff, 2023）。

近接関係に基づく比喩的思考：換喩　　換喩は近接性に基づく思考に支えられた比喩表現である。2章で述べたように，換喩は，ある対象を指示するために，それと近接する対象を用いて表現する（例：部分「赤ずきん」で全体「女の子」を指示したり，原因「ペンをとる」で結果「書く」を指示する）。こうした換喩の理解や生成には，文脈情報と知識（場面やその時間的連続であるスクリプト）における，認知的に顕著な目立つ特徴や対象（顕著性）を利用して空間的・時間的に近接した対象を置き換える換喩的思考プロセスが働いている。

こうした思考は，たとえば，「日章旗」が単なる旗ではなく，それが使われた「戦中の日本の国家体制や日本軍」との近接関係に基づく換喩的思考プロセスによって，否定的感情を伴って捉えられることがあることを説明できる（楠見，1990）。こうしたプロセスの背後には，顕著性の高い目立つ「部分」によって，近接する「全体」が検索される利用可能性ヒューリスティックが働き，それが，全体の判断に大きく影響すると考えられる（17章図17-1参照）。

上位 - 下位関係に基づく比喩的思考：提喩　　提喩はカテゴリの階層関係に基づく思考に支えられた比喩表現である。17 章で述べたように，典型的な成員（例：パン）でカテゴリ全体（例：物質的満足）を指す表現である。また，カテゴリ（例：花）で典型的な成員（例：桜）を指す表現である（図 17-2）。いずれも人のもつカテゴリに関する知識の包含関係において，典型的な事例を利用して対象を置き換えるというプロセスが働いている。

　たとえば，ある集団のメンバーの一員が不祥事を起こしたときに，その集団全体が連帯責任をとったり，集団全体の評価が下がったりするのは，1 人の不祥事に関わる責任や否定的評価を全体に拡散させる提喩的な推論である（17 章図 17-2 参照）。これは少数事例に基づいて人種などの集団の**ステレオタイプ**を形成する仕組みと共通する。ちなみに，ある人の不祥事によって集団全体の拡散した評判低下に対して，責任をリーダーがとるのは，リーダーが目立ちやすく，世間の人にとってわかりやすいためである（楠見，1990）。

2.2　比喩的思考の働きと評価

　第 1 に，比喩的思考によるコミュニケーション機能は，直喩・隠喩や類推においては，相手の既有知識に基づくたとえを用いることで，理解しやすい記述や説明ができることである。第 2 に，的確な比喩的表現や慣用表現は，字義通りの表現に比べると簡潔な表現や，認知的な節約を可能にする。第 3 に，比喩的思考には，体系的な説明や予測を生み出すパワーや，新たなものや美的なものを創造する面白さがある（楠見，2007a）。

　しかし，比喩的思考は，特に**慣用比喩**は，無意図的に利用されやすく，日常言語，概念，思考，理論に浸透しているため，一見わかりやすい説明による間違った理解や過剰な一般化を導く危険もある。特に，慣用的な比喩，概念比喩，換喩や提喩にはそうした傾向がある。

　言語学者 Steen（2017, 2023）による**意図的比喩理論**（Deliberate metaphor theory）では，表 18-1 のように，無意図的な比喩と意図的な比喩を区別している。前者は，左側に示す，速い自動的処理（思考）の比喩である。慣用的な比喩が中心で，主題の意味のあいまいさを解消する処理とカテゴリ化（類包含理論）による処理がされる。一方，遅い制御的処理（思考）は，意図的な処理であり，新奇な比喩のため，比喩指標（「のようだ」など）が使われることが多い。そして，領域間の写像や比較処理がされ，その結果は後続文に影響する。その一例であるたとえ話（寓話）は，説得的で記憶に残りやすい。

表 18-1　無意図的−意図的な比喩による速い−遅い思考

速い自動的処理（思考）の比喩	遅い制御的処理（思考）の比喩
無意図的な比喩	意図的な比喩
比喩指標（「ようだ」など）無し（隠喩）	比喩指標（「ようだ」など）あり（直喩）
慣用的な比喩	新奇な比喩
語彙のあいまいさ解消，カテゴリ化の処理	領域間の写像（類推），比較処理
ターゲット（主題）領域のみに関連	後続文に持続，たとえ話（寓話）
	説得的，記憶促進

（出所）Steen（2017, 2023）をもとに作成。

　したがって，比喩の解釈や利用に伴うリスクを考慮する必要がある。こうした慣用的な比喩の処理は，次の3節で述べるシステム1の直観的思考に基づいているために，システム2に基づく批判的思考によるチェックが必要である。

3　批判的思考

3.1　批判的思考の働き

　比喩的思考は，一部の類似性に基づいて，他の類似性を過剰に類推してしまうバイアスや，目立ちやすい部分に基づいて全体を判断する利用可能性ヒューリスティックによる判断のバイアスが起こる場合もある（楠見，1990）。人の思考は，比喩的思考に代表される**直観的思考**が先行し，次に規則に従う批判的で熟慮的な思考がバイアスのない推論を導く。

　本節では，どのようにすれば，バイアスのない，規準（criteria）に従う，論理的で批判的な思考ができるのかを検討する。ここで取り上げる**批判的思考**とは，自分の推論過程を意識的に吟味する**メタ的**で，**省察的**（reflective）**な思考**である。

　批判的思考のこうしたメタ的な思考の役割は，認知心理学では，人が思考や判断を行うプロセスを，大きく2つのシステムに分けて考える理論（**二重過程モデル**）と対応する。たとえば，Kahneman（2003）は，自動的で感情的な処理による直観（**システム1**）と，それをコントロールする熟慮的で論理的な推論（**システム2**）である。慣用的な比喩的思考はシステム1，批判的思考はシステム2として位置づけることができる。さらに，Stanovich（2004, 2012）が提唱した**図 18-2** に示す**3部構造モデル**では，批判的思考（システム2）にあたるタイプ2は，メタ認知的な**省察的精神**と論理（ロゴス）的・分析的な**アルゴリズム**

246　第Ⅲ部　比喩で学習・思考する──その機能

図18-2　3部構造モデルにおける批判的思考

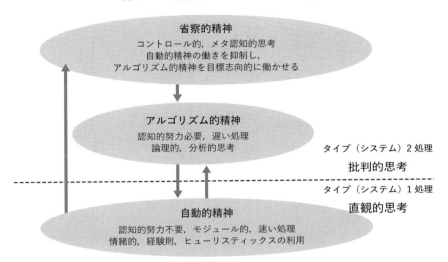

(出所) Stanovich (2004, 2012)；Kahneman (2003) に基づいて，批判的思考の部分を楠見 (2018a) が改変。

的精神に分かれる。そして，タイプ1の，認知的努力なしに自動的に素早く働く思考を**自動的精神**と名づけた。ここで，省察的精神は，自動的精神を抑制し，アルゴリズム精神を目標志向的に働かせることによって，よりよい解決策を導くことになる。

　批判的思考は，人の話を聞いたり，文章を読んだり，テレビを見たりするときに，何を信じるのかという判断や，自分がどのように考え，行動するのかという判断を支えている。また，批判的思考は，比喩的思考とともに，言語を通しての理解，思考，表現といった実践的コミュニケーション能力やメディアを読み解く**メディアリテラシー**能力を支えているということができる（楠見，2010, 2018c）。

3.2　批判的思考の認知プロセス

　批判的思考を支える認知プロセスは，図18-3のように示すことができる。ここでは，その中核にあたる3つのプロセスを，比喩的思考のチェックという観点から論じる。

　明　確　化　批判的思考では，推論の基盤となる情報に対して，**明確化**をすることが必要である。具体的には，隠れた前提を同定すること，論証（構造，

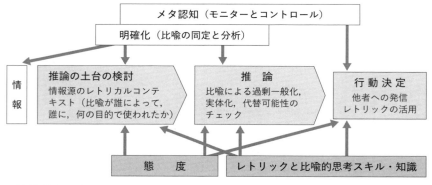

図18-3 批判的思考のプロセスにおける比喩的思考のチェック

(出所) 楠見 (2011)

結論，理由など）を分析することと，あいまいな語句（比喩や類推，多義語など）を同定し，解釈や定義を行うことがある。ここでは，比喩の読解に関して説明すると，なぜその比喩を用いた／用いるのか，背後にどのような前提が隠されているのか，それはどのような効果をもっているのかを評価規準として判断することである。一方で，情報を発信する側は，誤解を生む不適切な用語，比喩，類推を避けることも大切である。

たとえば，以下のwar（「戦争」）の比喩を考えてみる。

(2) War on drugs （麻薬撲滅）
(3) War on poverty （貧困解消）
(4) War on cancer （がん制圧）
(5) War on terror （テロとの戦い）
(6) War on COVID-19 （新型コロナとの戦い）

これらは「戦争」（war）という比喩によって，戦略を考え，ターゲットを撲滅し，人を救う力強いイメージが喚起される。しかし，(5)のWar on terror（テロとの戦い）では，Lakoff (2008) が指摘するように，2001年9月11日のアメリカ同時多発テロをアメリカ政府が「対テロ戦争」と捉え，メディアを通して反復することによって，アメリカ国民の恐怖と一体感が高まり，イラクへの軍事攻撃が正当化され，厳しい搭乗検査への協力が当然のことになった。「対テロ戦争」には，国権の発動としての「戦争」という字義通りの意味が隠され，国民の命を守る力強いイメージに変換されていた。そして，アメリカ国民の間

では，こうした動きを批判的に考えることを難しくしていた。(6)の比喩は，新型コロナの流行初期に，欧米でも日本でも用いられた比喩である（Musolff, 2023）。「最前線」では医療従事者が「防御」が不十分のまま命をかけ，一方，市民は「非常時」だから行動が制限されていた。こうした「戦争」比喩が，人の思考に影響を及ぼし，この状況をやむをえないと思うようになっていた。しかし，感染拡大が長期化するにつれて，コロナと人の「共存」の比喩を使って，一人ひとりが，コロナの特質を理解して，感染リスクを下げるように，長期的に「付き合っていく」ものと捉えることが重視されるようになってきた。

　推論の土台の検討　推論の土台は，レトリックではトポス（論拠）に対応する。推論を支える主な３つの情報源としては，他者の主張，観察結果，以前に行った推論によって導出した結論がある。すなわち，情報源のレトリカルコンテキスト，情報の信頼性や情報内容を判断することである。たとえば，情報源のレトリカルコンテキストについては，誰が（専門家によるものか，などの人のトポス），誰に対して（研究者，市民，消費者など），どんな目的で（研究，教育，宣伝など），いつ，どこで（学会誌，新聞，ホームページなど）発表したのか，異なる情報源の間で一致しているか（物のトポス），科学的に確立した手続きをとっているかなどの評価規準に基づいて検討が必要である。

　たとえば，「テロとの戦い」といった比喩は，メディアに反復して出現するようになり，無自覚に使われ，それを受容した市民は戦争を正当化する方向に誘導されるようになった。こうした比喩は，誰によって，いつ，誰に対して，何の目的（たとえば，背後にある政治的動機づけ）で使われるようになったのかを検討する必要がある。

　推　　論　演繹・帰納の判断，類似性や部分 - 全体関係などに基づく日常推論，価値判断などを適切に行うことが必要である。たとえば，比喩的思考において類似性や部分情報に基づいて，過剰に一般化していないか，比喩や類推を実体化していないか（たとえが現実を離れて一人歩きしていないか）は重要な評価規準である。

　たとえば，「テロとの戦い」といった比喩は，国民の一体感を高めるスローガンとしての比喩ではなく，現実のイラクへの戦争として実体化されることになった。もし，同時多発テロを，「国際犯罪」と捉えていれば，犯罪組織の摘発が目標になり，他国の捜査機関と協力して，犯人の電話履歴，銀行の資金移動などを捜査することが中心になる（Lakoff, 2008）。こうした他の比喩を使った場合には，別の帰結がありえたのではないかと問い直すことも重要である。

批判的思考を実際に行う際には，「明確化」から「推論」を実行するプロセスと，それぞれのプロセスが適切に実行できているかをメタ認知的にモニターするプロセスとがある。さらに，こうした批判的思考に基づいて，行動を決定し自分の主張を他者に伝えるためには，相手を説得するためのレトリックのスキルが重要である。ここで用いられる比喩は，システム2に基づいて，目的に基づき熟慮によって生成され，理解される。

3.3 批判的思考の教育：比喩的思考との対比

批判的思考力を身につけ，適切な推論を行うことは，学業や職業，研究，消費生活などにおいて必要である。特に，**メディア**（健康，科学，経済）**リテラシー**といった生活に関わる情報を読み解く能力を支えている。また，私たちが，自らの陥りやすい自己中心的思考，先入観，バイアス，誤解，そして無意識的に使われる比喩に気づき，修正することは，よりよく生きるために重要である。そこで，児童・生徒・学生そして市民の批判的思考の能力と態度を高めるための教育が重要な課題になる。

これまでの学校教育では，科目ごとの領域固有の知識を教え，知識をもつ者を育成することが中心であった。それに対して，批判的思考を教えることは，学習者を**良き思考者**（good thinker）や市民に育てることを目標とする（楠見，2010）。批判的思考教育は，3.2で述べた批判的思考のスキルや知識を教えることによって，批判的思考の能力を高め，あわせて**態度**を育成する。大学教育を例にあげると，1年次対象の導入教育では，批判的思考を分野を問わず領域普遍的な，大学での学問の土台となる学習・思考スキルとして教える。一方，専門教育では，批判的思考を領域固有の専門分野での読解や問題解決を通して訓練する。そして，専門教育で獲得したスキルが，当該分野の問題解決だけでなく，日常的問題や社会の問題解決にも比喩的思考を用いた類推によって転移することを目指す。ここで，批判的思考力を育成する教育活動には，大きく分けて以下の4つの活動がある（楠見，2007a）。特に比喩的思考の育成と関わらせて例示する。

第1は，（新聞記事などを用いた）**批判的読解**や（ビデオなどを用いた）**批判的視聴**である。ここには3.2で述べた比喩の解釈も含まれる。特に，「戦争」の比喩のような概念比喩は無意識的に使われ，気づきにくいために，それを発見し分析するためのスキルと知識が必要である。

第2は，討論を通して，批判的思考力に加えて，比喩や類推を用いたコミュ

ニケーションスキル，**能動的傾聴**（active listening）スキルを育成する活動である。ここでは比喩を用いた簡潔でインパクトのある表現を行ったり，相手の理解を助ける類推を活用したりするスキルと，逆にそれを注意深く理解するスキルを獲得することが大切である。

第3は，レポートや論文の作成を通して，分析的思考と自己表現力，創造性を育成する活動である。ここでは，「明確化」から「推論」にいたる3つのプロセスに基づく批判的思考による分析と，比喩や類推を活用した発想や表現の両方の思考を活用することが大切である。

第4は，グループ活動において，プロジェクトを設定し，共同作業を進める活動である。ここでは，比喩や類推に基づく発想と問題解決，コミュニケーションのスキルの育成を通して，より実践的な能力の獲得を目指すことが考えられる。

4　ま　と　め

比喩的思考と批判的思考は相補的に働いている。システム1の比喩的思考は，類似性を利用して，知識を拡張したり，変容させたりする思考であり，理論構築や，発明や発見などの創造を支える思考である。また，比喩的思考の言語的表現である直喩・隠喩は類似性による対象の置き換え，換喩は近接性を利用した置き換え，提喩は典型例やカテゴリを利用した置き換えによって，認知的に節約された伝達を行うことを可能にしている。これらのことを考えると，こうした比喩的思考はヒューリスティックスと共通する認知過程に支えられており，発見法や節約的認知処理として有用であるが，過剰な一般化や実体化の危険性がある。システム1のプロセスやアウトプットを3節で述べた批判的思考の評価規準を通してみることが重要である。

人が，適切な判断や主張を行うためには，自他の推論や主張を評価規準に照らしてモニターする批判的思考が重要である。批判的思考を働かせるためには，レトリックを代表とする領域普遍的スキルだけでなく，内容を理解し，判断するための知識が必要である。そのような内容に関する知識は，複数の類似あるいは近接した個別経験や情報を，ⓐ言語による抽象化（帰納）に基づいてボトムアップ的に統合したり，ⓑ抽象的な理論や規則によってトップダウン的に説明したりする。その際に，領域固有の知識ができるため，知識は多数の領域に分かれている。こうして形成された多種多様な領域固有の知識を未知の領域

に転移するために，比喩的思考が働き，それが新たなアイディアや理論を生み出す創造性に結びついている（楠見，2007a）。そして，新たなアイディアや理論は，批判的思考によって，適切性や実用性などをチェックすることで，より良いものとなる。

　したがって，学校教育においては，比喩的思考を育成するとともに，それを上手に使うための批判的思考を育成することが重要である。認知心理学や認知言語学を支えている共通の認知的アプローチの新たな展開としては，1節で述べたレトリックの体系を，人の認知のプロセス（発想，配置，修辞，記憶，発表）と構造（類似性，近接性，上位‐下位関係）に基づいて，再び体系化することになる。その体系化は，実証的かつ学際的であり，学校教育にも貢献するものであると考える。

あ と が き

　本書『メタフォリカル・マインド：比喩的思考の心理学』は，私の京都大学定年を迎えるにあたり，これまで書いてきた比喩研究に関わる論考に加筆修正を行い，「比喩を理解する」「比喩を感じる」「比喩で学習・思考する」の 3 つにまとめたものである。研究の長い道のりにおいて，多くの先生方や学生たちにお世話になったので，ここで感謝の意を表したい。

　私が，比喩研究と出会ったのは，1981 年 4 月，学習院大学 4 年生のときに藪内稔先生のゼミで，Ortony（Ed.）（1979）の *Metaphor and Thought* を読んだことである。藪内先生，齋賀久敬先生には，卒業論文，修士論文，博士論文とご指導を受け，梅岡義貴先生，中村陽吉先生，永田良昭先生，篠田彰先生からの教えが私の心理学についての考え方を形成した。大学院在学中には，私は，比喩研究者との出会いを求めて，表現学会の例会や大会で発表するようになり，中村明先生，半沢幹一先生，多門靖容先生，瀬戸賢一先生らに，レトリック研究に基づく貴重な助言を受けた。また，当時盛んになり始めた認知心理学の刺激を求めて，東京大学，慶應義塾大学などで開かれていた研究会に参加して，波多野誼余夫先生，佐伯胖先生，安西祐一郎先生，内田伸子先生，市川伸一先生，下條信輔先生などの諸先生，鈴木宏昭さん，亀田達也さん，秋田喜代美さん，今井むつみさんら多くの同世代の研究者と出会うことができ，その後の研究人生を通して大いに役立つ刺激を受けることができた。

　そして，1990 年に筑波大学に就職して，松田紀之先生，海保博之先生から，1994 年に東京工業大学に異動して，繁桝算男先生から，ゼミに参加しつつ研究室の運営の仕方を学び，研究を進めることができた。東京工業大学在籍時に院生であった寺尾敦さん，栗山直子さん，齊藤貴浩さん，上市秀雄さん，杉村和枝さん，寺井あすかさん，松尾睦さんらとは，類推や比喩，後悔，実践知などの多くの研究を一緒に進めることができた。また，1997 年度の在外研究では，カリフォルニア大学の Raymond Gibbs 先生，Keith Holyoak 先生の研究室に滞在して，比喩，類推研究の第一人者の研究を間近で知ることができたのは，その後の研究の大きな刺激となった。

　京都大学の子安増生先生には，大学院生時代に，先生の執筆された 1982 年の論文「メタファーの心理学的研究」を拝読してお手紙をしたことがきっかけとなり，1987 年の日本教育心理学会第 29 回総会自主シンポジウム「比喩理解

253

とその発達」への登壇，1990 年出版の『メタファーの心理学』の執筆の機会をいただいた。1999 年 10 月からは，京都大学に異動して，先生のもとで比喩，批判的思考など多くの研究を進め，学生指導を行うことができた。特に先生が代表者を務めた文部科学省科学研究費による痛みの比喩の研究では，研究員の中本敬子さんと 3 人で論文をまとめることができ，本書 10 章への転載を認めてくださった。また，中本さんには，2004 年の京都大学での比喩に関する学際的シンポジウムの開催とその成果『メタファー研究の最前線』の出版のために助力いただいた。また，大学院生の松田憲さんや杉森絵里子さんとは，16 章のデジャビュ研究，小島隆次さんとは 3 章の空間イメージスキーマの研究，米田英嗣さんとは感情と物語理解の研究を進め，13 章の恐怖研究の土台となる研究データを提供いただいた。

　日本認知言語学会では，山梨正明先生，辻幸夫先生らから多くを学ぶとともに，辻先生には本や事典の執筆の機会をいただいた。日本語用論学会メタファー研究会などでは研究関心の近い鍋島弘治朗さん，内海彰さんからは大いに刺激を受けるとともに，『メタファー研究』の編集を共に進める機会を得た。

　さらに，2020 年代には，日本心理学会大会のシンポジウムでは，デジャビュについて，伊東裕司先生らの企画による「『人違いの心理学』を目指して：人物誤同定現象の解明とその意味するもの」（2020 年）では指定討論の機会をいただき，清水寛之先生らの企画による「日常記憶研究の新展開」（2022 年）では話題提供を，共感覚については横澤一彦先生，浅野倫子先生とともに「共感覚比喩と共感覚：共通する認知メカニズムの検討」（2023 年）を企画し，研究プロジェクトを進めている。さらに，2024 年の日本認知心理学会大会では，川崎弥生さん企画による国際シンポジウム “*Current issues in metaphor processing research*”（認知心理学におけるメタファー研究）が内外の若手比喩研究者を招いて開催され，指定討論者として，生成 AI によって，比喩を含む言語研究の方法と理論はどのように変わるかについて問題提起をすることができた。

　本書執筆にあたっては，京都大学楠見研究室 OB の比喩研究者であり，共同研究者である岡隆之介さんには草稿，平知宏さんにはゲラのチェックをお願いした。そして，構想から出版まで長い年月を要した本書が，退職記念として出版できたのは，有斐閣の中村さやかさんの尽力によるものである。

　最後に，学習院大学，筑波大学，東京工業大学でお世話になったすべての方々，一番長く在籍した京都大学，特に教育学研究科，教育認知心理学講座の

同僚の先生方，楠見研究室の OB，院生の皆さん，秘書の上口千沙子さん，そして両親と家族に感謝の意を表してあとがきとしたい。

2025 年 1 月

楠見　孝

初 出 一 覧

　本書は，複数の公刊済みの雑誌論文等をベースに，全体的に大幅な加筆修正を行い，まとめたものである。関連する論文・書籍の初出などは以下の通りである。

1，2，3章	楠見 孝（2007）．メタファーへの認知的アプローチ　楠見 孝（編）メタファー研究の最前線　ひつじ書房
2，3章	楠見 孝（1990）．比喩理解の構造　芳賀 純・子安 増生（編）メタファーの心理学　誠信書房
3章2節	楠見 孝（1989）．メタファの認知モデル　数理科学, *307*, 39-42.
4章	楠見 孝（1988）．カテゴリとメタファ　数理科学, *297*, 10-14.
5章	楠見 孝（2005）．心理学と文体論——比喩の修辞効果の認知——　中村 明・野村 雅昭・佐久間 まゆみ・小宮 千鶴子（編）表現と文体　明治書院
6章	楠見 孝（2005）．文芸の心理——比喩と類推からみた三島由紀夫の世界——　子安 増生（編）芸術心理学の新しいかたち　心理学の新しいかたち11　誠信書房
7章	楠見 孝（1988）．共感覚的メタファの心理——語彙論的分析——　記号学研究, *8*, 237-248.
8章	楠見 孝（2005）．心で味わう——味覚表現を支える認知のしくみ——　瀬戸 賢一・山本 隆・楠見 孝・澤井 繁男・辻本 智子・山口 治彦・小山 俊輔　味ことばの世界　海鳴社
9章	楠見 孝（1996）．聴覚の世界——聞くこととメタファ——　言語, *25*(2), 36-43.
10章	楠見 孝・中本 敬子・子安 増生（2010）．痛みの比喩表現の身体感覚と認知の構造　心理学研究, *80*(6), 467-475.
11章	楠見 孝（1996）．感情概念と認知モデルの構造　土田 昭司・竹村 和久（編）感情と行動・認知・生理——感情の社会心理学——　対人行動学研究シリーズ4　誠信書房
12章	楠見 孝（2015）．愛の概念を支える放射状カテゴリーと概念比喩——実験認知言語学的アプローチ——　認知言語学研究, *1*, 80-98.
13章	楠見 孝（2005）．物語理解における恐怖の生起メカニズム——怪談とメタファ——　表現研究, *82*, 16-26.
14章1節	楠見 孝（2002）．類似性と近接性——人間の認知の特徴について——　人工知能学会誌, *17*(1), 2-7.
14章2節	楠見 孝（2012）．実践知と熟達者とは　金井 嘉宏・楠見 孝（編）実践知——エキスパートの知性——　有斐閣
14章2節	楠見 孝（2012）．実践知の獲得——熟達化のメカニズム——　金井 嘉

　　　　宏・楠見 孝（編）実践知――エキスパートの知性――　有斐閣
15章　　楠見 孝（1992）．記憶のメタファー　現代のエスプリ（No. 298）特集：エ
　　　　コロジカル・マインド　至文堂
16章　　楠見 孝（2002）．メタファーとデジャビュ　月刊言語，7月号，32-37.
17章　　楠見 孝（1990）．直観的推論のヒューリスティックスとしての比喩の機能
　　　　――提喩・換喩に基づく社会的推論の分析――　記号学研究，*10*，
　　　　197-208.
18章　　楠見 孝（2011）．メタファー的思考と批判的思考――レトリックと認知心
　　　　理学の観点から――　日本認知言語学会論文集，*11*，551-558.

引 用 文 献

秋田 喜代美（1996）．教える経験に伴う授業イメージの変容——比喩生成課題による検討—— 教育心理学研究, *44*(2), 176-186.

Al-Azary, H., & Katz, A. N.（2023）. On choosing the vehicles of metaphors 2.0: The interactive effects of semantic neighborhood density and body-object interaction on metaphor production. *Frontiers in Psychology, 14*, 1216561.

天野 成昭・近藤 公久（編）(1999)．日本語の語彙特性 第 1 期 NTT データベースシリーズ 三省堂

Apter, M. J.（1992）. *The dangerous edge: The psychology of excitement*. Free Press.（アプター, M. J. 山岸俊男（監訳）(1995)．デンジャラス・エッジ——「危険」の心理学—— 講談社）

アリストテレス 戸塚 七郎（訳）(1992)．弁論術 岩波文庫青 604-8 岩波書店

浅野 鶴子（編）(1978)．擬音語・擬態語辞典 角川小辞典 12 角川書店

浅野 倫子・横澤 一彦（2020）．共感覚——統合の多様性—— 横澤一彦（監修）シリーズ統合的認知 6 勁草書房

Asch, S. E.（1955）. On the use of metaphor in the description of persons. In H. Werner（Ed.）, *On expressive language*. Clark University Press.

Baddeley, A.（2000）. The episodic buffer: A new component of working memory? *Trends in Cognitive Sciences, 4*(11), 417-423.

Barcelona, A.（2024）. Trends in cognitive-linguistic research on metonymy. *Cognitive Linguistic Studies, 11*(1), 51-74.

Baron-Cohen, S., & Harrison, J.（2003）. Synaesthesia. In L. Nadal（Ed.）, *Encyclopedia of cognitive science*, Vol. 4. Nature Publishing group.

Barrett, L. F.（2017）. The theory of constructed emotion: An active inference account of interoception and categorization. *Social Cognitive and Affective Neuroscience, 12*(1), 1-23.

Barsalou, L. W.（1983）. Ad hoc categories. *Memory and Cognition, 11*, 211-227.

Barsalou, L. W.（2010）. Ad hoc categories. In P. C. Hogan（Ed.）, *The Cambridge encyclopedia of the language sciences*. Cambridge University Press.

Barsalou, L. W.（2021）. Categories at the interface of cognition and action. In C. Mauri, I. Fiorentini & E. Goria（Eds.）, *Building categories in interaction: Linguistic resources at work*. John Benjamins.

Black, M.（1979）. More about metaphor. In A. Ortony（Ed.）, *Metaphor and thought*. Cambridge University Press.

Bohrn, I. C., Altmann, U., & Jacobs, A. M.（2012）. Looking at the brains behind figurative language: A quantitative meta-analysis of neuroimaging studies on metaphor, idiom, and irony processing. *Neuropsychologia, 50*(11), 2669-2683.

Borneo, M. T., & Piñango, M. M.（2024）. Linear word order modulates the cost of metonymy comprehension: Dynamics of conceptual composition. In L. K. Samuelson, S. L. Frank, M. Toneva, A. Mackey & E. Hazeltine（Eds.）, *Proceedings of the 46th annual conference of the Cognitive Science Society*.

Bortolussi, M., & Dixon, P.（2003）. *Psychonarratology: Foundations for the empirical study of literary response*. Cambridge University Press.

Bowdle, B. F., & Gentner, D.（2005）. The career of metaphor. *Psychological Review, 112*(1), 193-216.

Brown, A. S.（2003）. A review of the déjà vu experience. *Psychological Bulletin, 129*(3), 394-413.

Brown, A. S.（2004）. *The déjà vu experience*.（1st ed.）. Psychology Press.

Brown, J. S., Collins, A., & Duguid, P.（1989）. Situated cognition and the culture of learning. *Educational Researcher, 18*, 32-42.

Brown, R., & Kulik, J.（1977）. Flashbulb memories. *Cognition, 5*(1), 73-99.

Calvalho, M. K. F.・楠見 孝（2009）．メタ記憶と社会・文化 清水寛之（編）メタ記憶——記憶のモ

ニタリングとコントロール―― 北大路書房

Chen, X., Ren, H., & Yan, X.（2024）. Metonymy processing in Chinese: A linguistic context-sensitive eye-tracking preliminary study. *Frontier in Psychology*, *13*, 916854.

Chiappe, D. L., & Kennedy, J. M.（2001）. Literal bases for metaphor and simile. *Metaphor and Symbol*, *16*, 249-276.

Cleary, A. M., Ryals, A. J., & Nomi, J. S.（2009）. Can déjà vu result from similarity to a prior experience? Support for the similarity hypothesis of déjà vu. *Psychonomic Bulletin & Review*, *16*, 1082-1088.

Cleary, A. M., & Schwartz, B. L.（Eds.）.（2020）. *Memory quirks: The study of odd phenomena in memory*.（1st ed.）. Routledge.（クリアリー，A. M.・シュワルツ，B. L.（編）清水 寛之・山本 晃輔・槙 洋一・瀧川 真也（訳）（2022）. 記憶現象の心理学――日常の不思議な体験を探る―― 北大路書房）

Clore, G. L., Ortony, A., & Foss, M. A.（1987）. The psychological foundations of the affective lexicon. *Journal of Personality and Social Psychology*, *53*, 751-766.

Collins, A. M., & Quillian, M. R.（1969）. Retrieval time from semantic memory. *Journal of Verbal Learning and Verbal Behavior*, *8*(2), 240-247.

Colston, H., & Gibbs, R.（2017）. Processing metaphor. In E. Semino & Z. Demjén（Eds.）, *The Routledge handbook of metaphor and language*. Routledge.

Conway, M. A.（2009）. Episodic memories. *Neuropsychologia*, *47*(11), 2305-2313.

Cytowic, R. E.（1993）. *The man who tasted shapes: A bizarre medical mystery offers revolutionary insights into emotions, reasoning, and consciousness*. G P Putnam's Sons.（シトーウィック，R. E. 山下 篤子（訳）（2002）. 共感覚者の驚くべき日常――形を味わう人，色を聞く人―― 草思社）

D'Andrade, R. G.（1987）. A folk model of the mind. In D. Holland & N. Quinn（Eds.）, *Cultural models in language and thought*. Cambridge University Press.

D'Andrade, R. G., & Strauss, C.（1992）. *Human motives and cultural models*. Cambridge University Press.

Deroy, O., & Spence, C.（2013）. Why we are not all synesthetes（not even weakly so）. *Psychonomic Bulletin & Rview*, *20*, 643-664.

土斐崎 龍一・羽田 逸美・松田 隆秀・内海 彰・坂本 真樹（2014）. 痛みを表すオノマトペと比喩の関係性に着目した問診支援の可能性 日本認知科学会第31回大会論文集，823-826.

Doumas, L. A. A., Puebla, G., Martin, A. E., & Hummel, J. E.（2022）. A theory of relation learning and cross-domain generalization. *Psychological Review*, *129*(5), 999-1041.

Draaisma, D.（2000）. *Metaphors of memory: A history of ideas about the mind*. Cambridge University Press.（ドラーイスマ，D. Vincent, P.（英語訳）岡田 圭二（訳）（2003）. 記憶の比喩――心の概念に関する歴史―― ブレーン出版）

Eagleman, D. M., Kagan, A. D., Nelson, S. S., Sagaram, D., & Sarma, A. K.（2007）. A standardized test battery for the study of synesthesia. *Journal of Neuroscience Methods*, *159*(1), 139-145.

Ekman, P., & Friesen, W. V.（1975）. *Unmasking the face*. Prentice Hall.（エクマン，P. ・フリーセン，W. V. 工藤 力（訳編）（1987）. 表情分析入門――表情に隠された意味をさぐる―― 誠信書房）

Fainsilber, L., & Ortony, A.（1987）. Metaphorical uses of language in the expression of emotions. *Metaphor and Symbolic Activity*, *2*, 239-250.

Fass, D.（1991）. Met*: A method for discriminating metonymy and metaphor by computer. *Computational Linguistics*, *17*(1), 49-90.

Fauconnier, G., & Turner, M.（2003）. Conceptual blending, form and meaning. *Recherches en Communication*, *19*, 57-86.

Fehr, B., & Russell, J. A.（1991）. The concept of love: Viewed from a prototype perspective. *Journal of Personality and Social Psychology*, *60*(3), 425-438.

Flusberg, S. J., Thibodeau, P. H., Sternberg, D. A., & Glick, J. J.（2010）. A connectionist approach to embodied conceptual metaphor. *Frontiers in Psychology*, *1*, 197.

Fodor, J. A.（1983）. *Modularity of mind*. MIT Press.（フォーダー，J. A. 伊藤 笏康・信原 幸弘（訳）（1985）. 精神のモジュール形式――人工知能と心の哲学―― 産業図書）

Forceville, C. (2020). *Visual and multimodal communication: Applying the relevance principle*. Oxford University Press.

Forceville, C. J., & Urios-Aparisi, E. (2009). *Multimodal metaphor*. Mouton de Gruyter.

深尾 憲二朗・村井 俊哉・山田 真希子・扇谷 明・楠見 孝 (2005). てんかん発作症状としてのデジャビュとジャメビュ――質問紙法による健常群との比較―― てんかん研究, *23*(1), 65.

福島 章 (1978). 天才の精神分析――パトグラフィの冒険―― 新曜社

Gentner, D. (1983). Structure-mapping: A theoretical framework for analogy. *Cognitive Sciences, 7*(2), 155-170.

Gentner, D. (1988). Metaphor as structure mapping: The relational shift. *Child Development, 59*(1), 47-59.

Gentner, D., & Bowdle, B. (2008). Metaphor as structure-mapping. In R. W. Gibbs, Jr. (Ed.), *The Cambridge handbook of metaphor and thought*. Cambridge University Press.

Gentner, D., & Grudin, J. (1985). The evolution of mental metaphors in psychology: A 90-year retrospective. *American Psychologist, 40*(2), 181-192.

Gentner, D., Holyoak, K. J., & Kokinov, B. (Eds.). (2001). *The analogical mind: Perspectives from cognitive science*. MIT Press.

Gentner, D., & Markman, A. B. (1997). Structure mapping in analogy and similarity. *American Psychologist, 52*(1), 45-56.

Gentner, D., & Wolff, P. (1997). Alignment in the processing of metaphor. *Journal of Memory & Language, 37*(3), 331-355.

Gerrig, R. J. (1989). Suspense in the absence of uncertainty. *Journal of Memory and Language, 28*(6), 633-648.

Gerrig, R. J., & Healy, A. (1983). Dual processes in metaphor understanding: Comprehension and appreciation. *Journal of Experimental Psychology: Learning, Memory, and Cognition, 9*, 667-675.

Gibbons, A. (2018). *Contemporary stylistics: Language, cognition, interpretation*. Edinburgh University Press.

Gibbs, R. & Colston, H. (1995). The cognitive psychological reality of image schemas and their transformations. *Cognitive Linguistics, 6*(4), 347-378.

Gibbs, R. W., & Franks, H. (2002). Embodied metaphor in women's narrative about their experience with cancer. *Health Communication, 14*(2), 139-165.

Gibbs, R. W. Jr. (1994). *The poetics of mind: Figurative thought, language, and understanding*. Cambridge University Press. (ギブズ, W. G. Jr. 辻 幸夫・井上 逸兵 (監訳)(2008). 比喩と認知――心とことばの認知科学―― 研究社)

Gibbs, R. W. Jr. (2005). *Embodiment and cognitive science*. Cambridge University Press.

Gibbs, R. W. Jr. (Ed.). (2008). *The Cambridge handbook of metaphor and thought*. Cambridge University Press.

Gigerenzer, G., Todd, P. M., & The ABC Research Group (1999). *Simple heuristics that make us smart*. Oxford University Press.

Glenberg, A. M., Havas, D., Becker, R., & Rinck, M. (2006). Grounding language in bodily states: The case for emotion. In R. A. Zwaan & D. Pecher (Eds.), *Grounding cognition: The role of perception and action in memory, language, and thinking*. Cambridge University Press.

Glenberg, A. M., & Kaschak, M. P. (2002). Grounding language in action. *Psychonomic Bulletin & Review, 9*(3), 558-565.

Glucksberg, S., & Keysar, B. (1990). Understanding metaphorical comparisons: Beyond similarity. *Psychological Review, 97*(1), 3-18.

González-Márquez, M., Mittelberg, I., Coulson, S., & Spivey, M. J. (Eds.). (2007). *Methods in cognitive linguistics*. John Benjamins.

Grady, J. E. (1997). *Foundations of meaning: Primary metaphors and primary scenes*. [Doctoral dissertation] University of California, Berkeley.

Graesser, A. C., Singer, M., & Trabasso, T. (1994). Constructing inferences during narrative text comprehension. *Psychological Review, 101*(3), 371-395.

Group μ（1970）．*Rhétorique générale*. Librairie Larousse.（グループμ　佐々木　健一・樋口　桂子（訳）（1981）．一般修辞学　大修館書店）

芳賀　純（1988）．言語心理学入門　有斐閣

芳賀　純・子安　増生（編）（1990）．メタファーの心理学　誠信書房

羽野　ゆつ子（2007）．アナロジー思考の多様性　楠見　孝（編）メタファー研究の最前線　ひつじ書房

半沢　幹一（2016）．言語表現喩像論　おうふう

半沢　幹一（編）（2023）．直喩とは何か――理論検証と実例分析――　ひつじ書房

Hasegawa, M., Mishima, M., Matsumoto, I., Sasaki, T., Kimura, T., …Shibata, T.（2001）. Confirming the theoretical structure of the Japanese version of the McGill Pain Questionnaire in chronic pain. *Pain Medicine, 2*(1), 52-59.

Hastie, R.（1983）. Social inference. *Annual Review of Psychology, 34*, 511-542.

波多野　完治（1935）．文章心理学――日本語の表現価値――　三省堂

波多野　完治（1973）．現代レトリック　文章心理学大系6　大日本図書

波多野　完治（1990）．文章心理学　波多野完治全集1　小学館

Hefner, V., & Wilson, B. J.（2013）. From love at first sight to soul mate: The influence of romantic ideals in popular films on young people's beliefs about relationships. *Communication Monographs, 80*(2), 150-175.

Heider, F.（1958）. *The psychology of interpersonal relations*. John Wiley & Sons.

Hepper, E. G., & Ritchie, T. D.（2012）. Odyssey's end: Lay conceptions of nostalgia reflect its original homeric meaning. *Emotion, 12*, 102-119.

飛田　良文・浅田　秀子（2002）．現代擬音語擬態語用法辞典　東京堂出版

東山　篤規・宮岡　徹・谷口　俊治・佐藤　愛子（2000）．触覚と痛み　ブレーン出版

Hoffman, R. R., Cochran, E. L., & Nead, J. M.（1990）. Cognitive metaphors in experimental psychology. In D. E. Leary（Ed.）, *Metaphors in the history of psychology*. Cambridge University Press.

Hoffman, R. R., & Kemper, S.（1987）. What could reaction-time studies be telling us about metaphor comprehension. *Metaphor and Symbolic Activity, 2*(3), 149-186.

Hoffman, R. R., Waggoner, J. E., & Palermo, D. S.（1991）. Metaphor and context in the language and emotion. In R. R. Hoffman & D. S. Palermo（Eds.）, *Cognition and the symbolic processes: Applied and ecological perspectives*. Lawrence Erlbaum Associates.

Holland, D., & Quinn, N.（Eds.）.（1987）. *Cultural models in language and thought*. Cambridge University Press.

Holyoak, K. J.（2019）. *The spider's thread: Metaphor in mind, brain, and poetry*. MIT Press.

Holyoak, K. J., & Stamenković, D.（2018）. Metaphor comprehension: A critical review of theories and evidence. *Psychological Bulletin, 144*(6), 641.

Holyoak, K. J., & Thagard, P.（1995）. *Mental leaps: Analogy in creative thought*. MIT Press.（ホリオーク, K. J.・サガード, P.　鈴木　宏昭・河原　哲雄（監訳）（1998）．アナロジーの力――認知科学の新しい探求――　新曜社）

Holyoak, K. J., & Thagard, P.（1997）. The analogical mind. *American Psychologist, 52*(1), 35-44.

Honeck, R. P.（1980）. Historical notes on figurative language In R. P. Honeck & R. R. Hoffman（Eds.）, *Cognition and figurative language*. Lawrence Erlbaum Associates.

Honeck, R. P., & Hoffman, R. R.（Eds.）.（1980）. *Cognition and figurative language*. Lawrence Erlbaum Associates.

星野　命（1976）．身体語彙による表現　鈴木　孝夫（編）日本語講座4　日本語の語彙と表現　大修館書店

星野　喜久三（1970）．感情語の意味判断に関する集団間比較　心理学研究, 41(5), 265-272.

Hummel, J. E., & Holyoak, K. J.（1997）. Distributed representations of structure: A theory of analogical access and mapping. *Psychological Review, 104*(3), 427-466.

Ichien, N., Lin, N., Holyoak, K. J., & Lu, H.（2024）. Cognitive complexity explains processing asymmetry in judgments of similarity versus difference. *Cognitive Psychology, 151*, 101661.

井口　時男・往住　彰文・岩山　真（1996）．文学を科学する　インターレクチュアライブラリー1　朝

倉書店

今井 むつみ・秋田 喜美 (2023). 言語の本質——ことばはどうして生まれ, 進化したか—— 中央公論新社

今井 四郎 (1986). パターン認知の変換構造説 心理学モノグラフ17 日本心理学会

稲益 佐知子 (2015).「恐怖」を修飾する表現について——直喩の果たす役割に着目して—— 表現研究, *102*, 37-46.

猪原 敬介・楠見 孝 (2011). 潜在意味解析に基づく概念間類似度の心理学的妥当性——言語統計解析アプローチの効用と限界—— 心理学評論, *54*(2), 101-122.

石川 喬司 (1992). 逢いびき 日本推理作家協会 (編) 57人の見知らぬ乗客 ミステリー傑作選・特別編4 講談社文庫 講談社

Jairath, N. (1999). Myocardial infarction patients'use of metaphors to share meaning and communicate underlying frames of experience. *Journal of Advanced Nursing, 29*(2), 283-289.

Johnson, M. (1987). *The body in the mind: The bodily basis of meaning, imagination, and reason*. The University Chicago Press (菅野 盾樹・中村 雅之 (訳)(1991). 心の中の身体 紀伊国屋書店)

Johnson, M. I., Hudson, M., & Ryan, C. G. (2023). Perspectives on the insidious nature of pain metaphor: we literally need to change our metaphors. *Frontiers in Pain Research, 4*, 1224139.

Kahneman, D. (2003). A perspective on judgment and choice: Mapping bounded rationality. *American Psychologist, 58*(9), 697-720.

Kahneman, D., & Tversky, A. (1972). Subjective probability: A judgment of representativeness. *Cognitive Psychology, 3*(3), 430-454.

改田 明子 (2001). 身体症状に関する認知の研究 二松学舎大学論集, 第44集, 37-57.

梶谷 哲男 (1971). 三島由紀夫——芸術と病理—— パトグラフィ双書7 金剛出版

Katz, A. N. (2016). Psycholinguistic approaches to metaphor acquisition and use. In E. Semino & Z. Demjén (Eds.), *The Routledge handbook of metaphor and language*. Routledge.

Katz, A. N., Paivio, A., & Marschark, M. (1985). Poetic comparisons: Psychological dimensions of metaphoric processing. *Journal of Psycholinguistic Research, 14*, 365-383.

河合 美佐子 (2004). レモン味?——酸味, 甘味, レモン香—— 日本心理学会第68回大会ワークショップ「かおり高き味な研究をめざして——基礎から応用——」発表資料

川崎 惠里子 (2014). 文章理解のモデル 川崎 惠里子 (編) 文章理解の認知心理学——ことば・からだ・脳—— 誠信書房

Kelley, H. H. (1967). Attribution theory in social psychology. In D. Levine (Ed.), *Nebraska Symposium on Motivation*, Vol. 15. University of Nebraska Press.

Kim, J., & Maher, M. L. (2020). Conceptual metaphors for designing smart environments: Device, robot, and friend. *Frontiers in Psychology, 11*, 198.

Kintsch, W. (1998). Comprehension: A paradigm for cognition. Cambridge University Press.

Kintsch, W. (2000). Metaphor comprehension: A computational theory. *Psychonomic Bulletin & Review, 7*(2), 257-266.

Kintsch, W. (2001). Predication. *Cognitive Science, 25*, 173-202.

Klatzky, R. L. (1984). *Memory and awareness: An information-processing perspective*. W. H. Freeman. (クラッキー, R. L. 川口 潤 (訳)(1986). 記憶と意識の情報処理 サイエンス社)

小島 隆次・米田 英嗣・竹鼻 圭子・森本 雅博・楠見 孝 (2007). 仮想空間を用いた英語前置詞教材の効果的利用 日本教育工学会論文誌, *31*(2), 219-228.

小島 隆次・竹鼻 圭子・楠見 孝 (2008). 視覚イメージを利用した英語前置詞overの空間的意味学習における接触要素に関する実験的検討 日本教育工学会論文誌, *31*, 205-208.

国立国語研究所 (編)(1964). 分類語彙表 国立国語研究所資料集6 秀英出版

小松 和彦 (編)(2003). 日本妖怪学大全 小学館

Komeda, H., & Kusumi, T. (2006). The effect of a protagonists'emotional shift on situation model construction. *Memory & Cognition, 34*(7), 1548-1556.

米田 英嗣・楠見 孝 (2007). 物語理解における感情過程——読者・主人公相互作用による状況モデル構築—— 心理学評論, *50*(2), 163-179.

262

米田 英嗣・仁平 義明・楠見 孝 (2005). 物語理解における読者の感情――予感，共感，違和感の役割―― 心理学研究, 75(6), 479-486.

米田 英嗣・平 知宏・常深 浩平・楠見 孝 (2010). 物語の読み返しにおける共感の役割 日本心理学会第 74 回大会発表論文集（言語・思考）1EV140

小森 道彦 (1992). 共感覚表現の中の換喩性 大阪樟蔭女子大学英米文学会誌, 29, 49-65.

小森 道彦 (2000). 共感覚表現に見られるメトニミー的基盤について 英語英文法研究, 7, 123-134.

小森 道彦 (2003). もっと五感であじわう 瀬戸 賢一（編）ことばは味を超える――美味しい表現の探求―― 海鳴社

Kövecses, Z. (1988). *The language of love: The semantics of passion in conversational English*. Bucknell University Press.

Kövecses, Z. (1990). *Emotion concepts*. Springer-Verlag.

Kövecses, Z. (2000). *Metaphor and emotion: Language, culture, and body in human feeling (Studies in emotion and social interaction)*. Cambridge University Press.

Kövecses, Z. (2005a). Emotion concepts: From happiness to guilt. A cognitive semantic perspective. *Cognitive Psychopathology, 2*(3), 13-32.

Kövecses, Z. (2005b). *Metaphor in culture: Universality and variation*. Cambridge University Press.

子安 増生 (2007). 「心の理論」とメタファー・アイロニー理解の発達 楠見 孝（編）メタファー研究の最前線 ひつじ書房

Krumhansl, C. L. (1978). Concerning the applicability of geometric models to similarity data: The interrelationship between similarity and spatial density. *Psychological Review, 85*(5), 445-463.

国広 哲弥 (1989). 五感を表す語彙――共感覚比喩の体系―― 月刊言語, 18(11), 28-31.

栗山 直子・上市 秀雄・齊藤 貴浩・楠見 孝 (2001). 大学進学における進路決定方略を支える多重制約充足と類推 教育心理学研究, 49(4), 409-416.

栗山 直子・船越 孝太郎・徳永 健伸・楠見 孝 (2007). 共同問題解決におけるメタファーの役割 楠見 孝（編）メタファー研究の最前線 ひつじ書房

栗山 直子・楠見 孝 (1999). 比喩の類似性認知に及ぼす類似性・差異性の影響――構造配列理論を用いた検討―― 日本心理学会第 63 回大会発表論文集, 685.

黒田 航 (2007). 比喩理解におけるフレーム的知識の重要性――比喩表現の程度の差を明示できる比喩の記述モデルの提案―― 楠見 孝（編）メタファー研究の最前線 ひつじ書房

楠見 孝 (1985a). 比喩文における語句間の類似性――意味特徴の顕著性が比喩理解に及ぼす効果―― 心理学研究, 56(5), 269-276.

楠見 孝 (1985b). 共感覚に基づく形容表現――感覚形容詞の意味構造と比喩の良さの規定因―― 日本心理学会第 49 回大会発表論文集, 597.

Kusumi, T. (1987). Effects of categorical dissimilarity and affective similarity of constituent words on metaphor appreciation. *Journal of Psycholinguistic Research, 16*(6), 577-595.

楠見 孝 (1987). 比喩表現の理解過程――その認知心理学的分析―― 表現研究, 46, 1-12.

楠見 孝 (1988a). カテゴリとメタファ 数理科学, 297, 18-22.

楠見 孝 (1988b). 共感覚に基づく形容表現の理解過程について――感覚形容語の通様相的修飾―― 心理学研究, 58(6), 373-380.

楠見 孝 (1988c). 共感覚的メタファの心理――語彙論的分析―― 記号学研究, 8, 237-248.

楠見 孝 (1989). メタファの認知モデル 数理科学, 307, 39-42.

楠見 孝 (1990). 直観的推論のヒューリスティックスとしての比喩の機能――提喩・換喩に基づく社会的推論の分析―― 記号学研究, 10, 197-208.

楠見 孝 (1991). 「心の理論」としてのメタ記憶の構造――自由記述，記憶のメタファに基づく検討―― 日本教育心理学会第 33 回総会発表論文集, 705-706.

楠見 孝 (1992a). 比喩の生成・理解と知識構造 箱田 裕司（編）認知科学のフロンティアⅡ サイエンス社

楠見 孝 (1992b). 記憶のメタファー 現代のエスプリ（No. 298）特集：エコロジカルマインド 至文堂

楠見 孝 (1993a). 感情のイメージ・スキーマモデル――比喩表現を支える概念構造―― 日本認知科学会第 10 回大会発表論文集, 58-59.

楠見 孝 (1993b). 教育のメタファ――構造的メタファに基づく文化的モデルの分析―― 日本発達心理学会第 4 回大会発表論文集 221.

楠見 孝 (1994a). 大学生のもつ愛の文化的モデル――メタファー生成法と概念地図法による検討―― 日本発達心理学会第 5 回大会発表論文集, 276.

楠見 孝 (1994b). デジャビュ（既視感）現象を支える類推的想起 日本認知科学会第 11 回大会発表論文集, 98-99.

楠見 孝 (1994c). 不確実事象の認知と決定における個人差 心理学評論, 37(3), 337-366.

楠見 孝 (1994d). 比喩理解における主題の意味変化――構成語間の相互作用の検討―― 心理学研究, 65(3), 197-205.

楠見 孝 (1995a). 大学生のもつ恋愛規範の構造――文化的モデルとしての感情規範の分析――日本発達心理学会第 6 回発表論文集, 276.

楠見 孝 (1995b). 比喩の処理過程と意味構造 風間書房

楠見 孝 (1995c). 類似性に基づく事例検索の認知的分析――アナロジー，メタファ，デジャビュ―― 人工知能学会第 32 回知識ベースシステム研究会, 17-23.

楠見 孝 (1995d). 青年期の認知発達と知識獲得 落合 良行・楠見 孝（編）自己への問い直し――青年期 講座 生涯発達心理学 4, 金子書房

楠見 孝 (1996a). 聴覚の世界――聞くこととメタファ―― 言語, 25(2), 36-43.

楠見 孝 (1996b). デジャビュ（既視感）経験を引き起こす場面の特性――自伝的記憶と夢における類似記憶表象―― 日本発達心理学会第 7 回発表論文集, 219.

楠見 孝 (1996c). 感情概念と認知モデルの構造 土田 昭司・竹村 和久（編）感情と行動・認知・生理――感情の社会心理学―― 対人行動学研究シリーズ 4 誠信書房

Kusumi, T. (1998). Déjà vu experiences: An explanation based on similarities of experiences in analogical reminding. *Tsukuba International Conference on Memory, 38.*

楠見 孝 (2001). 比喩の理解――なぜわかるのか？ どうして使うのか？―― 森 敏昭（編）おもしろ言語のラボラトリー 2 北大路書房

楠見 孝 (2002a). 比喩生成を支える信念と経験――愛の比喩の背後にある恋愛規範と経験―― 日本心理学会第 66 回大会発表論文集, 811.

楠見 孝 (2002b). インタフェースデザインにおけるメタファ――デスクトップから仮想空間，そして言語への回帰―― デザイン学研究特集号：デザインと記号論, 10(1), 64-73.

楠見 孝 (2002c). メタファーとデジャビュ 月刊言語, 31(8), 32-37.

楠見 孝 (2002d). 類似性と近接性――人間の認知の特徴について―― 人工知能学会誌, 17(1), 2-7.

楠見 孝 (2005a). 文芸の心理――比喩と類推からみた三島由紀夫の世界―― 子安 増生（編）芸術心理学の新しいかたち 心理学の新しいかたち 11 誠信書房

楠見 孝 (2005b). 心で味わう――味覚表現を支える認知のしくみ―― 瀬戸 賢一・山本 隆・楠見 孝・澤井 繁男・辻本 智子・山口治彦・小山俊輔 味ことばの世界 海鳴社

楠見孝 (2005c). 物語理解における恐怖の生起メカニズム――怪談とメタファ―― 表現研究, 82, 16-26.

楠見 孝 (2005d). 心理学と文体論――比喩の修辞効果の認知―― 中村 明・野村 雅昭・佐久間 まゆみ・小宮 千鶴子（編）表現と文体 明治書院

Kusumi, T. (2006). Human metacognition and the déjà vu phenomenon. In K. Fujita & S. Itakura (Eds.), *Diversity of cognition: Evolution, development, domestication, and pathology.* Kyoto University Press.

楠見 孝 (2007a). 批判的思考とメタファ的思考 稲垣 佳世子・鈴木 宏昭・大浦 容子（編）新訂 認知過程研究――知識の獲得とその利用―― 放送大学教育振興会

楠見 孝 (編)(2007b). メタファー研究の最前線 ひつじ書房

楠見 孝 (2010). 批判的思考と高次リテラシー 日本認知心理学会（監修）楠見 孝（編）思考と言語 現代の認知心理学 3 北大路書房

楠見 孝 (2011). メタファー的思考と批判的思考――レトリックと認知心理学の観点から―― 日本認知言語学会論文誌, 11, 551-558.

楠見 孝 (2012a). 実践知の獲得――熟達化のメカニズム―― 金井 嘉宏・楠見 孝（編）実践知

――エキスパートという知性―― 有斐閣

楠見 孝（2012b）．実践知と熟達者とは 金井 嘉宏・楠見 孝（編）実践知――エキスパートという知性―― 有斐閣

楠見 孝（2013）．デジャビュと懐かしさ経験に及ぼす加齢・個人差の影響 日本認知心理学会第11回大会発表論文集 O5-2

楠見 孝（2014）．ホワイトカラーの熟達化を支える実践知の獲得 組織科学，*48*(2)，6-15.

楠見 孝（2015）．愛の概念を支える放射状カテゴリーと概念比喩――実験認知言語学的アプローチ―― 認知言語学研究，*1*，80-98.

楠見 孝（2016）．共感覚動詞比喩の理解可能性――一方向性仮説の検討―― 日本認知心理学会第14回大会発表論文集 P3-18

楠見 孝（2017）．共感覚オノマトペの理解可能性を支える意味空間同型性――共感覚的比喩の一方向性の検討―― 日本心理学会第81回大会発表論文集 3A-062

楠見 孝（2018a）．批判的思考への認知科学からのアプローチ 認知科学，*25*(4)，461-474.

楠見 孝（2018b）．三島由紀夫『金閣寺』におけるメタファーの認知的分析――コーパスに基づく検討―― メタファー研究，*1*，231-251.

楠見 孝（2018c）．リテラシーを支える批判的思考――読書科学への示唆―― 読書科学，*60*(3)，129-137.

楠見 孝（2019a）．日常生活におけるデジャビュとジャメビュ――類似性に基づく経験想起との関連性―― 日本認知心理学会第17回大会発表論文集 O4-02

楠見 孝（2019b）．認知心理学と認知言語学 辻幸夫（編集主幹）楠見 孝・菅井 三実・野村 益寛・堀江 薫・吉村 公宏（編）認知言語学大事典 朝倉書店

楠見 孝（2020a）．熟達したホワイトカラーの実践的スキルとその継承における課題 日本労働研究雑誌，*62*(11)，85-98.

楠見 孝（2020b）．指定討論――人違いとデジャビュ―― シンポジウム［人違いの心理学］を目指して――人物誤同定現象の解明とその意味するもの―― 日本心理学会第84回大会 東洋大学

楠見 孝（2021a）．共感覚比喩の観点から（共感覚と多感覚統合――個人特異的メカニズムと共通メカニズム――） 日本理論心理学会第67回大会

楠見 孝（2021b）．なつかしさはなぜ起こるか――単純接触効果と自伝的記憶，デジャビュ―― 繁桝 算男（編）心理学理論バトル――心の疑問に挑戦する理論の楽しみ―― 新曜社

楠見 孝（2021c）．なつかしさの認知――感情的基盤と機能：個人差と年齢変化―― 心理学評論，*64*(1)，5-28.

楠見 孝（2023）．共感覚比喩と共感覚――大規模オンライン調査に基づく検討――（シンポジウム 共感覚比喩と共感覚――共通する認知メカニズムの検討――） 日本心理学会第87回大会

楠見 孝・米田 英嗣（2007）．感情と言語 藤田 和生（編）感情科学 京都大学学術出版会

楠見 孝・米田 英嗣（2018）．"聖地巡礼"行動と作品への没入感――アニメ，ドラマ，映画，小説の比較調査―― コンテンツツーリズム学会論文集，*5*，2-11.

楠見 孝・栗山 直子・齊藤 貴浩・上市 秀雄（2008）．進路意思決定における認知・感情過程――高校から大学への追調査に基づく検討―― キャリア教育研究，*26*(1)，3-17.

楠見 孝・松原 仁（1993）．認知心理学におけるアナロジー研究 情報処理，*34*(5)，18-28.

楠見 孝・村井 俊哉・深尾 憲二朗（2003）．デジャビュとジャメビュ現象の認知的分析 ――質問紙法による検討―― 日本認知心理学会第1回大会発表論文集 O5-07

楠見 孝・中本 敬子（2011）．心理実験・調査による研究例2 ――評定尺度実験に基づく痛みを表す言語表現の分類―― 中本 敬子・李 在鎬（編）認知言語学研究の方法――内省・コーパス・実験 ひつじ書房

楠見 孝・中本 敬子・子安 増生（2010）．痛みの比喩表現の身体感覚と認知の構造 心理学研究，*80*(6)，467-475.

楠見 孝・平 知宏（2024）．ことばと思考 辻 幸夫・菅井 三実・佐治 伸郎（編）ことばと心身 シリーズことばの認知科学第2巻 朝倉書店

楠見 孝・高橋 秀明（1992）．メタ記憶 安西 祐一郎・石崎 俊・大津 由紀雄・波多野 誼余夫・溝口 文雄（編）認知科学ハンドブック 共立出版

楠見 孝・横澤 一彦・浅野 倫子・原島 小也可（2023）．共感覚比喩理解と共感覚の経験頻度・安定

度の関連——大規模 web 実験による共通基盤の検討—— 日本心理学会第 87 回大会予稿集

楠見 孝・横澤 一彦・浅野 倫子・原島 小也可（2024）．共感覚比喩理解と共感覚の経験頻度・安定度の関連（2）——大規模 web 実験のための色字以外共感覚課題の検討—— 日本心理学会第 88 回大会予稿集，1B-074-PH

Lakoff, G.（1987）. *Women, fire, and dangerous things: What categories reveal about the mind.* University of Chicago Press.（池上 嘉彦・川上 誓作他（訳）（1993）．認知意味論——言語から見た人間の心—— 紀伊國屋書店）

Lakoff, G.（1991）. Metaphor and war: The Metaphors system used to justify War in the Gulf. *Peace Research,* 25-32.

Lakoff, G.（1996）. *Moral politics.* University of Chicago Press.（レイコフ，G. 小林 良彰・鍋島 弘治朗（訳）（1998）．比喩（メタファー）によるモラルと政治——米国における保守とリベラル—— 木鐸社）

Lakoff, G.（2008）. *The political mind: A cognitive scientist's guide to your brain and its politics.* Penguin Books.

Lakoff, G.（2014）. Mapping the brain's metaphor circuitry: Metaphorical thought in everyday reason. *Frontiers in Human Neuroscience, 8,* 958.

Lakoff, G., & Johnson, M.（1980）. *Metaphors we live by.* University of Chicago Press.（レイコフ，G.・ジョンソン，M. 渡部 昇一・楠瀬 淳三・下谷 和幸（訳）（1986）．レトリックと人生 大修館書店）

Lakoff, G., & Johnson, M.（1999）. *Philosophy in the flesh: The embodied mind and its challenge to Western thought.* Basic Books.（レイコフ，G.・ジョンソン，M. 計見 一雄（訳）（2004）．肉中の哲学——肉体を具有したマインドが西洋の思考に挑戦する—— 哲学書房）

Lakoff, G., & Kövecses, Z.（1987）. The cognitive model of anger inherent in American English. In D. Holland & N. Quinn（Eds.）, *Cultural models in language and thought.* Cambridge University Press.

Lakoff, G., & Turner, M.（1989）. *More than cool reason: A field guide to poetic metaphor.* University of Chicago Press.（レイコフ，G. ・ターナー，M. 大堀 俊夫（訳）（1994）．詩と認知 紀伊国屋書店）

Landauer, T. K., & Dumais, S. T.（1997）. A solution to Plato's problem: The latent semantic analysis theory of acquisition, induction, and representation of knowledge. *Psychological Review, 104*（2）, 211-240.

Langacker, R. W.（1990）. *Concept, image and symbol.* Mouton de Gruyter.

Lindauer, M. S.（1969）. Imagery and sensory modality. *Perceptual and Motor Skills, 29*（1）, 203-215.

Lindquist K. A., Gendron M., & Satpute A. B.（2016）. Language and emotion: Putting words into feelings and feelings into words. In L. F. Barrett., M. Lewis & J. M. Haviland-Jones（Eds.）, *Handbook of emotions.*（4th ed）, Guilford.

Malgady, R. G., & Johnson, M. G.（1976）. Modifiers in metaphors: Effects of constituent phrase similarity on the interpretation of figurative sentences. *Journal of Psycholinguistic Research, 5,* 43-52.

Markman, A. B.（1999）. *Knowledge representation.* Erlbaum

Markman, A. B., & Gentner, D.（1993a）. Splitting the differences: A structural alignment view of similarity. *Journal of Memory and Language, 32,* 517-535.

Markman, A. B., & Gentner, D.（1993b）. Structural alignment during similarity comparisons. *Cognitive Psychology, 25*（4）, 431-467.

Marks, L. E.（1978）. *The unity of senses: Interrelations among the modalities.* Academic Press.

Marks, L. E.（1982）. Synesthetic perception and poetic metaphor. *Journal of Experimental Psychology: Human Perception and Performance, 8*（1）, 15-23.

Marks, L. E.（2011）. Synesthesia, then and now. *Intellectica, 55*（1）, 47-80.

Marks, L. E., Hammeal, R. J., & Bornstein, M. H.（1987）. Perceiving similarity and comprehending metaphor. *Monographs of the Society for Research in Child Development, 52*（1）, 1-100.

Marschark, M., Katz, A. N., & Paivio, A.（1983）. Dimensions of metaphor. *Journal of Psycholinguistic*

Research, 12, 17-40.

Martin, J.（1992）. Computer understanding of conventional metaphoric language. *Cognitive Science, 16*, 233-270.

圓尾 知之・中江 文・前田 倫・高橋-成田 香代子・横江 勝, ...齋藤 洋一（2013）. 痛みの評価尺度・日本語版 Short-Form McGill Pain Questionnaire 2（SF-MPQ-2）の作成とその信頼性と妥当性の検討. *Pain Research, 28*（1）, 43-53.

増田 直衛（1994）. 図の群化と体制化　大山 正（編）新編 感覚・知覚ハンドブック　誠信書房

Matlock, T.（2004）. Fictive motion as cognitive simulation. *Memory & Cognition, 32*, 1389-1400

Matsuda, K., & Kusumi, T.（2001）. Scene typicality influences the mere exposure effect in affective judgments. Poster session presented at the 42nd Annual Meeting of the Psychonomic Society, Orlando, FL.

Matsuki, K.（1995）. Metaphors of anger in Japanese. In J. R. Taylor & R. E. MacLaurey（Eds.）, *Language and the Cognitive Construal of the world*. Mouton de Gruyter.

Melzack, R.（1975）. The McGill Pain Questionnaire: Major properties and scoring methods. *Pain, 1*（3）, 277-299.

Mervis, C. B., & Rosch, E.（1981）. Categorization of natural objects. *Annual Review of Psychology, 32*, 89-115.

Miall, D. S.（1989）. Beyond the schema given: Affective comprehension of literary narratives. *Cognition & Emotion, 3*（1）, 55-78.

Mikolov, T., Chen, K, Corrado, G., & Dean, J.（2013）. Efficient estimation of word representations in vector space. arXiv preprint arXiv: 1301.3781.

Miller, G. A.（1995）. WordNet: A lexical database for english. *Communications of the ACM, 38*（11）, 39-41.

Miller, G. A.（1998）. Nouns in Wordnet. *WordNet: An electronic lexical database*. MIT Press.

三島 由紀夫（2000-2005）. 決定版 三島由紀夫全集（全 42 巻）　新潮社

宮地 裕（編）（1982）. 慣用句の意味と用法　明治書院

溝脇 風子・楠見 孝（2024）. 切なさ感情に及ぼす心理的距離と包括的認知様式の影響　日本心理学会第 88 回大会予稿集, 2B-066-PM

水藤 新子（2005）. 恐怖を喚起する表現とは――「新耳袋」を対象に――　表現研究, *82*, 27-32.

水谷 静夫（1979）. 用語による梅・桜の歌の判別　計量国語学, *12*（1）, 1-13.

籾山 洋介（2002）. 認知意味論のしくみ　町田 健（編）シリーズ・日本語のしくみを探る 5　研究社

守 一雄・都築 誉史・楠見 孝（編）（2001）. コネクショニストモデルと心理学――脳のシミュレーションによる心の理解――　北大路書房

森 雄一（2007）. 隠喩・提喩・逆隠喩　楠見 孝（編）メタファー研究の最前線　ひつじ書房

森 雄一（2011）. 隠喩と提喩の境界事例について　成蹊國文, *44*, 150-143.

森 雄一（2019）. 提喩論の現在　森 雄一・西村 義樹・長谷川 明香（編）認知言語学を拓く　くろしお出版

Morris, D. B.（1991）. *The culture of pain*. University of California Press.（モリス, D. B.　渡邉 勉・鈴木 牧彦（訳）（1998）. 痛みの文化史　紀伊國屋書店）

村田 忠男（1989）. 〈触覚〉さわることば――ウルマンのデータを中心に――　言語, *18*（11）, 62-67.

Murphy, G. L.（1996）. On metaphoric representation. *Cognition, 60*（2）, 173-204.

Murphy, G. L.（1997）. Reasons to doubt the present evidence for metaphoric representation. *Cognition, 62*（1）, 99-108.

Murphy, G. L., & Medin, D. L.（1985）. The role of theories in conceptual coherence. *Psychological Review, 92*（3）, 289-316.

Musolff, A.（2023）. Metaphorical framing in political discourse. In P. Cap（Ed.）, *Handbook of Political Discourse*. Edward Elgar Publishing.

武藤 彩加（2003）. 日本語の「共感覚比喩（表現）」に関する記述的研究　名古屋大学大学院国際言語文化研究科博士論文

武藤 彩加（2015）. 日本語の共感覚的比喩　ひつじ研究叢書（言語編）第 124 巻　ひつじ書房

鍋島 弘治朗（2007）．領域をつなぐものとしての価値的類似性　楠見 孝（編）メタファー研究の最前線　ひつじ書房

鍋島 弘治朗（2011）．日本語のメタファー　くろしお出版

鍋島 弘治朗（2016）．メタファーと身体性　ひつじ書房

中川 正宣・寺井 あすか・阿部 慶賀　（2007）．比喩理解と比喩生成のニューラルネットワークモデル　楠見 孝（編）メタファー研究の最前線　ひつじ書房

中本 敬子（2000）．上下の方向づけのメタファーに関する実験的検討――ストループ的課題を用いて――　心理学研究，*71*(5)，408-414.

中本 敬子（2007）．比喩理解における意味特徴の活性化と抑制　楠見 孝（編）メタファー研究の最前線　ひつじ書房

Nakamoto, K., & Kusumi, T. (2004). The effect of repeated presentation and aptness of figurative comparisons on preference for metaphor forms. *Proceedings of the Annual Meeting of the Cognitive Science Society, 26*, 1611.

中本 敬子・楠見 孝（2004a）．比喩材料文の心理的特性と分類――基準表作成の試み――　読書科学，*48*(1)，1-10.

中本 敬子・楠見 孝（2004b）．隠喩形式への選好に対する比喩の適切性とベースの繰り返し呈示の効果　日本認知科学会第21回大会発表論文集，日本認知科学会

中本 敬子・李 在鎬（編）（2011）．認知言語学研究の方法――内省・コーパス・実験――　ひつじ書房

中村 明（1977a）．比喩表現辞典　角川小辞典　角川書店

中村 明（1977b）．比喩表現の理論と分類　国立国語研究所報告57　秀英出版

中村 明（1985）．慣用句と比喩表現　日本語学，*4*(1)，28-36.

中村 明（1991）．日本語レトリックの体系――文体のなかにある表現技法のひろがり――　岩波書店

中村 明（編）（1993a）．感情表現辞典　東京堂出版

中村 明（1993b）．日本語の文体――文芸作品の表現をめぐって――　岩波セミナーブックス47　岩波書店

中村 明（2013）．比喩表現の世界――日本語のイメージを読む――筑摩選書　筑摩書房

中村 太戯留（2007）．比喩の面白さを感じるメカニズムの検討　楠見 孝（編）メタファー研究の最前線　ひつじ書房

難波 精一郎（1993）．音色の定義を巡って　日本音響学会誌，*49*(11)，823-831.

Neisser, U. (1982a). *Memory observed: Remembering in natural contexts.* W. H. Freeman. （ナイサー，U. 富田 達彦訳（1988）．観察された記憶――自然文脈での想起――（上）　誠信書房）

Neisser, U. (1982b). *Memory observed: Remembering in natural contexts.* W. H. Freeman. （ナイサー，U. 富田 達彦訳（1989）．観察された記憶――自然文脈での想起――（下）　誠信書房）

Neisser, U. (Ed.). (1987). *Concepts and conceptual development: Ecological and intellectual factors in categorization.* Cambridge University Press.

野中 郁次郎・竹内 弘高（著）梅本 勝博（翻訳）（1996）．知識創造企業　東洋経済新報社

Norman, D. A. (1991). Cognitive artifacts. In J. M. Carroll (Ed.), *Designing interaction: Psychology at the human-computer interface.* Cambridge University Press.

Novak, J. D. (1990). Concept mapping: A useful tool for science education. *Journal of Research in Science Teaching, 27*(10), 937-949.

野澤 元・渋谷 良方（2007）．コミュニケーションから見たメタファー――その基盤と動機――　楠見 孝（編）メタファー研究の最前線　ひつじ書房

NTTコミュニケーション科学基礎研究所（監修）池原 悟・宮崎 正弘・白井 諭・横尾 昭男・中岩 浩巳・小倉 健太郎・大山 芳史・林 良彦（編）（1997）．日本語の語彙大系　岩波書店

Oatley, K., & Djikic, M. (2017). The creativity of literary writing. In J. C. Kaufman, V. P. Glăveanu & J. Baer (Eds.), *The Cambridge handbook of creativity across domains.* Cambridge University Press.

小田 希望（1993）．甘くてスウィート　瀬戸 賢一（編）ことばは味を超える――美味しい表現の探求――　海鳴社

Öhman, A. (2000). Fear and anxiety: Evolutionary, cognitive. and clinical perspectives. In M. Lewis &

J. M. Haviland-Jones (Eds.), *Handbook of emotions.* (2nd ed.). Guilford Press.

大堀 亨・奈良 雅之・藤田 洋輔 (2014). わが国における学生及び就労者 (18-64 歳) を対象とした腰痛感尺度の開発. *Health and Behavior Sciences, 12*(2), 83-88.

Oka, R., & Kusumi, T. (2021). Number of shared topic-vehicle significant features affects speakers' preference for metaphorical expressions *Journal of Cognitive Psychology, 33*(2), 157-171.

岡 隆之介・楠見 孝 (2018). 感情比喩の理解に及ぼす聞き手の当事者性 感情心理学研究, *26*(1), 19-26.

岡 隆之介・楠見 孝 (2022). 隠喩と直喩の解釈多様性に果たす構成語の役割——単語の意味近傍密度と抽象度に基づく検討—— 認知科学, *29*(1), 120-124.

岡 隆之介・楠見 孝・大島 裕明 (2018). 名詞比喩表現における解釈の検索モデル 第 10 回データ工学と情報マネジメントに関するフォーラム, 第 16 回日本データベース学会年次大会

岡 隆之介・大島 裕明・楠見 孝 (2019). 比喩研究のための直喩刺激——解釈セット作成および妥当性の検討—— 心理学研究, *90*(1), 53-62.

岡原 正幸 (1987). 感情経験の社会学的理解 社会学評論, *38*(3), 321-335.

Ortony, A. (1979a). Beyond literal similarity. *Psychological Review, 86*(3), 161-180.

Ortony, A. (Ed.). (1979b). *Metaphor and thought.* Cambridge University Press.

Ortony, A. (Ed.). (1993). *Metaphor and thought.* (2nd ed.). Cambridge University Press.

Ortony, A., Clore, G. L., & Collins, A. (2022). *The cognitive structure of emotions.* Cambridge University Press.

Ortony, A., Schallert, D. L., Reynolds, R. E., & Antos, S. J. (1978). Interpreting metaphors and idioms: Some effects of context on comprehension. *Journal al of Verbal Learning and Verbal Behavior, 17*(4), 465-477.

苧阪 直行 (編)(1999). 感性のことばを研究する——擬音語・擬態語に読む心のありか—— 新曜社

小山内 秀和・楠見 孝 (2013). 物語世界への没入体験——読解過程における位置づけとその機能—— 心理学評論, *56*(4), 457-473.

Osgood, C. E. (1949). The similarity paradox in human learning: A resolution. *Psychological Review, 56*, 132-143.

Osgood, C. E. (1962). Studies on the generality of affective meaning systems. *American Psychologist, 17*(1), 10-28.

Osherson, D. N., Smith, E. E., Wilkie, O., Lopez, A., & Shafir, E. (1990). Category-based induction. *Psychological Review, 97*(2), 185-200.

Otis, L. (2019). *Banned emotions: How metaphors can shape what people feel.* Oxford University Press.

Pinker, S. (2003). *The blank slate: The modern denial of human nature.* Penguin Books. (ピンカー, S. 山下 篤子 (訳)(2004). 人間の本性を考える——心は「空白の石版」か—— (上〔NHK ブックス 1010〕・中〔NHK ブックス 1011〕・下〔NHK ブックス 1012〕) NHK 出版)

Rakotomamonjy, A., Flamary, R., Gasso, G., Alaya, M. Z., Bérar, M., & Courty, N. (2022). Optimal transport for conditional domain matching and label shift. *Machine Learning, 111*(5), 1651-1670.

Reali, F., Cevasco, J., & Marmolejo-Ramos, F. (2024). Some contributions from embodied cognition to psychonarratology. *Journal of Psycholinguistic Research, 53*(6), 74.

Richardson, D. C., Spivey, M. J., Barsalou, L. W., & McRae, K. (2003) Spatial representation activated during real-time comprehension of verbs. *Cognitive Science, 27*, 767-780.

Rips, L. J. (1989). Similarity, typicality, and categorization. In S. Vosniadou & A. Ortony (Eds.), *Similarity and analogical reasoning.* Cambridge University Press.

Rips, L. J., Smith, E. E., & Medin, D. L. (2012). Concepts and categories: Memory, meaning, and metaphysics. In K. J. Holyoak & R. G. Morrison (Eds.), *The Oxford handbook of thinking and reasoning.* Oxford University Press.

Roediger, H. L. Ⅲ (1979). Implicit and explicit memory models. *Bulletin of the Psychonomic Society, 13*(6), 339-342.

Roediger, H. L. Ⅲ (1980). Memory metaphors in cognitive psychology. *Memory & Cognition, 8*(3), 231-246.

Roncero, T., Kennedy, J. M., & Smyth, R. (2006) Similes on the internet have explanations. *Psychonomic Bulletin and Review, 13*(1) 74-77.

Rosch, E. H. (1973). Natural categories. *Cognitive Psychology, 4*(3), 328-350.

Rosch, E. H. (1975). Cognitive representations of semantic categories. *Journal of Experimental Psychology: General, 104*, 192-233.

Rosi, V., Sarah, P. A., Houix, O., Misdariis, N., & Susini, P. (2023). Shared mental representations underlie metaphorical sound concepts. *Scientific Report, 13*, 5180.

Rumelhart, D. E., & Abrahamson, A. A. (1973). A model of analogical reasoning. *Cognitive Psychology, 5*, 1-28.

Rundblad, G., & Annaz, D. (2010). Development of metaphor and metonymy comprehension: Receptive vocabulary and conceptual knowledge. *British Journal of Developmental Psychology, 28*(3), 547-563.

Russell, J. A. (1991). Culture and the categorization of emotions. *Psychological Bulletin, 110*, 426-450.

Russell, J. A. (2003). Core affect and the psychological construction of emotion. *Psychological Review, 110*(1), 145-172.

Russell, J. A. (2017). Mixed emotions viewed from the psychological constructionist perspective. *Emotion Review, 9*(2), 111-117.

Russell, J. A., & Lemay, G. (2000). Emotion concepts. In M. Lewis & J. Haviland-Jones (Eds.), *Handbook of emotions*. Guilford Press.

Sadeghi, M., Dabirmoghaddam, M., & Rahbar, B. (2024). The role of metaphors in shaping the culture of corona fear: A Cognitive and critical approach. *Research in Western Iranian Languages and Dialects, 12*(1), 39-54.

坂本 真樹 (2007). 色彩語メタファーへの認知言語学的関心に基づくアプローチの検討 楠見 孝 (編) メタファー研究の最前線 ひつじ書房

坂本 真樹 (2019). 五感を探るオノマトペ――「ふわふわ」と「もふもふ」の違いは数値化できる―― 共立スマートセレクション29 共立出版

坂本 真樹・内海 彰 (2007). 色彩形容詞と名詞の相互作用による色彩形容詞メタファーの認知効果 認知科学, *14*(3), 380-397.

坂本 勉 (2007). 共感覚表現の脳内処理モデル――脳波 (事象関連電位) による研究―― 楠見 孝 (編) メタファー研究の最前線 ひつじ書房

Sakamoto, T. (2015). Processing of syntactic and semantic information in the human brain: Evidence from ERP studies in Japanese. In M. Nakayama (Ed.), *Handbook of Japanese Psycholinguistics*. De Gruyter Mouton.

Sakamoto, T., Matsuishi, K., Arao, H., & Oda, J. (2003). An ERP study of sensory mismatch expressions in Japanese. *Brain and Language, 86*(3), 384-394.

佐々木 健一 (監修) 佐藤 信夫 (企画・構成)(2006). レトリック事典 大修館書店

Satow, A., Nakatani, K., & Taniguchi, S. (1988). Analysis of perceptual characteristics of pain describing in words caused by occupational cervicobrachial disorder and similar disease. *Japanese Psychological Research, 30*(3), 132-143.

Satow, A., Nakatani, K., Taniguchi, S., & Higashiyama, A. (1990). Perceptual characteristics of electrocutaneous pain estimated by the 30-word list and visual analog scale. *Japanese Psychological Research, 32*(4), 155-164.

佐藤 愛子・奥富 俊之・谷口 俊治・宮岡 徹・東山 篤規・畑山 俊輝 (1991). 痛みの話――生活から治療から研究から 日本文化科学社

佐藤 方哉 (1976). 行動理論への招待 大修館書店

佐藤 信夫 (1978). レトリック感覚――ことばは新しい視点をひらく―― 講談社

佐藤 信夫 (1981). レトリック認識――ことばは新しい世界をつくる―― 講談社

佐藤 信夫 (1983). 逆隠喩 記号学研究, *3*, 39-51.

Schank, R. C., & Abelson, R. P. (1977). *Scripts, plans, goals, and understanding: An inquiry into human knowledge structures*. Erlbaum Association.

Schlegelmilch, R., Wills, A. J., & von Helversen, B. (2022). A cognitive category-learning model of rule abstraction, attention learning, and contextual modulation. *Psychological Review, 129*(6), 1211-1248.

Searle, J. (1979). Metaphor. In A. Ortony (Ed.), Metaphor and thought. Cambridge University Press.

Semino, E., & Culpeper, J. (2002). *Cognitive stylistics: Language and cognition in text analysis.* John Benjamins Publishing Company.

瀬戸 賢一 (1986). レトリックの宇宙　海鳴社

瀬戸 賢一 (1995). メタファー思考――意味と認識のしくみ――　講談社現代新書 1247　講談社

瀬戸 賢一 (1997). 認識のレトリック　海鳴社

瀬戸 賢一 (編)(2003). ことばは味を超える――美味しい表現の探求――　海鳴社

Shaver, P., Schwartz, D. K., Kirson, D., & O'Connor, C. (1987). Emotion knowledge: Further exploration of a prototype approach. *Journal of Personality and Social Psychology, 52*, 1061-1086.

下川 昭夫・佐々木 めぐみ (1990). 感情の種類と構造に関する考察 (1) 感情語を用いた研究　日本心理学会第 54 回大会発表論文集, 574.

進藤 三佳・内元 清貴・井佐原 均 (2007). 感覚領域からの意味拡張――自然言語処理技術を用いたメタファーの分析――　楠見 孝 (編) メタファー研究の最前線　ひつじ書房

Shinohara, K., & Nakayama, A. (2011). Modalities and directions in synaesthetic metaphors in Japanese. 認知科学, *18*(3), 491-507.

Simon, R. W., Eder, D., & Evans, C. (1992). The development of feeling norms underlying romantic love among adolescent females. *Social Psychology Quarterly, 55*(1), 29-46.

Smith, E. E., & Medin, D. L. (1981). *Categories and concepts.* Harvard University Press.

Söderberg, S., & Norberg, A. (1995). Metaphorical pain language among fibromyalgia patients. *Scandinavian Journal of Caring Science, 9*(1), 55-59.

Spence, C. (2011). Crossmodal correspondences: A tutorial review. *Attention, Perception, & Psychophysics, 73*, 971-995.

Spence, C. (2020). Simple and complex crossmodal correspondences involving audition. *Acoustical Science and Technology, 41*(1), 6-12.

Stanley, B. L., Zanin, A. C., Avalos, B. L., Tracy, S. J., & Town, S. (2021). Collective emotion during collective trauma: A metaphor analysis of the COVID-19 pandemic. *Qualitative Health Research, 31*(10), 1890-1903.

Stanovich, K. E. (2004). *The robot's rebellion: Finding meaning in the age of darwin.* University of Chicago Press. (スタノヴィッチ, K. E.　椋田 直子 (訳)(2008). 心は遺伝子の論理で決まるのか――二重過程モデルでみるヒトの合理性――　みすず書房)

Stanovich, K. E. (2012). On the distinction between rationality and intelligence: Implications for understanding individual differences in reasoning, In K. J. Holyoak & R. G. Morrison (Eds.), *The Oxford Handbook of Thinking and Reasoning.* Oxford University Press

Steen, G. (2017). Deliberate metaphor theory: Basic assumptions, main tenets, urgent issues. *Intercultural Pragmatics, 14*(1), 1-24.

Steen, G. J. (2023). Thinking by metaphor, fast and slow: Deliberate Metaphor theory offers a new model for metaphor and its comprehension. *Frontiers in Psychology, 14*, 1242888.

Sternberg, R. J., & Gardner, M. K. (1983). Unities in inductive reasoning. *Journal of Experimental Psychology, 112*, 80-116.

Sternberg, R. J., & Wagner, R. K. (1992). Tacit knowledge: An unspoken key to managerial success. *Creativity and Innovation Management, 1*, 5-13.

Stevens, S. S. (1957). On the psychophysical law. *Psychological Review, 64*(3), 153-181.

Stockwell, P. (2002). *Cognitive Poetics: An Introduction.* Routledge. (ストックウェル, P.　内田 成子 (訳)(2006). 認知詩学入門　鳳書房)

Stockwell, P. (2007). Cognitive poetics and literary theory. *Journal of Literary Theory, 1*(1), 135-152.

Stockwell, P. (2020). *Cognitive poetics: An introduction.* (2nd ed.). Routledge.

Strauss, C., & Quinn, N. (1992). Preliminaries to a theory of culture acquisition. In H. L. Pick, Jr., P. V. D. Broek & D. C. Knill (Eds.), *Cognition: Conceptual and methodological issues.* American Psychological Association.

菅野 盾樹 (1985). メタファーの記号論 勁草書房

菅野 盾樹 (2003). 新修辞学——反「哲学的」考察—— 世織書房

Sugimori, E., & Kusumi, T. (2014). The similarity hypothesis of déjà vu: On the relationship between frequency of real-life déjà vu experiences and sensitivity to configural resemblance. *Journal of Cognitive Psychology, 26*(1), 48-57.

杉村 和枝・赤堀 侃司・楠見 孝 (1998). 多義動詞のイメージスキーマ——日本語・英語間におけるイメージスキーマの共通性の分析—— 日本語教育, *99*, 48-59.

杉村 和枝・楠見 孝 (2000). 多義動詞「ひく」の意味派生を支えるイメージスキーマの変容 表現研究, *71*, 27-34.

鈴木 宏昭 (1996). 類似と思考 認知科学モノグラフ1 東京大学出版会

鈴木 健・大井 恭子・竹前 文夫 (編)(2006). クリティカル・シンキングと教育——日本の教育を再構築する—— 世界思想ゼミナール 世界思想社

平 真木夫 (2007). 学校現場における類推的思考の位置づけ 楠見 孝 (編) メタファー研究の最前線 ひつじ書房

平 知宏 (2007). 比喩の親しみやすさが文章読解過程に及ぼす影響 楠見 孝 (編) メタファー研究の最前線 ひつじ書房

平 知宏・楠見 孝 (2005a). 文章読解及び記憶検索過程における比喩の親しみやすさの持つ効果 日本認知科学会第22回大会発表論文集, 140-141.

平 知宏・楠見 孝 (2005b). 概念比喩の慣用性が文章読解過程に及ぼす影響 日本認知言語学会論文集, *5*, 117-125.

平 知宏, 楠見 孝 (2011). 比喩研究の動向と展望 心理学研究, *82*(3), 283-299.

Taira, T., & Kusumi, T. (2012). Relevant/irrelevant meanings of topic and vehicle in metaphor comprehension. *Metaphor and Symbol, 27*(3), 243-257.

平 知宏・中本 敬子・楠見 孝 (2007). 比喩理解における親しみやすさと解釈の多様性 認知科学, *14*(3), 322-338.

高根 芳雄 (1980). 多次元尺度法 東京大学出版会

竹内 晴彦・宇津木 明男 (1988). ネットワークモデルによる「痛み」の概念分析 計量国語学, *16*(6), 233-245.

竹山 哲 (2002). 現代日本文学「盗作疑惑」の研究——「禁断の木の実」を食べた文豪たち—— PHP研究所

多門 靖容 (2006). 比喩表現論 風間書房

多門 靖容 (2007). 日本語の比喩史 楠見 孝 (編) メタファー研究の最前線 ひつじ書房

多門 靖容 (2014). 比喩論 風間書房

田守 育啓 (2002). オノマトペ——擬音・擬態語を楽しむ—— もっと知りたい! 日本語 岩波書店

Taylor, S. E., & Fiske, S. T. (1975). Point of view and perception of causality. *Journal of Personality and Social Psychology, 32*(3), 439-445.

Terai, A., & Nakagawa, M. (2012). A corpus-based computational model of metaphor understanding consisting of two processes. *Cognitive Systems Research, 19-20*, 30-38.

寺西 立年 (1988). 音の聞こえと認識 日本音響学会誌, *49*, 823-831.

Thibodeau, P. H., & Boroditsky, L. (2013). Natural language metaphors covertly influence reasoning. *PLoS ONE, 8*(1), e52961.

Todd, P. M., & Gigerenzer, G. (1999). What we have learned (so far). In G. Gigerenzer, P. Todd & ABC Research Group, *Simple heuristics that make us smart*. Oxford University Press.

富田 信穂 (1986). 新聞にあらわれた責任 石村 善助・所 一彦・西村 春夫 (編) 責任と罰の意識構造 多賀出版

富高 智成・中田 英利子・向居 暁 (2024). 現代における記憶観の検討——大学生の「記憶」に関する比喩表現の変化—— 日本心理学会第88回大会発表論文集, 1B-097-PK

Tourangeau, R., & Sternberg, R. J. (1981). Aptness in metaphor. *Cognitive Psychology, 13*(1), 27-55.

Tourangeau, R., & Sternberg, R. J. (1982). Understanding and appreciating metaphors. *Cognition, 11*(3), 203-244.

塚原 望（2019）．日本における感情の構造に関する諸研究の動向——感情語の分類を中心に——　早稲田大学教育・総合科学学術院学術研究，(67)，113-121．

月本 洋（2007）．身体運動意味論　楠見 孝（編）メタファー研究の最前線　ひつじ書房

常深 浩平・楠見 孝（2010）．物語理解を支える知覚・運動処理——疑似自伝的記憶モデルの試み——　心理学評論，*52*(4)，529-544．

Tulving, E., & Thomson, D. M.（1973）. Encoding specificity and retrieval processes in episodic memory. *Psychological Review*, *80*, 352-373.

Tversky, A.（1977）. Features of similarity. *Psychological Review*, *84*(4), 327-352.

Tversky, A., & Kahneman, D.（1973）. Availability: A heuristic for judging frequency and probability. *Cognitive Psychology*, *5*(2), 207-232.

Tversky, A., & Kahneman, D.（1974）. Judgment under uncertainty: Heuristics and biases: Biases in judgments reveal some heuristics of thinking under uncertainty. *Science*, *185* (4157), 1124-1131.

Tversky, A., & Kahneman, D.（1982）. Judgments of and by representativeness. In D. Kahneman, P. Slovic & A. Tversky（Eds.）, *Judgment under uncertainty: Heuristics and biases*. Cambridge University Press.

Ullmann, S.（1959）. *The principles of semantics*.（2nd ed.）. Blackwell.（ウルマン，S.　山口 秀夫（訳）（1964）．意味論　紀伊国屋書店）

内海 彰（2003）．比喩によってどのように詩的効果が喚起されるか——比喩の鑑賞過程の認知モデルに向けて　人工知能学会第 17 回全国大会論文集，3C1-09

内海 彰（2007）．認知修辞学における比喩の認知過程の解明　楠見 孝（編）メタファー研究の最前線　ひつじ書房

内海 彰（2013）．比喩理解への計算論的アプローチ——言語認知研究における計算モデルの役割——　認知科学，*20*(2)，249-266．

内海 彰（2018）．計算論的アプローチによるメタファー研究の最新動向と展望　鍋島 弘治朗・楠見 孝・内海 彰（編）メタファー研究 1　ひつじ書房

内海 彰（2021）．比喩処理の認知プロセスに関する実証的研究の動向と展望　語用論研究，*23*，16-33．

内海 彰（2024）．認知モデリング研究は大規模言語モデル時代をどう生き抜くか？　人工知能，*39*(2)，163-170．

Utsumi, A., Hori, K., & Ohsuga, S.（1998）. An affective-similarity-based method for comprehending attributional metaphors. *Journal of Natural Language Processing*, *5*(3), 3-31.

内海 彰・金井 明人（2007）．認知修辞学の構想と射程　認知科学，*14*(3)，236-252．

Van Kleef, G. A., & Côté, S.（2022）. The social effects of emotions. *Annual Review of Psychology*, *73*(1), 629-658.

Vosniadou, S., & Ortony, A.（Eds.）.（1989）. *Similarity and analogical reasoning*. Cambridge University Press.

和田 陽平・大山 正・今井 省吾（編）（1969）．感覚・知覚心理学ハンドブック　誠信書房

Wagner, R. K.（1987）. Tacit knowledge in everyday intelligent behavior. *Journal of Personality and Social Psychology*, *52*, 1236-1247.

Wallas, G.（1926）. *The art of thought*. Jonathan Cape.

Ward, J., Huckstep, B., & Tsakanikos, E.（2006）. Sound-colour synaesthesia: To what extent does it use cross-modal mechanisms common to us all?. *Cortex*, *42*(2), 264-280.

Watson, D., Clark, L. A., & Tellegen, A.（1984）. Cross-cultural convergence in the structure of mood: A Japanese replication and a comparison with U. S. findings. *Journal of Personality and Social Psychology*, *47*, 127-144.

Wegner, E., Burkhart, C., Weinhuber, M., & Nückles, M.（2020）. What metaphors of learning can（and cannot）tell us about students' learning. *Learning and Individual Differences*, *80*, 101884.

Weiner, E.（1984）. A knowledge representation approach to understanding metaphors. *Computational Linguistics*, *10*(1), 1-14.

Williams, J. M.（1976）. Synaesthetic adjectives: A possible law of semantic change. *Language*, *52*(2), 461-478.

Winner, E.（1988）. *The point of words: Children's understanding of metaphor and irony*. Harvard University Press.

Yamada, H.（1993）. Visual information for categorizing facial expressions of emotions. *Applied Cognitive Psychology, 7*, 257-270.

山口 治彦（2003a）. 共感覚表現と内省テスト―― 一方向性の仮説にまつわるコンテクストの問題―― 日本語文法学会（編）日本語文法, *3*(2), 22-43.

山口 治彦（2003b）. さらに五感であじわう 瀬戸 賢一（編）ことばは味を超える――美味しい表現の探求―― 海鳴社

山口 仲美（編）（2003）. 暮らしのことば 擬音・擬態語辞典 講談社

山口 翼（編）（2003）. 日本語大シソーラス 類語検索大辞典 大修館書店

山本 隆（2001）. 美味の構造――なぜ「おいしいのか」―― 講談社選書メチエ 219 講談社

山中 祥男（1987）. 痛みの研究における心理学の 2, 3 の問題(Ⅷ)――痛みの言語表現とその分析法の考案―― 上智大学心理学年報, *12*, 25-33.

山中 祥男・山崎 重明（1989）. 痛みの研究における心理学の 2, 3 の問題(Ⅸ)――痛みの言語表現とその分析法の考案（その 2）―― 上智大学心理学年報, *13*, 41-48.

山梨 正明（1988a）. メタファーと認知のダイナミックス―― 知のメカニズムの修辞的基盤―― 楠見 孝（編）メタファー研究の最前線 ひつじ書房

山梨 正明（1988b）. 比喩と理解 認知科学選書 17 東京大学出版会

山梨 正明（2000）. 認知言語学原理 くろしお出版

山梨 正明（2007）. メタファーと認知のダイナミックス 楠見 孝（編）メタファー研究の最前線 ひつじ書房

山梨 正明（2015）. 修辞的表現論――認知と言葉の技巧―― 言語・文化選書 56 開拓社

山内 弘継（1978）. 言語手がかりによる感情・情動の心理的測定の試み 心理学研究, *49*(5), 284-287.

山添 秀剛（2003）. 苦くてビター 瀬戸 賢一（編）ことばは味を超える――美味しい表現の探求―― 海鳴社

安本 美典（1965）. 文章心理学入門 誠信書房

安本 美典（1966）. 文章心理学の新領域 誠信書房

Yu, Y., & Tay, D.（2020）. A mixed-method analysis of image-schematic metaphors in describing anger, anxiety, and depression. *Metaphor and the Social World, 10*(2), 253-272.

Zuckerman, M.（1994）. *Behavioral expressions and biosocial bases of sensation seeking*. Cambridge University Press.

事 項 索 引

● アルファベット

AI　→人工知能
CBR　→事例ベース推論
CI モデル　197
f-MRI　7
KL-ONE　6
LLM（大規模言語モデル）　207
LSA　→潜在意味分析
MAIDAS　6
MBR　→モデルベース推論
met*　6
N400　112
OCC モデル　143
PBR　→プロトタイプベースの推論
PROMI　6
RBR　→ルールベースの推論
SD 法　24, 108

● あ　行

愛　15, 45, 56, 157
味の感覚経験　94
アドホック・カテゴリ　29, 40
アノマラス理論　→緊張理論
アルゴリズム的精神　246
暗黙知　205, 206
意思決定　232
痛　み　125
　──の経験頻度　130
　──の認知的評価　129, 133
　──表現のクラスタ　135
一元論　81
一方向性仮説　82, 97
一般的マグニチュードシステム　120
意図的比喩理論　245
イマジネーション　63
意味記憶　95
意味空間（意味構造）　87, 90, 104, 117
　情緒的──　145
意味的協応　120
意味特徴　56
意味の測定研究　3
意味の豊かさ　197
イメージスキーマ　6, 16, 37, 50, 61, 149

違和感　181
因果推論　236
インターモダリティ（通様相性）現象　90,
　96
隠　喩　11, 53, 62, 243
　──モデル　149
エキスパート評価　52
エピソード記憶　95
遠感覚　→高次感覚
面白さ　25, 53, 70, 103

● か　行

階層構造　17, 39
怪　談　179
概　念　141
　──体系　61
　──のネットワークモデル　162
概念的近接性　200
概念的類似性　195
概念比喩　6, 15, 61, 103, 111, 112, 158-175,
　187, 188, 209, 210
外部記憶比喩　212, 215
学　習　69, 200
核心感情　155
隠れた（潜在的）理論　210
過剰一般化　235
カテゴリ　11, 39, 157
　──化　61, 195, 245
　──的意味　11, 13, 23
　──の水準　41
　──の成員性　41
　アドホック・──　29, 40
　感情の──　143
　自然──　41
　上位‐下位──　233
　通常の──　40
　放射状──　157
カテゴリ抽象化学習　207
カメラ比喩　→写真比喩
含意体系　20
感　覚　79
感覚間協応（協応）　81, 90, 96, 119, 120
感覚記憶　115
感覚形容語　98, 117, 144

——の意味構造　87
　　——の転用　118
感覚形容詞　82, 96
感覚的意味　→情緒・感覚的意味
感覚的類似性　63
感覚モダリティ（様相）　80, 95, 118, 144
　　——表示名詞　85, 89, 98, 118
感覚様相　→感覚モダリティ
関係比喩　4, 14, 62
観察学習　206
干　渉　194
鑑　賞　50, 59
感　情　141, 181
　　——のカテゴリ構造　143
　　——の次元構造　142
　　擬似的——　181
　　基本——　143
感情概念　142
感情規範　153
感情言語　141, 155
感情（関連）語　142, 166
感情語彙の構造　142
換　喩　1, 16, 33, 34, 36, 65, 126, 129, 147,
　　184, 200, 201, 232-234, 237, 244
　　同時性——　99, 111
　　隣接による——110, 111
　　連想的——　111
換喩モデル　147
慣用化　17, 31, 32, 54, 65, 84, 111, 234
慣用比喩　15, 31, 128, 245
記　憶　2, 39, 115, 209, 213, 215
　　——形成　2
　　——処理　115
　　意味——　95
　　エピソード——　95
　　感覚——　115
　　偽——　224
　　減衰する——　213
　　個人的——　210
　　作業（短期）——　116
　　自伝的——　214
　　長期——　39, 116
擬音語　121, 184
機械比喩　216
幾何学的空間モデル　196, 197
記号的・コネクショニストモデル　→シンボリ
　　ック・コネクショニストモデル
既視感　→デジャビュ

擬人化　65, 231
基礎水準　41, 42
　　——概念　143
擬態語　128, 145, 184
既知感　223
基底領域（たとえる概念の領域；ベース）
　　15, 31, 65, 230
帰　納　205
機能的特徴　42
既知知識　230
協応　→感覚間協応
共　感　181
共感覚　3, 80, 95, 118
　　——的表現　95
　　疑似——　96
共感覚者　95
共感覚的比喩　14, 80, 82, 86, 96, 117
　　——の意味測定　86
　　——の理解可能性の測定　85
共時的転用　82
共同化　206
恐　怖　177
　　——と刺激追求行動　178
　　——の時間経過　178
　　——の対象　177
共有特徴　13, 55
近感覚　→低次感覚
近接性（近接関係）　11, 244
　　——の認知　2, 193
　　概念的——　200
　　知覚的——　200
緊張理論（アノマラス理論）　19
空間比喩　210, 213, 215, 217, 219
空白のろう石版比喩　217
寓　話　65
グレイド構造　→段階的構造
クロスモーダル・マッチング（通様相性マッチ
　　ング）　81, 90, 96
経験からの帰納と類推　205
経験の反復　205
計算モデル　6
形式知　206
ゲシュタルト親近性仮説　225
言語表現　141
言語理解　2
検　索　66
顕著性　13, 21, 244
　　——落差モデル　13, 198

語彙体系　39
語彙論的分析　84, 88
高次感覚（遠感覚）　83, 97
構造写像（写像）　4, 14, 30, 64, 67, 159, 199, 230
　　──プロセス　15
構造整列（理論）　4, 31
構造的協応　120
構造的類似性（同型性）　15, 64
構造比喩　14, 62, 64, 209
行　動　2
五　感　79, 105, 144
心の比喩　217
心のモデル　216
心の理論　5
個人的記憶モデル　211
コネクショニストモデル　197, 219
コーパス分析　7
コミュニケーション　243
語用論的段階論（2段階モデル）　27-29
根　拠　12
コントラストモデル（対比モデル）　21, 198
コントロールスキーマ　151
コンピュータ（システム）比喩　1, 212, 216, 218

●さ　行

作業（短期）記憶　116
参照点能力　33
3部構造モデル　246
色　聴　118
刺激の次元　81
示差特徴　13, 21, 29
システム比喩　216
自然カテゴリ　41
自然言語処理　7
自然物比喩　212, 215
実験認知言語学的アプローチ　158
実践知　204
実体化　46
詩的機能（効果）　32, 54
詩的・審美的効果　54, 56
自伝的記憶　214
自動的精神　247
指標（比喩指標）　12, 53
シミュレーション・ヒューリスティック　232
社会的概念　235

社会的規範　152
社会的推論　229, 235
写真（カメラ）比喩　213, 219
写像　→構造写像
修辞　→レトリック
修辞的効果　51, 53
主観的経験　125
熟達化　71
熟達者　205
出力システム　1, 218
上位-下位カテゴリ　233
上位-下位関係　11, 245
情緒・感覚的意味（感覚的意味）　11, 20, 44, 55
情緒的意味　11, 13, 44
　　──空間　145
情緒的類似性　63
事例ベース推論（CBR）　203
新奇比喩　31
神経比喩　219
人工知能（AI）　6, 7, 37, 39, 57, 219
人工物比喩　211
シーン・スクリプト的意味　11
身体化　127, 156
　　──された認知　155
身体感覚的特徴　131, 134
身体感覚の比喩　110
身体基盤　6
身体語彙　147, 184
シンボリック（記号的）・コネクショニストモデル　197
心理的距離　196
心理的構成主義　142
垂直性スキーマ　150
推　論　3, 46, 67, 203, 229, 235, 249
スキーマ（抽象的知識）　69, 149, 160
スクリプト　11, 33, 160
スクリプト的知識　34, 161
ステレオタイプ　235, 245
成員（性）　40
　　カテゴリの──　41
　　典型的──　233
性格特性語　84
省察的思考　246
省察的精神　246
性状語連想　22, 198
生成AI　57, 58
責任帰属　236

事項索引　277

責任の所在　233
説　得　241
潜在意味分析（LSA）　197
潜在学習　205
潜在的理論　→隠れた理論
全体の対応　244
相互作用理論　20
創　作　58-60
創造（性）　71, 230, 252
創造活動　57
創造的言語の表現　2
創造的推論　3
組織的知識創造理論　206
ソースモニタリング　221, 223
素朴理論　126
存在比喩　209

●た　行

大規模言語モデル　→LLM
大規模コーパス　158
態　度　250
対比モデル　→コントラストモデル
代表性ヒューリスティック　203, 238
多感覚プロセス　93
多義構造　108
ターゲット　→目標領域
多元論　81
他者との相互作用　206
たとえる概念の領域　→基底領域
段階的（グレイド）構造　41
知覚群化　194
知覚的近接性　200
知覚的類似性　81, 90, 96, 194
知識獲得　2, 193
知識構造　16, 39
中央（処理）システム　1, 2, 218
抽象化　204
抽象概念　46, 56
抽象的知識　→スキーマ
聴　覚　115
直　喩　11, 44, 53, 62, 243
直観的思考　246
直観的推論　3, 229, 235
通時的な転用　82
通俗理論　152
通様相性現象　→インターモダリティ現象
通様相性マッチング　→クロスモーダル・マッ
　　チング

ツリー構造　39
ディアレクティケー　→弁証術
低次感覚（近感覚）　83, 97
提　喩　11, 17, 33-35, 40, 43, 44, 233-237, 245
適刺激　79, 118
デジャビュ（既視感）　2, 195, 221
転　移　31, 68, 194, 199, 205, 232
典型性　18, 34, 44, 144, 195, 224, 234
　　——評定　41, 146, 165
典型性 - 類似性想起モデル　226
伝達機能（効果）　32, 54
転　用　82, 97, 118
　　共時的——　83
　　通時的な——　82, 97
同型性　→構造的類似性
統計的協応　120
動詞比喩　121
動物機械論　216
読　者　49
特徴集合　21, 39
特徴比較（理論）　4, 13, 31, 63
特徴比喩　4, 13, 61-63
読　解　50, 181
　　——過程　179
　　批判的——　250

●な　行

内受容感覚　156
内面化　206
二元論　81
二重過程モデル　218, 246
二重機能語　84
二重プロセス（比喩理解）　27, 44
2 段階モデル　→語用論的段階論
入力システム　1, 218
ニューラルネットワーク・モデル　6, 30
認　識　221, 229
　　——の基盤　61
認識の三角形　12, 18
認知（過程）　2, 59
認知科学　3
認知研究　3
認知言語学　6
認知心理学　1
認知的人工物　216
認知モデル　141
音色の印象　121
能動的傾聴　251

●は　行

バイアス　235
パラゴン　234
バランススキーマ　151
パワー距離　196
般　化　194
比較理論　20
非字義的類似性　4
批判的思考（力）　242, 246
批判的視聴　250
批判的読解　250
比喩指標　→指標
比喩生成　6
比喩的思考　229, 241, 243
比喩的な心　→メタフォリカル・マインド
比喩（として）の良さ　25, 197
ヒューリスティックス　229, 232, 237
比喩履歴仮説　31, 32, 47
評価（類推の適切さ）　68
表示規則　152
表出化　206
表　象　193
複合的意味　76
部分 - 全体関係　232
部分的対応　244
プライマリーメタファ　165
プロトタイプ・シナリオ　151
プロトタイプベースの推論（PBR）　203
プロトタイプモデル　195
文　化　6
文化的規範　152
文化的モデル　141, 152, 161
文　体　49
　——印象　52
　——の修辞的効果　51
　——論　49
文脈的調整　201
並列結合性　67
ベース　→基底領域
ヘドニック協応　120
弁証術（ディアレクティケー）　241
弁論術（レトリケー）　241
方位比喩　209
包含関係　18
放射状カテゴリ　157

●ま　行

味　覚　93
明確化　247
メタ的　246
メタ認知的知識　211
メタフォリカル・マインド（比喩的な心）
　3, 193
メディアリテラシー　247, 250
目標領域（ターゲット）　15, 31, 65, 230
モダリティ　→感覚モダリティ
モダリティ表示名詞　85, 89, 98, 118
モデルベース推論（MBR）　204
物　語　177

●や　行

融合理論　6
容器スキーマ　150
容器比喩　211, 215
様相　→感覚モダリティ
予　感　181
良き思考者　250
抑制される感情　156
予測アルゴリズム　197

●ら　行

理解可能性　85, 86, 97, 98, 101, 104, 119
理解容易性　25, 53, 55, 197
理　想　42
　——例　235
領域間相互作用モデル　23
利用可能性ヒューリスティック　202, 239
類似性　11, 20, 44, 61, 243
　——認知　2, 53, 193, 194, 221
　——理論　4
　概念的——　195
　感覚的——　63
　構造的——　14, 64
　情緒的——　63
　知覚的——　81, 90, 96, 194
　非——　19
　非字義的——　4
類　推　15, 33, 60, 194, 199, 205, 230
　——的意思決定　232
　——の多重制約理論　31
　4 項——　14, 64, 196
類同要因　194
類包含モデル　4, 18, 29, 32, 45

事項索引　279

ルールベースの推論（RBR）　203
レトリケー　→弁論術
レトリック（修辞）　3, 241
恋　愛　169
　──規範　168, 173
　──経験　168, 173
連結化　206
連合性　236
連合の法則　193
ロゴス（論理）　241, 246

人 名 索 引

●A–D

秋田 喜代美　161
Annaz, D.　5
Apter, M. J.　179, 180
アリストテレス（Aristotle）　63, 193, 241
Asch, S. E.　84
Barsalou, L. W.　40, 47
Black, M.　20
Bowdle, B. F.　31, 54
Brown, A. S.　225
Cleary, A. M.　225, 226
Clore, G. L.　143
Collins, A. M.　143
Cytowic, R. E.　95
Draaisma, D.　210

●E–G

Eagleman, D. M.　101
Eder, D.　167
Evans, C.　167
Fass, D.　6
Fehr, B.　162, 165, 175
Gentner, D.　4, 14, 15, 30, 31, 54, 64, 67, 199, 216, 217
Gerrig, R. J.　29
Gibbs, R. W. Jr.　4, 6, 32, 58, 126, 155, 158, 160
Glucksberg, S.　4, 29, 45, 47
Grudin, J.　217

●H–K

芳賀 純　4
Hastie, R.　235
波多野 完治　49, 57, 60
Healy, A.　29
Heider, F.　236
Hoffman, R. R.　4
Holyoak, K. J.　23, 31, 32, 47, 52, 61, 67, 76, 199
Honeck, R. P.,　4
稲益 佐知子　190
Johnson, M.　6, 50, 56, 174, 209
Kahneman, D.　229, 237, 238, 246

Katz, A. N.　26, 38
Keysar, B.　4, 29, 45, 47
Kintsch, W.　76, 197
Klatzky, R. L.　219
米田 英嗣　70, 76, 181
小森 道彦　96
Kövecses, Z.　146, 189
子安 増生　4, 5, 50, 128
国広 哲弥　109

●L–N

Lakoff, G.　6, 50, 56, 61, 149, 157, 159, 174, 189, 209, 210, 243, 248
Langacker, R. W.　6
Marks, L. E.　81, 90
Marschark, M.　26
Martin, A. E.　6
Melzack, R.　130
Miall, D. S.　181
三島 由紀夫　40, 56, 59-75
籾山 洋介　30
森 雄一　35
村田 忠男　83
Murphy, G. L.　160
武藤 彩加　96
中本 敬子　52, 54, 128
中村 明　49, 51-55, 57, 63, 121, 184
中村 太戯留　14, 26
Nomi, J. S.　225
Norman, D. A.　216

●O–R

小田 希望　108
岡 隆之介　7, 52
小野 小町　43
Ortony, A.　4, 13, 21, 22, 28, 143, 146, 198, 241
苧阪 直行　128
Osgood, C. E.　3, 108, 145
Osherson, D. N.　195
Otis, L.　156
Paivio, A.　26
Pinker, S.　217
Roediger, H. L. III　210, 215
Rosch, E. H.　41, 143, 160

Rundblad, G.　5
Russell, J. A.　143, 162, 165, 175
Ryals, A. J.　225

● S–T

坂本 勉　112
佐藤愛子（Satow, A.）　125, 127, 129
佐藤 信夫　16, 18, 50, 54, 242
Schank, R. C.　152
Searle, J.　27, 28
清 少納言　40
瀬戸 賢一　12, 18, 97, 100, 227, 242
Simon, R. W.　153, 167
Spence, C.　119-121
Stamenković, D.　23, 52, 76
Stanovich, K. E.　246
Steen, G. J.　245

Sternberg, R. J.　20, 23, 206
菅野 盾樹　242
平 知宏（Taira, T.）　32
Thagard, P.　31
Tourangeau, R.　20, 23
Turner, M.　50, 61
Tversky, A.　4, 21, 23, 198, 229, 237, 238

● U–Z

Ullmann, S.　79, 82-84, 86, 118
内海 彰（Utsumi, A.）　6, 14, 26, 57
Weiner, B.　6
Williams, J. M.　82, 84, 86, 96, 118
Winner, E.　4
山梨 正明　6, 19, 33, 65, 97
安本 美典　49, 60
Zuckerman, M.　178

メタフォリカル・マインド──比喩的思考の心理学
The Metaphorical Mind: Understanding the Psychology of Metaphors

2025 年 3 月 25 日 初版第 1 刷発行

著　者　　楠見　孝
発行者　　江草貞治
発行所　　株式会社有斐閣
　　　　　〒101-0051 東京都千代田区神田神保町 2-17
　　　　　https://www.yuhikaku.co.jp/
装　丁　　吉野　愛
印　刷　　大日本法令印刷株式会社
製　本　　牧製本印刷株式会社
装丁印刷　株式会社亨有堂印刷所

落丁・乱丁本はお取替えいたします。定価はカバーに表示してあります。
©2025, Takashi KUSUMI
Printed in Japan. ISBN 978-4-641-17504-4

本書のコピー，スキャン，デジタル化等の無断複製は著作権法上での例外を除き禁じられています。本書を代行業者等の第三者に依頼してスキャンやデジタル化することは，たとえ個人や家庭内の利用でも著作権法違反です。

[JCOPY] 本書の無断複写（コピー）は，著作権法上での例外を除き，禁じられています。複写される場合は，そのつど事前に，(一社)出版者著作権管理機構(電話03-5244-5088，ＦＡＸ03-5244-5089, e-mail:info@jcopy.or.jp)の許諾を得てください。